山川
歴史モノグラフ
㉙

植民地支配と開発

モザンビークと南アフリカ金鉱業

網中昭世
Aminaka Akiyo

山川出版社

Colonial Rule and Development :
Mozambique and the South African Gold Mining Industry
by
AMINAKA Akiyo
Yamakawa-Shuppansha Ltd 2014

植民地支配と開発　目次

植民地期ポルトガル領モザンビーク南部行政区分図

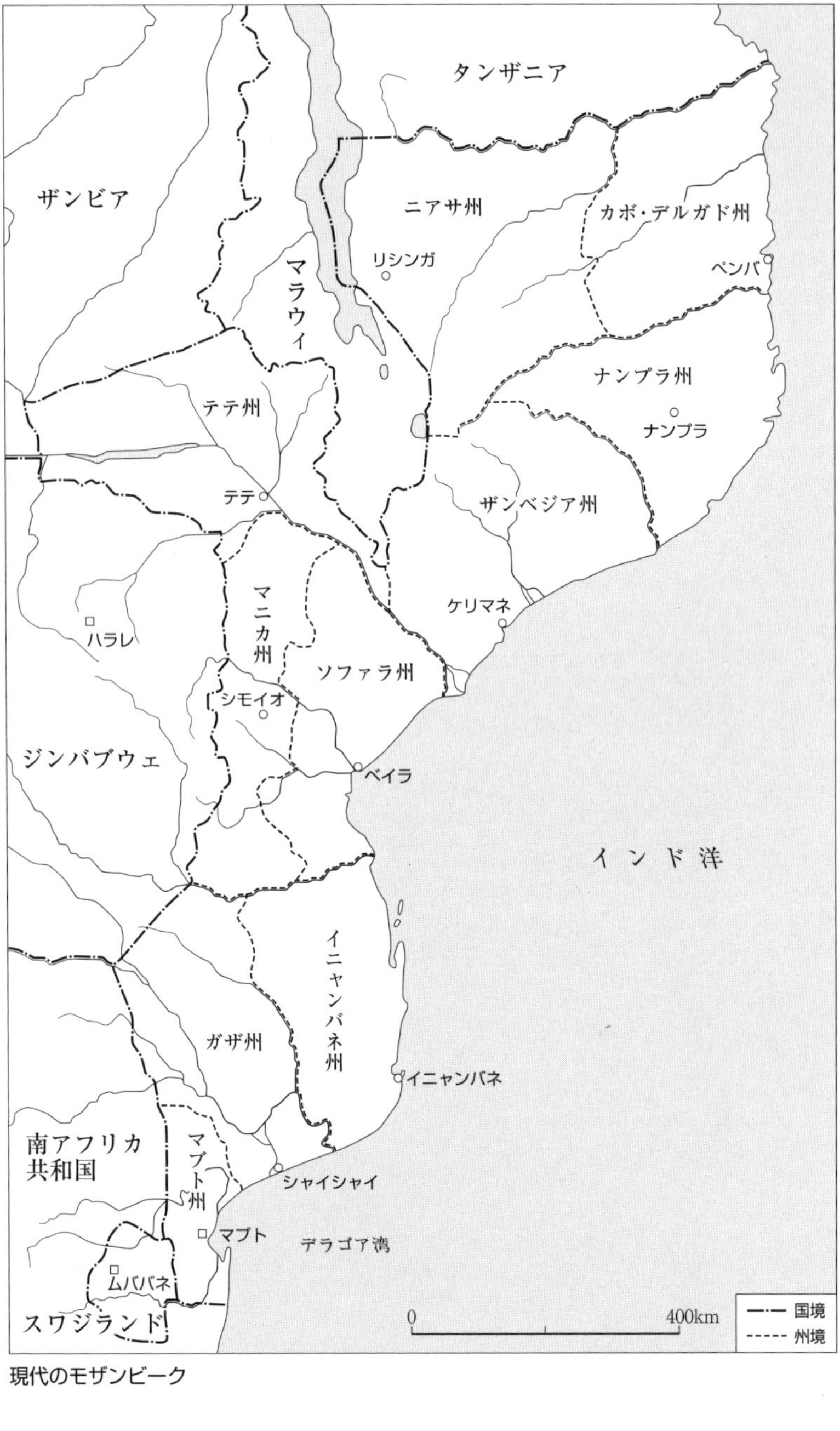
タンザニア
ザンビア
ニアサ州
カボ・デルガド州
リシンガ
ペンバ
マラウィ
ナンプラ州
ナンプラ
テテ州
テテ
ザンベジア州
ケリマネ
ハラレ
マニカ州
ソファラ州
シモイオ
ジンバブウェ
ベイラ
インド洋
イニャンバネ州
ガザ州
イニャンバネ
南アフリカ共和国
マプト州
シャイシャイ
マプト
デラゴア湾
ムババネ
スワジランド
0
400km
国境
州境
現代のモザンビーク

植民地支配と開発

モザンビークと南アフリカ金鉱業

序章　南部アフリカへの視座

1　世界史のなかの南部アフリカ

南部アフリカにおける「連帯」の再検討

われわれの戦争は外国人によってつくられた。そしていま、われわれの平和が外国人によってつくられつつある。[1]

（カルロス・カルドーゾ〈一九九四〉）

ジョニ、あれを造ったのはわしらだ。[2]

（ジェルミナス・ニャノンベ〈二〇〇五〉、「ジョニ（Joni）」は南アフリカのヨハネスブルグの通称）

二〇〇〇年代にはいり、南部アフリカのモザンビークは、一九七五年の独立後一六年間続いた紛争ののちに復興著しく躍りでた、さながら周回遅れのトップランナーというような様相を呈している。モザンビークでは、一九九二年の和平合意ののち、国際連合モザンビーク活動（ＯＮＵＭＯＺ）の選挙監視団のもとで一九九四年にはじめての総選挙が実施された。ＰＫＯ（国際連合平和維持活動）、「民主化」「平和構築」を一通り経験したモザンビークは、それ以降の一〇年間、国内総生産年率七％の伸びを記録するマクロ経済成長を遂げた。これをもって国際的な援助機関は、こぞってモザンビークの事例を「平和構築の優等生」として称揚する。

冒頭に紹介した第一の引用は、PKOの最中の一九九四年十月末、モザンビークの独立系メディアを牽引してきたジャーナリストであるカルロス・カルドーゾの発言である。選択的な財政支援、外国投資、制度的支援、そして政府内部および、より広い社会内部の能力向上を通じてモザンビークの移行を支援していこうという国際社会の意思が、新体制の成否を決定的に左右する。その一方で、国際援助への依存と外国資本の利害への見境のない迎合が市民に犠牲を強いているために、モザンビークの主権が蝕まれていることは早くも一九九〇年代から指摘されている。[3]

マクロ経済成長とは裏腹に貧困率が上昇するという矛盾が生じている。[4] こうした矛盾に対するモザンビーク人貧困層の不満は、二〇〇八年二月と二〇一〇年九月の「暴動」というかたちで表出している。二〇〇八年の「暴動」の直接的な契機は、世界的な原油価格の高騰に端を発する物価の上昇である。また、二〇一〇年の「暴動」はロシアで小麦の輸出が制限されたことが引き金となり、世界的に小麦の価格が上昇したことが原因である。モザンビークでも小麦の価格が上昇し、それがほかの主食用穀物であるトウモロコシおよび米の価格を連鎖的に引き上げ、パンの価格は三割引き上げられると公表された。その三割の価格とは、現地通貨で一メティカル、日本円に換算して二五円にも満たない。しかし、「暴動」を鎮圧するためにモザンビーク警察が実弾を使用した末に、一三人が死亡、四四〇人が負傷し、一五〇人以上が逮捕された。[5]

冒頭に示した第二の引用は、南アフリカの金鉱山への移民労働を経験したモザンビークの老人が、ヨハネスブルグからおよそ八〇〇キロ離れた農村部にある自宅の庭先で語った一言である。自国の経済成長の恩恵に与ることのないモザンビーク人にとって、隣の経済大国南アフリカへの移民労働は経済活動の選択肢の一つとなって久しい。くしくもモザンビークで物価上昇に抗議する最初の「暴動」が発生した二〇〇八年、その三カ月後には、ヨハネスブルグのタウンシップの一つアレクサンドラでは、南アフリカのアフリカ人によって、外国籍とみられるアフリカ人を対象とした襲撃事件が発生した。襲撃は国内主要都市に飛び火し、当時の安全・保安省の発表によれば五月二十六日の段階で強盗やレイプが多発し、三四二軒の商店が略奪被害に遭い、二一三軒が放火により焼失し、一三八四人の容疑者が逮捕された。ケープタウン周辺では推定二万人の移民が避難を余儀なくされ、三万人を超える移民がモザンビークをはじめとする周辺の出身国へ一時的に出国した。一連の暴力によって六〇〇人以上が負傷し、六〇人以上が殺害され、被害者のなかには多数のモザンビーク人も含まれていた。被害者の死因の多くが「首輪掛け」と呼ばれる手法による窒息死、あるいは焼死であった事実からも敵愾心《てきがいしん》に満ちた暴力であったことがうかがえる。[6]

一連の襲撃事件では、独立解放闘争やアパルトヘイト体制に対する共闘の歴史をもつ南部アフリカ開発共同体（SADC）諸国の市民さえも排斥の対象となっている。アパルトヘイト廃絶後の南アフリカ社会において、同じアフリカ人のあいだで暴力的な排斥がおこなわれた事実は、極めて深刻な問題としてとらえられている。[7]その背景として、南アフリカ社会では反アパルトヘイト運動を通じて反差別的体質が培われているはずであるという前提的な認識が存在する。例えば、南アフリカにおける外国人排斥について、二〇一〇年当時、南アフリカ・フリーステイト大学政治学部教授であったソロモンとイギリス労働党議会調査員であったヘーグは、つぎのように述べている。

皮肉なことに、今、南アフリカから出て行けと言われているアフリカ人たちは、まさに解放闘争をかばって支援してきた国々の出身なのである。これらの国々は、亡命したANC（アフリカ民族会議）の同志や幹部たちに避難所、教育、生計の手段を提供してきたが、こうして守られた人々が今では南アフリカ側の国境を管理する側にまわっている。アパルトヘイト国家に対する反対運動は、国籍にかかわらず人々を団結させてきたし、そうやって汎アフリカ的なアイデンティティが構築されてきたはずだ。南アフリカ人、とりわけ黒人は、近隣諸国出身の移民たちに憤慨や憎しみを抱くのではなく、謝意や同志的な感覚を抱いてもよいのではないか。それなのに、南アフリカ人の態度にこれほど深いゼノフォビアが埋め込まれているのは、一体なぜだろうか。[8]

この問いかけに対して民主化後の南アフリカ社会について論じたネオコスモスは、解放闘争の過程では南部アフリカにおいて地域的な連帯が生まれたのに対して、「和解」の過程では、南アフリカ人の排他的な市民権の理解を生み出したという。[9] 市民権を引き合いに出した説明は、アパルトヘイトの廃絶にともなう南アフリカの政治体制の変化を如実に示している。しかし、これらの論者は、解放闘争期の地域的な「連帯」を所与のものとする一方で、アパルトヘイト廃絶後に発生した暴力的な排斥が市民権をもたない外国人一般に向けられたのではなく、外国籍のアフリカ人という同人種間の問題に特定されている点を十分に説明してはいない。

南アフリカにおいて反アパルトヘイト運動や独立解放闘争を通じた地域的な「連帯」が所与のものとして語られるのと同様に、モザンビークでも独立解放闘争期の地域的な「連帯」を所与のものとして強調する論調がみられる。本書の関心に則していえば、契約労働者として一定期間、南アフリカ鉱山で就業し、帰郷することが定められていた環流型の移民労働者は、ストライキの経験などを通して権利意識に目覚め、政治的交渉の術を身につけ、帰郷する際には出身地に「新しい風」を吹き込む解放闘争の担い手となったという論調である。[10] つぎに示すのは、モザンビーク共和国初代大統領サモラ・マシェルの五十歳を祝う特集記事の抜粋である。引用文中のモイゼス・マシェルは、サモラ・マシェルの父親であるが、彼も多くの男性たちと同様に、隣国の鉱山への移民労働を経験している。そして、サモラ・マシェルも父親同様に鉱山労働の経験者であり、窮境のなかで社会経済的な「上昇」をめざすという経験と政治活動の関連が明示的に語られている。

モイゼス・マシェルは前世紀〔十九世紀〕生まれの男だ。彼は一九一二年にはじめて南アフリカの鉱山へ行き……鉱山で稼いだ金を貯め、一七年に結婚し、その後、農業を営むために牛と犂を買った。二〇年に生まれた長男のイザヤは、四四年に南アフリカ鉱山での事故で亡くなった。[11]

（『ノティシアス』紙、一九八三年九月二十九日の特集記事）

移民については、独立解放闘争に直結するような政治的な主体や、植民地支配下の日常的な抵抗の経済的主体として注目し、移民のもたらした影響を主体性のあらわれとして賞賛する視角が存在してきた。[12] こうした視角や論調は、南部アフリカ地域に共通する解放闘争史観あるいは抵抗史観の特徴といえるだろう。たしかに、移民を独立解放闘争や抵抗論における貴重な主体としてみる視角は否定すべきものではない。しかし、このような理解は、集団の分断や対立の扇動といった支配の常套手段を想起するとき、次項で詳述する一〇〇年来続く移民労働のなかで生きる人びとの経験の一側面にすぎないように思われる。そこで、本書では、「アパルトヘイト国家に対する反対運動は、国籍にかかわらず人びとを団結させてきたし、そうやって汎アフリカ的なアイデンティティが構築されてきたはずだ」という期待混じりの理解をいったん保留する。

資本主義の世界的深化と植民地主義の移植

二十世紀前半、世界の金生産量の半分以上がヨハネスブルグ周辺の東西約七〇キロに限定される金鉱地帯ヴィットヴァータースラント、通称ラントから産出されていた。世界の金生産量に占める南アフリカの割合は、一八八六年の発見から十九世紀末までのわずかのあいだに三割近くにのぼり、一九一〇年代には四割、二〇年代には五割を超え、金本位制に基づく世界経済を支えた。[13] この南アフリカでの鉱山開発に必要な労働力を移民労働者として数世代にわたり提供しつづけるという役割を担ってきたのが、ポルトガルの植民地支配下にあったモザンビーク南部の農村社会である。巻末の付表1（七八頁）に示されるように、植民地支配下のモザンビークから送り出される移民労働者の数は、二十世紀初頭の年間約五万人から一九二〇年代末には年間一〇万人以上に増加し、その数は、南アフリカ金鉱業に領外から導入されるアフリカ人移民労働者の八割から九割を占めていた。[14] 金鉱の開発は鉱脈が発見された当初の露天掘りから、まもなく深層鉱脈の開発へと進み、一八九〇年初頭に坑道は、地下九〇〇メートルに達し、二十一世紀の今日、その深さは三七〇〇メートルを超える。[15]

モザンビーク南部からラントの金鉱地帯という特定の労働市場への安定した労働力供給を可能にしたのが、両地域を植民地支配下におくポルトガル、イギリス（のちには南アフリカ）両政府による一連の協定である。この協定は、南アフリカ戦争におけるトランスファールの敗北が見込まれた一九〇一年末に締結された。イギリスは、トランスファール併合[16]を見据え、戦時中に操業が停止されたラント金鉱業の復興のために本協定を通じて、隣接するポルトガル植民地モザンビークでの労働力調達の独占を確立した。[17] これ以降、ラント金鉱業はモザンビークとの協定を雛形として、南部アフリカ地域の各植民地とのあいだで労働力調達の合意を取りつけていく。

一方、ポルトガル政府およびモザンビーク総督府は、労働力の提供と引き換えに、南部アフリカの経済的中心地ヨハネスブルグの輸出入貨物の一定量を自国鉄道に割り当てることに成功し、それに加えて南アフリカの路線並みの関税率の適用を認めさせた。これらを反映し、鉄道業による収益と移民労働者の賃金によって支払われる小屋税収入の総額は、モザンビーク総督府の歳入の約八割を占めた。また、移民労働者の賃金の一部は、固定換算レートに基づき、金でポルトガル政府に支払われ、労働者に対しては帰国後にポルトガル通貨で支払われた。「延べ払い」と呼ばれたこの制度により、ポルトガル政府は受け取った金を国際市場で販売し、換算レートと市場販売価格との差額により国庫を潤した。協定は一九〇一年の暫定協定以降、一九〇九、一三、二三、二八、三四、三六、四〇、五二、六四、七〇年に改定され、独立後も現在にいたるまで二国間の合意として存続する。こうした特定産業に指定された計画的な移民労働者の数は、その他の移民に関する政府統計に計上されることはなく、不可視化されている。

アフリカ各地の植民地があいついで独立したあとも、植民地を保持しつづけるサラザール独裁政権（一九三二〜六八年）下のポルトガルと、一九六一年にイギリス連邦を脱退して孤立した南アフリカは、この協定を通じて経済的紐帯を強めた。この結果、独立後に社会主義を標榜したモザンビークは、政治的には南アフリカと対立しながらも経済的に従属するという矛盾をかかえた。なによりモザンビークの農村の人びとは、十九世紀末以来の植民地統治下で恒常化された抑圧のなか、また、独立後は一六年間も続いた紛争中の困難な経済状況を生き抜くために南アフリカ金鉱業へ移民労働者を送り出しつづけた。

南アフリカの鉱山開発の開始以来、この産業で雇用された南部アフリカ地域出身のアフリカ人の数は、記録に残る単身の男性鉱山労働者に限定しても累計一八六九万三八九三人にのぼる。[18]鉱山労働者の大半が男性世帯主であることを踏まえれば、この経済開発と雇用のあり方に直接的に影響を受ける人びとの数は、移民を送り出す地域にとどまる人びとを含めて鉱山労働者の数倍となる。こうした構造化された状況によって強いられた「自発性」は、もはや個人の自由な選択によるものではない。

南部アフリカ経済の中心となった南アフリカ金鉱業の発展と、南部アフリカ地域の広範にわたって組織化された契約移民労働という雇用のあり方は、アパルトヘイト体制の布石の一つでもあった。こうした認識に基づいて、南アフリカ側ではアパルトヘイトが終結した時点で、ANCおよび鉱山労働者組合(NUM)が、鉱山会社に対して契約移民労働の廃止を強く要請した。しかし、会社側はこれを拒み、アパルトヘイトの終結を実現させるために樹立された連立政権の妥協的な性格ゆえに、今日にいたるまで抜本的な構造の改革にはいたっていない。[19]

ANCの上層部は、南アフリカがアパルトヘイト時代の「不安定化工作」によって、隣人の経済的混乱の責任の一端を負っているという「道義的責任」を感じているという。一方、モザンビークの政府官僚、つまり解放闘争期にANCを支援してきたモザンビーク解放戦線(FRELIMO)首脳部も、南アフリカがモザンビークの開発を奨励する道義的な責任があると信じているとされる。それは「不幸にも移民労働システムを維持することを意味する」[20]。植民地体制の解体ののちも今日まで残る移民労働の制度は、搾取的であっても、この地域の人びとの生活戦略に深く根ざしていることも事実であり、移民政策のいかなる変更も、数百万の人びとの福祉を脅かす不均等な関係にあることを考慮すべきだととらえられている。

上述の歴史的な経緯の延長線上に二〇〇八年の南アフリカにおける外国人排斥を位置づけるとき、すでに指摘されてきた支配と抑圧の構造の内面化に関する議論は、「南アフリカ人の態度にこれほど深いゼノフォビアが埋め込まれているのは、いったいなぜだろうか」という前掲の問いに対する考察の手がかりを与えてくれる。それは、サルトルやファノン、セゼールに代表されるような、植民地主義を内面化した支配社会・被支配社会の心理的側面や思考の体系に注目する議論である。[21] 共通する議論として、板垣雄三は、帝国主義国家は従属的社会・地域に対する外圧として存在するのではなく、帝国主義が設定される「n地域」の差別体制の重層的構造を拡大的に再生産することによって、はじめて維持されるというモデルを示している。[22]

これらの議論を念頭におきつつ、二〇〇八年の南アフリカにおける排外主義が南部アフリカ地域でもつ意味を考えるとき、つぎの植民地主義の禍根に関する指摘は正鵠《せいこく》を得ているように思われる。それは、植民地主義や植民地に関わる諸問題が「宗主国の規律権力のもとで進行する一定の時間と空間においてよりも、むしろ、その進行が一度中断されたあとに生じる諸現象のなかで、その本質がより明確に映しだされる」[23]というものである。

では、植民地という体制が解体したあとに甦る植民地主義の本質とは何か。本書は、それを実証的にとらえるために、社会経済的な変容を明らかにし、植民地統治下で進行した体制の拡大とその再生産のメカニズムを解明する試みである。

2 モザンビークをめぐる研究の現状

帝国史研究からみたポルトガル植民地

本節では、モザンビークから南アフリカ金鉱業への国際的な移民労働を、植民地支配の体制と社会における同体制の内在化あるいは人びとによる内面化という点に関連づけて研究するために重要な先行研究を、以下の三つに分けて整理したい。

初めに、国際的な移民労働という検討対象の特性上、植民地支配を一国の宗主国と植民地との関係としてではなく、宗主国となった諸国によって構成された国際的な体制としてとらえるために、ポルトガルとその植民地の位置付けに関する議論の枠組みを整理する。つぎに、南部アフリカ地域の経済史研究の文脈においてモザンビークから南アフリカへの移民労働がどのように位置づけられているのかを紹介し、その特徴を示す。そして最後に、モザンビークの移民労働に関する研究の潮流を整理し、これらの研究群についてまとめる。

モザンビークの事例が特筆に値する理由は、南アフリカ金鉱業の最大の労働力供給地であったという単純な規模の問題ではない。それだけではなく、南部アフリカ地域の植民地支配をめぐるヨーロッパ諸国の政治力学が、宗主国の異なる植民地の境界を越える移民労働という事例に投影されているからである。ところが、近現代のポルトガルによる植民地支配の特徴をとらえようとする研究群は、イギリス帝国史研究の動向にそう帝国主義論を、そのままポルトガルの事例に適用しようとする点で方法論自体が従属し、後述するとおり、新たな枠組みを提供する可能性を模索してはこなかった。ロビンソンとギャラハーが「自由貿易帝国主義論[24]」で展開した帝国主義の非経済的要因の主張と非公式帝国という概念を下敷きとした研究として位置づけられるのが、つぎの諸研究である。

ハモンドは、十九世紀末のポルトガル人歴史家オリヴェイラ・マルティンスの言葉を借りて、世界分割に関わるポルトガルが列強と肩を並べると自認する様子をドン・キホーテに擬《なぞら》え、ポルトガルと列強との立場の相違を明言している[25]。そのうえでハモンドは、ポルトガルの帝国主義的行動が以下のとおり二重の意味で経済的理由に基づくものではなかったと説明している。第一は、モザンビークとニアサランド(現マラウイ)の境界をめぐりイギリスから突きつけられた最後通牒に対するポルトガル国内の対英感情の悪化という内政的理由である。第二は、ポルトガルの産業の脆弱性と商業資本的な資本の特徴、そして海外に富を求める中産階級の欠落である。ハモンドは、ポルトガルの植民地における経済活動が、ホブソンによって帝国主義の経済的要件とされた資本輸出といった特徴とは合致しないと主張する。ハモンドは、これらの理由に基づき、経済決定論的な帝国主義論はポルトガルの事例を説明するにあたって有効ではないと主張する。

しかし、ハモンドがポルトガルの内政的要因を強調する際に、時代的制約をともなったこともいなめない。ハモンドの研究が進められた当時、独裁体制下のポルトガルにおいて、公文書の閲覧は不可能であった。そこでハモンドが依拠した一次史料は、イギリス・フランスの外交文書に限定され、ポルトガル側の史料を補うために用いられたものは十九世紀末の著書や新聞といった同時代の二次史料に限られた。依拠した史料の性質から、史料自体が国内事情を色濃く反映していたことを考慮すべきであろう。

ハモンドによるポルトガルの「非経済的帝国主義」という特徴付けに対して、クラレンス・スミスは、それを覆して「弱者の帝国主義」と表現する。[26] 世界資本主義論ならびに世界システム論が席巻したのちに出されたこの研究は、それらについて明確な言及こそないが、覇権の概念やその盛衰という議論の枠組みから世界システム論の影響を受けていることがうかがえる。クラレンス・スミスは世界各地に広がったポルトガル帝国の地域的な盛衰とヨーロッパにおけるポルトガルの相対的な政治経済力の低下を重視している。そして、ポルトガルが国際政治の舞台では列強間の利害対立を逆手にとりつつ、国際競争力のない自国産業のために列強の傘下で植民地を確保するという動機は、極めて経済的であると主張する。[27]

ハモンドとクラレンス・スミスの視点を比較すると、前者は帝国主義時代のポルトガルによる植民地獲得の動機を追求するにあたり、植民地保有国となった列強とポルトガルを無条件に比較している。しかし、ポルトガルの事例に関しておこなわれるべき作業は、類型化や列強との比較よりもむしろ列強との関係性の追求である。ハモンドは、ポルトガルの植民地獲得の動機を一国史的な閉ざされた枠組みのなかで理解し、「非経済的帝国主義」と主張した。それに対してクラレンス・スミスは、ポルトガルのおかれた政治経済的な立場を、イギリスを中心とした列強との関係性のなかで「弱者」としてとらえ、おのずと列強とは異なる経済的動機を見出した。それでも旧宗主国に視座をおく既存の帝国主義の枠組みに変更を加えるものではなく、その特徴が経済的動機によるものか、あるいは非経済的動機であるかという二項対立の図式のなかにとどまる。

一方、スィデーリは、「自由貿易帝国主義論」を展開したロビンソンとギャラハーの「非公式帝国」の概念を援用し、イギリスの「非公式植民地主義」のもとにおいて、ポルトガルは「半植民地的」立場にあったと判断している。[28] この理解はヨーロッパの周辺として北欧・南欧・東欧の視点からヨーロッパ経済史を論じるベレントとラーンキによっても援用され、「非公式帝国」についての理解は共有されている。[29] 前掲のスィデーリならびにベレントとラーンキによる視角は、一九八〇年代後半にヨーロッパ経済史のなかでポルトガルの状況を位置づけようとするラインスの研究に引き継がれている。ただし、ラインスの研究の意義は、はじめてポルトガルに分析の視座をおき、後発資本主義国ポルトガルのヨーロッパ経済における周辺的性格を明示的に論じている点にある。ラインスの視座は、一九八六年にポルトガルがEU(ヨーロッパ連合)の前身にあたるEC(ヨーロッパ共同体)に加盟することで直視せざるをえなかったポルトガル経済の脆弱性に対する同時代の認識を反映している。[30]

ラインスの研究が明らかにしたように、ポルトガルの経済発展とそれにともなう社会変容は、段階論的な一つの国家や社会の近代化の進度の遅速の結果としてではなく、資本主義世界経済のなかでのポルトガルがおかれた地位と、ほかの国々との関係によって決定づけられる。そのために、後発資本主義国の経済発展や社会変容は、先進資本主義国のそれと同じ経路をたどることがない。同様の論理により、後発資本主義国ポルトガルの植民地の経済開発と社会の変容は、宗主国ポルトガルがおかれた地位と、他国の植民地との関係によって決定づけられ、先進資本主義国の植民地の経済開発や社会変容と同じ経路をたどることはないだろう。

そこで南部アフリカの植民地に目を転じてみれば、モザンビークと南アフリカの関係をめぐって、ポルトガルの一植民地とイギリスの一植民地という対置は形式以上の意味をなさないことは明らかである。ポルトガルが植民地モザンビークの獲得にあたってつねにイギリスの動向を警戒していたことは、ブロックの研究によって明らかにされている[31]。のちに南アフリカ連邦の中核をなすケープ植民地は、南アフリカ戦争では隣接するトランスファールに対する拡張主義をともない、南アフリカ連邦成立後も、第一次世界大戦前後のアフリカ再分割の際にはポルトガル植民地に対する拡張主義をともなっていた。イヤーウッドは、第一次世界大戦前後に南アフリカ政府がみせた拡張主義を指して西欧列強に準ずる「南アフリカの亜帝国主義」と呼んでいる[32]。そして本書で扱うポルトガル・南アフリカ政府間協定を分析したカッツェンエレンボーゲンも、南アフリカとポルトガル領モザンビークの関係を前者が後者を従属させる目論見としてとらえ、前掲のイヤーウッド同様に「亜帝国的[33]」と表現している。

政府間協定の分析に先鞭をつけたカッツェンエレンボーゲンの研究は、モザンビーク研究でもポルトガル植民地史研究でもなく、イギリス帝国史研究の一部である「鉄道帝国主義」研究の分野に位置づけられる[34]。すでに中央アフリカのカタンガ鉄道に関して「鉄道帝国主義」の事例研究をおこなっていたカッツェンエレンボーゲンは、同類の事例研究として一連の政府間協定について南アフリカ政府およびラント鉱山会議所の関連組織である移民労働者のリクルート機関ヴィットヴァータースラント原住民労働協会（ＷＮＬＡ）の史料に依拠し、南アフリカ側の利害関心を示す研究を一九八二年に刊行した。同協定に関わる当事者はトランスファールの鉱山会社によって組織される鉱山会議所、トランスファール政府および南アフリカ政府、モザンビーク総督府を介したポルトガル政府である。そして、これらの当事者間の経済的かつ政治的な利害の一致から創り出された搾取の枠組みが一連の協定であったと述べて結論に代えている。

カッツェンエレンボーゲンの研究は、その搾取の枠組みを創り出した当事者間の関係性について、南アフリカの労働力供給地として位置づけられるモザンビークの関係を「亜帝国的」と呼ぶものの、その定義や特徴については議論していない。彼の問題関心が南アフリカとモザンビークの経済関係の構築を鉄道、貿易、労働力の諸問題から考察するという点にあることは明確である。しかし、本書との関連では、それらの問題が議論される土台としての南アフリカとモザンビークの関係を所与のものとしてとらえている点が課題となる。彼の研究は、協定当事者間の関係を極めて静態的にとらえていたために、移民労働の統制に対するポルトガル植民地当局の介入を矮小化し、アフリカ人労働者や農民の主体性を無視しているとモザンビーク内外の研究者から厳しい批判を受ける結果となった[35]。

しかし、カッツェンエレンボーゲンによる研究が後続の研究を引き出す契機となったことは幸いであった。彼の研究が鉱山会議所、トランスファール政府および南アフリカ政府の史料を用いたのに対して、モザンビーク出身研究者の第一世代にあたるコヴァネは、ポルトガル・モザンビーク側の視点から同政府間協定に関するモザンビーク総督府の文書を新たな史料として加え、協定内容の変遷を解説条約集としてまとめた[36]。解説条約集という性格上、踏み込んだ議論を展開しているわけではないが、カッツェンエレンボーゲンの視点からはみえてこなかったポルトガル政府の交渉戦略を史料によって示している。

ただし、コヴァネの研究では、ポルトガル政府とモザンビーク総督府は利害関心を共有しているという前提のもとに分析されているため、本国政府と総督府の立場の違いから生じる利害関心の相違と、そこから生じる植民地政策の諸矛盾をとらえてはいない。結果として、コヴァネの視点からみた協定の交渉は、ポルトガル政府・モザンビーク総督府と南アフリカ政府という二項対立の図式におさめられ、南部アフリカの植民地において展開した問題として完結している。そのために、ポルトガル政府と南アフリカ政府がこの関係を結ぶにいたった大局的な国際関係上の構図を提示するまでにはいたっていない[37]。

南部アフリカ経済史研究のなかの植民地モザンビーク

アフリカ史研究は、その全般的傾向として、第二次世界大戦後、つまりアフリカの植民地が独立を遂げるなかで大きく発展してきた。当初、独立後まもない新興国家のもとでは「国家」や「国民」の起源を希求するナショナリスティックな心性を反映し、独立後の国民形成という課題が強く意識されていた。そうした歴史研究は、しばしば独立解放闘争の政治的指導者に注目する政治史に偏重していた。その偏重を是正しようとする試みは、従属論から世界資本主義論および世界システム論に影響を受けた経済史、とりわけ南アフリカ経済史にみられた。[38]また、一九六〇年代から七〇年代、多くのアフリカ植民地が独立を果たしていく一方で、南アフリカにおいてアパルトヘイトという植民地状況が強化されていたという実社会の変化は南アフリカ研究に大きな影響をおよぼしていた。アフリカの他の地域の動向と逆行する南アフリカの現実を、世界史のなかで例外的な現象として扱うのではなく、世界史の俎上《そじょう》で議論することは、内外の南アフリカ研究者にとって共通の課題であると同時に使命であると認識されていた。[39]

こうした研究状況のなかでネオ・マルクス主義の立場をとる研究者らは、アパルトヘイトの起源がアフリカーナの政治的台頭以前からつづくイギリス帝国支配のもとでの労働力の確保と人種隔離にあるという解釈を打ち出した。代表的なウォルプの研究は、南アフリカの資本主義発展を可能にした労働力供給地として非資本主義的な生産様式を維持する原住民居留地が存在してきたことを明らかにしている。[40]

世界資本主義論に対してはネオ・マルクス主義のなかからもさらなる問題提起がおこなわれた。本書の主題と関連して特筆に値するのは、マルクス主義人類学者のメイヤスーによる研究『家族制共同体の理論――経済人類学の課題』である。[41]その試みも一九六〇年代に大きな転機を迎えたアフリカ史研究の動向と無関係ではない。メイヤスーは、それまでの近代的政治エリートを中心とした歴史観を批判しただけでなく、アミンに代表される「第三世界」研究が低開発の問題を論じるにあたって労働の搾取の問題を取り扱っていないと指摘する。[42]メイヤスーは、帝国主義が資本主義経済と

「非資本制社会」あるいは「家族制共同体」とのあいだに、後者から前者への価値の移転が可能となるような有機的関係を確立することによって低賃金労働力の再生産手段を資本のために稼働させると主張する。[43]

ただし、メイヤスーの著書の訳者である原口武彦は、メイヤスーの議論において家族制共同体と呼ばれる非資本主義社会が、資本主義経済からみて還流型移民労働者の供給源にすぎず、「生命の再生産関係という視点はここでは労働力の再生産のための費用の問題に縮減されてしまう」[44]と指摘する。原口によるこの指摘は、一九七〇年代後半以降のエコ・フェミニズムの論調にも通じる。[45]その代表的な論者であるミースは、メイヤスーの研究は女性の重要性を出産という再生産機能という生物学的な機能だけに還元していると指摘する。そして、基幹作物の栽培に代表されるような使用価値を生み出す第一次生産者としての役割を過小評価していると批判している。[46]本源的蓄積が資本主義発展にとって前提であったのであり、それ以上の条件ではなかったはずである。それにもかかわらず、数世紀にわたる資本主義の膨張ののちもこの過程が終わらないことをどのように説明できるのかという点に問題がある。

メイヤスーの議論に戻れば、資本制生産様式は家族制生産様式を温存した南アフリカ鉱山への還流型移民労働の問題が焦点となる。これについてメイヤスーがウォルプの影響を受け、『家族制共同体の理論』の第二部で「家族制共同体の搾取――低賃金労働力の再生産様式としての帝国主義」と題し、南アフリカ金鉱業へ移民労働者を送り出すモザンビークの農村社会を事例に論じたことは偶然の一致ではない。[47]メイヤスーが注目したのは、南アフリカへの労働力供給地域のうち、土地の収奪により農村共同体が崩壊した南アフリカ領内の労働力供給地ではなく、モザンビークであった。モザンビークからの移民送り出しは、労働力の再生産を担う非資本主義経済下の農村共同体が辛うじて崩壊をまぬがれる限界の状態で維持されつつ、資本主義経済の労働市場と接合され、その構造自体が再生産される事例であった。

南アフリカ金鉱業へ還流型の移民労働者を送り出し続けるモザンビークの農村社会をめぐる問題は、資本主義の発展に深く関わる典型的な問題である。そのために、これに向けられる関心は決して低いものではなかった。[48]しかしながら、南アフリカ史研究あるいは南部アフリカ史研究全体と比較しても、モザンビークをはじめとするポルトガル領に関する研究には大きな空白が生じていた。それは一九七〇年代半ばにまで遅れた独立とその後の紛争という、調査をおこなうための治安上の問題、さらには単純に非英語圏での調査を敬遠するという消極的な理由に基づいた結果である。モザンビークについても、あくまでも南アフリカ金鉱業のための労働力の再生産を担う南部アフリカ地域随一の労働力供給地として資本主義の発展の論理のなかで位置づけられ、副次的な対象として視野におさめられているにすぎない。そして、社会のあり方についてはネオ・マルクス主義に対する経済決定論という批判、あるいは理論志向性や労働力に関する関心の偏重という批判を受けて発展した社会史研究に議論の場を譲っている。

モザンビーク研究の展開

《モザンビークにおける移民研究の展開》

モザンビーク南部における移民労働に注目した初期の研究として、経済的要因が文化現象を規定するという文化唯物論を主張する人類学者ハリスによる研究がある。[49] ハリスは、モザンビークから南アフリカへの移民労働の発生がポルトガルによる実効支配以前に遡ると指摘し、特定の民族集団の婚姻や相続に関わる慣習が作用した結果の文化現象であると説明した。また、ハリスは後年には、移民労働の押し出し要因として、強制労働、納税義務、そしてポルトガル・南アフリカ政府間協定が作用しているとも主張する。[50]

これに対して、ポルトガル科学技術省の諮問機関である熱帯科学研究所に所属するフェレイラは、ハリスの主張の根拠となる文化的背景が特定の民族集団に限らず、当該地域のバントゥ系諸集団に共通する慣習であることを指摘し、文化唯物論的な説明を退けた。また、移民送り出し地域の環境条件などの押し出し要因と比較して、植民地支配下の強制労働の影響は微々たるものであったと主張する。[51] フェレイラの主張には植民地支配を弁護する御用学者的側面が垣間見られることはいなめない。しかし、彼は移民労働の発生に関して、ハリスの主張する文化的要因よりもむしろ南アフリカを中心地とする産業化の歴史的文脈のなかで、モザンビーク南部地域の自然環境のもとでの農業生産性といった社会経済的な要因を主張しており、この点は妥当なものである。

ハリスとフェレイラのそれぞれの主張は、移民労働の発生要因について枝葉末節にいたる部分では確認を要する点もあるが、発生要因を文化と社会経済という異なる側面に注目して説明するものであり、必ずしも対立するものではない。その一方で、移民労働者の送り出しが恒常化した現実を説明するにあたっては見解の相違が明らかであった。学術誌上で繰り広げられた両者による論争は、移民の押し出し要因として強制労働をあげるハリスの見解をフェレイラが反駁《はんばく》する過程で、結果的に強制労働以外にも植民地政府がいかに労働移民の管理をおこなってきたかをポルトガル人研究者が自ら明らかにするという奇妙な構図となった。

こうしてハリスとフェレイラによる論争が、モザンビークから南アフリカへの移民研究の口火を切る契機となるかと思われた。しかし、一九六〇年代以降はモザンビークにおける独立解放闘争の激化という社会状況のために、現地調査を通じた研究活動が極めて困難になった。また、そうした社会状況は史料へのアクセスのみならず、戦時の混乱により史料そのものの消失という事態を招いた。モザンビークに関する実証研究が一九六〇年代から七〇年代にかけて停滞する一方で、南アフリカを中心とする南部アフリカ地域における歴史学研究に新たな展開がみられたことは、これまでに述べたとおりである。その文脈で、世界資本主義論や世界システム論を基盤としたネオ・マルクス主義的観点からおこなわれた批判的議論は、一般理論を志向し、その構造を重視するあまりに具体的な運動を理論の枠組みのなかで規定し、「静態的なシステム論に傾斜」していると指摘された。[52] それは歴史学の外部からおこなわれた理論的批判という性質が色濃いことにも起因しており、歴史学の内部からこれらの批判に応える必要があった。その一つの方向性として、より実証的な地域研究が興隆する。[53]

モザンビークの独立後、最初に社会調査に取り組んだのが、ファーストである。[54]先にあげたメイヤスーの研究については「物的再生産関係としての資本制生産関係に照応する生命の再生産関係はどのように特徴づけられるのかという問題」を論ずべきであるという指摘があった。[55]これに対してモザンビーク農村部で社会調査をおこなったファーストは、はじめて移民労働者を送り出す農村社会の実態に迫り、資本制生産関係において物象化された労働の物的再生産関係から、否応なしに、生命と社会が再生産される現実と向かい合う研究をおこなったといえるだろう。

ファーストの研究は、南アフリカ史研究におけるネオ・マルクス主義グループの活躍から派生したものとして位置づけることができる。先にあげたウォルプが南アフリカを対象に論じた経済構造を、ウィルソンは南部アフリカ地域全体の構造としてとらえ、植民地期にラント金鉱業を基軸として南アフリカ政府とポルトガル政府の利害のもとに築かれた関係を「密接な関係」と呼んだ。[56]この理解に基づいてファーストが研究調査をおこなった一九七七年当時、モザンビークでは市場向け農業に従事していた白人入植者が国外へ流出し、国内の経済は植民地期の担い手を失っていた。続いてインフラストラクチャーの破壊をともなう南アフリカによる「不安定化工作」と東西冷戦の代理戦争ともいわれる武装闘争は農村部を巻き込むゲリラ戦となり、モザンビークの農業生産は、輸出用のみならず農民による自給用作物の生産さえ不可能な状況に陥っていた。農業生産性の著しい低下は、移民労働者を送り出す追加的な要因となった。その一方で、南アフリカ鉱山業は、独立後のモザンビークからの移民労働者の受け入れ数を減少させ、その数はモザンビーク独立時の一九七五年から翌七六年にかけて三分の一程度にまで激減していた。

そのような状況のなか、ファーストの研究の主題は、独立後に社会主義を選択したモザンビークが依然としてアパルトヘイト体制のもとにある近隣諸国へ移民労働者を送り出すことの是非を問うものであり、政策科学としての意義が見出されていた。ファーストは、自らが所長を務めるエドゥアルド・モンドラーネ大学アフリカ研究所の調査団を率いて、移民労働者の送り出し地域であるイニャンバネ州の農村地域で、元移民労働者やその家族に対する聞き取りを含む大規模な社会調査を実施した。調査目的は、送り出し社会における農民の階層化の度合いによって移民労働の影響を直接的にとらえようとするものであった。その結果、調査対象地域の農民世帯にとって移民労働によって得られる賃金は、社会的に上昇するための手段であることが明らかになった。ただし、その階層化も固定的ではなく、世帯主の年齢といった可変的な条件によって流動的であると結論づけたうえで、ファーストは地域間の比較をおこなう必要性を訴えた。この地域間の比較という視点は、一九九〇年代に発表される、モザンビーク人研究者の第一世代であるコヴァネによるガザ州の研究とテンベによるマニカ州の研究に引き継がれている。

ところで、一九八〇年代から九〇年代初頭まで、モザンビークを含む独立後のアフリカ諸国に拠点をおく研究者の研究環境は経済的に著しく悪化した。独立を達成した国々の国家建設が紛争によって中断されたことに加え、東西冷戦期にそれぞれの陣営から受けていた戦略的な援助が打ち切られ、社会開発政策とも直結していた諸研究機関の運営が困難となったのである。アフリカ史研究の中心は一九八〇年代以降に欧米へ移転し、アフリカ出身の研究者たちも初期の問題関心を携えて欧米へ渡った。そのため、以下で言及する社会史研究はもっぱら欧米研究者によるものである。

アフリカ史の研究者たちは、第二次世界大戦以降にヨーロッパ史の分野において精緻化された社会史の手法を積極的に導入し、一九七〇年代から八〇年代にかけて南部アフリカの歴史学の土壌に移植した。そして、奴隷貿易から宗教活動、小農民の台頭にいたるあらゆる史学のテーマに関して「アフリカ人の活動、アフリカ人の適応、アフリカ人の選択、アフリカ人の主導権」を洗い出した[57]。その過程では、社会内部の流動性や集団相互の関係を明らかにすることをめざし、エスニシティやジェンダーという分析視角を積極的に取り入れ、アフリカ社会をより多角的にとらえた。また、多くは植民地の境界を引き継いだ国家の枠組みを前提としないアフリカ社会を分析の対象としたことから、一国史を前提とした問題設定のあり方自体を問い直した。

その例がハリエスによる研究である。彼は、奴隷貿易と移民労働という労働力移動の連続性を明らかにするという観点から、従来所与のものとされていた一国史的枠組みを退け、人の移動する地域を分析の枠組みとして設定した。加えて、自由労働という概念をもたない農村共同体によって構成される社会から「移民労働者」を送り出す意義について、奴隷貿易と移民労働という労働力移動の連続性について検討した。[58] また、ハリエスは、就労地のナタールやラントにおけるモザンビーク南部デラゴア湾周辺を出身地とする移民労働者に注目し、南アフリカの産業中心地における就業空間と出身農村の共同体社会の双方の空間における移民労働者の生活文化の連続性と非連続性の双方を鮮やかに示した。[59] そのうえで、農村共同体内部における世代や性差といった社会的属性に起因する権力関係が移民労働の送り出しに作用し、移民労働という経験を通じて既存の関係に変化を迫る力が働く一方で、既存の関係を保とうとする力が双方向的に働くことを論じた。

移民労働に関する多くの研究が就労地におけるアフリカ人労働者に注目するなかで、移民労働者を送り出す農村社会そのものに目を向ける研究があらわれ始めたのもこの時期である。ヤングの研究は、十六世紀から十九世紀にいたるまでのより長い時代設定、農村という空間、そして女性を対象とする点で新たな取り組みであった。[60] ヤングは従来の研究が移民労働を通じた男性の移動性と経済的役割を強調するあまり、農民女性の静態的な印象を作り上げてきたことを指摘しつつ、移民労働の社会経済的な影響を相対化する。彼女は、農民女性を取り巻くモザンビーク南部において、都市化、キリスト教の普及、新たな農業技術の導入という変化のたびに農村共同体の構成員が各人の社会的属性にそって社会関係を再構築してきたことを論じている。[61]

植民地支配下の強制と社会関係の再編という側面については、ペンヴェンがモザンビークの首都ロレンソ・マルケス（現マプト）都市部の社会空間と国内移民に注目し、アフリカ人労働者階級の形成に人種・民族・ジェンダーという分析の視点を織り込んでいる。[62] ペンヴェンは、強制労働シバロと、元来の語義は土着性を示すインディジェナトと呼ばれる人種的かつ性差別的な身分制度という二つの人種主義政策を取り上げた。移民労働と強制労働の関係については先行研究も言及してきたが、彼女はそこにジェンダーの視点を挿入し、移民労働と強制労働のいずれの制度からも女性が排除されている事実を指摘した。ペンヴェンによれば、アフリカの植民地におけるポルトガルの人種主義的な政策は、部分的な市民権を認めた同化民アシミラードを除くモザンビーク人男性を、インディジェナトという従属的な社会階層に押しとどめた。それと同時に、植民地の政策は、都市部における安価な契約労働者を創出し、結果的にアフリカ人内部でより良い条件の職を得るために民族集団間の差別化を引き起こした。その一方で、モザンビーク人女性をインディジェナトに従属する下位集団として社会階層化した。モザンビーク内における労働力調達と領外への移民労働の動きは表裏一体であり、双方とも人種および性差と密接に関係する。モザンビーク総督府原住民問題局は、近隣植民地により労働力を奪われてしまうために、領内での恒常的な労働力不足という問題をかかえていた。ペンヴェンは、その労働力不足にもかかわらず、植民地経済の中枢であった港湾都市ロレンソ・マルケスにおいて労働集約的な開発を可能にした仕組みを解明している。

《現代モザンビークにおける移民研究・社会史叙述》

一九九〇年代にはいり、モザンビークにおける紛争が和平合意をへて終結し、アパルトヘイト体制が終焉を迎えたことで、国内および南部アフリカ地域で新たな研究環境が整い始めた。それまで政治経済的な理由により域外で研究活動を続けてきた研究者の帰還が始まったことも好条件となった。これらの研究者たちは、欧米の理論と調査手法をもとに、入手可能となった史料、可能となった現地調査を通じてそれぞれの研究を発展させている。この時期に先立ち、前掲のコヴァネやテンベがイギリスに留学し、ロンドン大学コモンウェルス研究所やロンドン大学東洋アフリカ研究学院で学んでいることは、彼らの研究を方向づけるうえで大きく影響している。モザンビーク第一世代である彼らの研究の方向性は、同時代の国際移民に関する研究潮流と合致する。

当時、東西冷戦の終結後にグローバル化が進み、人の移動が活発化するなかで、アフリカの移民送り出し諸国の経済開発や貧困削減に関して移民労働の肯定的側面に注目する論調が高まっていた。一九九〇年の国連総会では「すべての移住労働者とその家族の権利の保護に関する国際条約」(ICRMW)が採択され、移民とその家族への利益、出身国および受け入れ国における福祉的利益、とくに送金、技術者移民の重要性が主張された。九五年にはSADCでも「人の移動の自由に関する議定書」が策定された。こうした国際的な動向は、二〇〇〇年代にも継続しており、移民と経済発展の関係が世界的な経済開発に関わる中心的な議題となっている。ただし、その論調には変化がみられる。SADCは一九九五年の議定書に対して加盟国のうち移民の受け入れ国の賛同を得られなかった。これを受けて議論を継続し、二〇〇五年に地域内の「人の移動の促進に関する議定書」を採択した。しかし、議定書の文言からは「自由」という言葉は消え、「促進」という言葉に置き換わっている点は、移民の出入国を管理する国家が誰の移動を促進するのかという問題と関わってくる。二〇〇六年には国連が初の国際移民と開発に関するハイレベル会合を開催し、国際移民による送金インパクトに注目した報告書が多数発刊されている[63]。

このような研究潮流のなかで、コヴァネは、ポルトガルと南アフリカとの政治経済関係に関する一九八〇年代の史料編纂の蓄積をいかし、またテンベもポルトガルと南ローデシアとの政府間協定についての関心から、移民労働者によって農村共同体にもたらされた社会経済的な影響について発展的な研究をおこなった[64]。コヴァネはモザンビーク南部ガザ州シブト区を、テンベは南ローデシアと境界を接する中部マニカ州を対象地域としている。シブト区は移民労働者の主要送り出し地域である一方で、一九三〇年代以降に入植者による農業開発が進められ、労働力の獲得をめぐってラントの鉱山業と競合した地域でもあった。また、マニカ州は白人入植者による市場向け農業を中心としてモザンビークの穀倉地帯であった。

コヴァネは、南部のガザ州における農民世帯の階層化を、移民労働によって得た賃金を蓄積して経済的に上昇した成功例としてとらえ、これをアフリカ人農民の主体性の発露として肯定的に評価している。第二次世界大戦後の農業入植事業と換金作物の強制栽培の導入は、入植地で必要とされる労働者の徴用に拍車をかけ、残された者による現金収入への依存度は高まったという。また、コヴァネは移民労働者を送り出した結果、世代間に生じる対立・互恵関係について言及している。コヴァネによれば、農民の世代間の対立は、若年者が農業分野に新たな技術を導入することによって年長者の生産性を凌ぎ、年長者の経済的な優位を脅かしかねない状況が発生することに起因する。[65] その一方で、互恵関係については、自らの世代も恩恵を受ける社会規範・慣習を含め、前世代によってつくられた共同体の構造を温存し、再生産していくことに協調的であることを説明している。[66] ここでも社会関係の再編に際して旧来とは異なる要素を含みながらも旧来の関係を強化しようとする力が作用する様子がとらえられている。

農村共同体において同様にみられる移民送り出しの社会的な影響は、テンベによっても指摘されている。[67] テンベは、南ローデシアに隣接するモザンビーク中部マニカ州の農業発展に目を向け、白人入植者による市場向け農業を中心に穀倉地帯となった中部地域の発展を、モザンビークの産業構造の地域的多様性のなかに位置づけ、植民地経済のあり方とそれに対応した現地住民による対処の多様性を示した。テンベによれば、アフリカ人農民も市場志向の農業に転向し、隣接する南ローデシアの農産物市場に参入するため、あるいは移民労働者として労働市場に参入するために合法・非合法的に越境するという。

コヴァネやテンベによる研究は、賃金労働と生存維持の双方に参加する農民による生活戦略の主体性を強調し、これを積極的に評価している。しかし、移民労働者を送り出す農村社会への影響を問いながらも、農民の大半を構成している女性をむしろ不可視化する結果にいたっていることに鑑みれば、ジェンダーという分析視角の有効性を説いた先のヤングの指摘に対して必ずしも十分に応えられてはいない。また、両研究がファーストの説いた地域比較の必要性を念頭におき、個別具体的な事象の検討によって人びとの経験の豊かさを示すことを意図しているとすれば、対象地域の特徴に偏重があるために多様性を捨象しているという点で課題を残している。

これらの課題は対象地域の選定に関わるが、移民労働者の送り出し地域のうち、ファーストの調査地であったイニャンバネ州以外の調査のおこなわれていない地域を対象とするという動機に基づくものか、あるいは対象地域の特徴をとらえて積極的な意義を見出したうえでの選定であるかによっても大きく異なる。具体的にいえば、コヴァネはモザンビーク南部ガザ州を、テンベは中部内陸マニカ州を研究対象地域としている。両者の研究は異なる地域を対象としているものの、研究対象地域には共通性がみられる。ガザ州は南部に位置するロレンソ・マルケス、そして、マニカ州も中部に位置する植民地時代の第二の都市ベイラの人口を養う穀倉地帯として位置づけられていた。つまり、ガザ州やマニカ州といった地域は、ロレンソ・マルケスやベイラの市場に隣接するという点で類似する。経済的な環境条件が類似しているためか、これらの先行研究によって確認された社会変容のあり方は類似しており、ともすると発展段階論的な理解に陥る危険性がある。

さらに、これらの先行研究がアフリカ社会を分析することで、産業化・都市化・中産階級の台頭とそれにともなう政治的・社会的・文化的変化をとらえようとするものか、あるいはそういった欧米近代史の古典的諸範疇からの類推の有効性を問うものであるのかによって、先行研究に対する評価は大きく分かれる。[68] 後者の場合には、対象とする地域社会の理論的把握をめざすのではなく、欧米近代史の「理論」の適合可能性自体が評価の基準となっていることになる。

理論的潮流と課題

すでに述べたように、モザンビーク南部の農村社会は、資本主義発展に関する理論形成を志向する研究の考察対象となってきた。しかし、理論の構築を志向した先行研究の主眼は、近代化論やのちの新自由主義に繋がる新古典派的な主張に対抗し、資本主義世界経済の発展のあり方を説明することにおかれていた。そのために考察の対象となる社会の分析は、あくまでも理論的考察を補強するための二次的な課題として位置づけられる傾向にあった。その結果、従属論から世界システム論にいたる一連の議論のなかで、アフリカ社会は極めて静態的なものとしてとらえられてきた。

さらにアフリカ研究の文脈では、理論的拠り所がマルクス主義であったことに起因して、東西冷戦構造の崩壊を機に論調は弱まり、相対的に新古典派あるいは新自由主義的論調が影響力を強めていった。ただし、新古典派もマルクス主義も資本主義の理解については際限のない富の増量をもたらす経済成長を前提とするという点では同根であり、それに対する権力の介入の仕方に関わる議論において異なる。これらの理論が富の有限性と分配を問題とする地球環境問題の浮上によって説得力を削がれ、その変化が東西冷戦の終結と前後してマルクス主義にいっそう不利に作用したといえるだろう。

こうした理論の退潮は、独立後にマルクス・レーニン主義を標榜し、一九八六年にそれを放棄したモザンビークを対象とする研究にも少なからぬ影響をおよぼした。一九九〇年代以降に発表された研究において、しばしば理論的な分析枠組みは曖昧なものになり、大局的な視点は失われていったように思われる。社会史研究は支配社会・被支配社会を一枚岩的なものとして理解する支配・被支配の二分法を退け、個々人の経験を具体化する手法を精緻化させた。しかし、精緻化した手法によってとらえた人びとの「主体性」を強調し、称揚することは、ときとして権力の所在を不用意に曖昧にすることに繋がる。この点について、人びとの経験の豊かさを個別具体的な事例に求めた末に、差異化された個をもって全体を構築しなおす作業を欠いては、議論の枠組みが実態の具体性に埋没してしまうという「差異化の罠[69]」にはまる。

先行研究は、人びとの弛《たゆ》まぬ営為を積極的に評価した一方で、しばしば社会経済構造について批判的な検討を欠いてきた。そして、どのようなかたちで植民地支配者が移民労働者を送り出す農村社会と労働市場という経済的空間のあいだに介在したのかを十分に説明してはいない。そのために、労働力供給を独占する政府間協定が実現した過程や、南部アフリカにおける植民地支配の領域的拡大を論じる巨視的かつ超個人的な政治経済的側面に比べ、共同体規模の生活を微視的に論じる社会的側面が政治経済的要因の結果に対する挿話という消極的な位置付けに終始している。本書がめざすのは、この政治経済的側面と社会的側面が有機的に結びついているという実態を描き出すことである。

3 植民地主義の構造的把握に向けて

前節で言及してきた研究群は、それぞれが、本書の構想に対しておおいに影響を与えている。それはとくに社会史研究における一国的な枠組みを超えた地域社会の設定、移民を送り出す社会への注目、そして植民地統治のあり方と民族集団間の差別化の関連といった点においてである。

本書では、こうした点を踏まえ、第一に、本章冒頭の「南部アフリカにおける「連帯」の再検討」に記したように、アフリカ人のあいだの民族集団間の差別化という問題を一植民地内の問題としてではなく、地域的な問題として考える。第二に、国家の枠組みを超えたモザンビークから南アフリカへの移民労働をめぐる問題に焦点をあて、それを実現する構造が国際的な植民地支配の体制のなかでいかに構築されてきたのかを実証的に分析することを課題とする。そのうえで、対象地域に内在化され、この地域の人びとに内面化されてきた構造と、それらの再生産の仕組みを問うことで、植民地主義の本質を支配の現場の実態に即して明らかにする。

こうしたアプローチをとる理由は、先行研究の多くが人びとの主体性を強調するあまりに、その主体性が発揮される場面の設定そのものを規定している権力構造が後景に退いており、この事実に対して、権力の所在を再度明らかにしつつ、地域史を再構成するという目的による。

調査方法——史料の特徴

本書の分析に用いる史料は、以下の点で特徴をもっている。本書の構成上は前後するが、第二章から第五章にかけては一次史料を用いた実証分析をおこなう。この実証分析に用いる史料は、モザンビーク総督府・地方政府および下部機関による公文書、ポルトガル旧植民地省および外務省、鉱山会議所に関連する文書史料、そして聞き取り調査による口述資料である。先行研究の分析を補うという目的から、これらの史料を検討する。

まず、ポルトガル・南アフリカ政府間協定を主題とした先行研究は、本章第2節でも取り上げたように、南アフリカ側の視点によるカッツェンエレンボーゲン、そしてモザンビークに視点をおいたコヴァネによる研究がある。カッツェンエレンボーゲンは、南アフリカ側の史料としてイギリス公文書館が所蔵する植民地省、自治領省、外務省の公文書と南アフリカ政府が所蔵する南アフリカ連邦形成前のケープ、ナタール、トランスファールの各政府、鉄道局、原住民問題局、のちの連邦政府の公文書、さらにＷＮＬＡの文書を一次史料として使用している。一方、協定の交渉相手であったポルトガル側の史資料としては、出版された元モザンビーク総督の回顧録を用いているほかはおおむね二次史料に依拠している。これに対して、コヴァネは、同政府間協定の変遷をモザンビークの視点から整理し、カッツェンエレンボーゲンが使用していないモザンビーク歴史公文書館が所蔵する官報［BOM］、および総督府コレクション［FGG］の細目のうち、原住民問題局コレクション［FDSNI］の公文書を使用している。

前掲の先行研究が使用した史料に対して、本書では、第二章から第五章にわたりポルトガル植民地省および外務省文書を使用する。これらの史料を使用することで、ポルトガル政府の視点から植民地モザンビークと隣接するイギリス領植民地の関係を検討する。また、コヴァネが政府間協定に対する本国政府とモザンビーク総督府の立場を同一視した点を再検討する。具体的には、本国政府とモザンビーク総督府の見解の相違を明らかにするため、分析の水準を政府間から宗主国政府と総督府の水準に落とし、モザンビーク総督府コレクションの文書を検討する。

さらに、第一章および終章では、分析水準を地域社会にまで引き下げて考察を深める。このために使用する史料は、モザンビーク総督府官報[BOM]などの一次史料、同時代の教会史料に基づく二次史料のほか、コヴァネも使用した原住民問題局コレクションに加え、民政局コレクション[FDSAC]、イニャンバネ州地方政府長官報告書などの一次史料である。これとあわせて、調査地イニャンバネ州において二〇〇三年から一一年にかけて実施した聞き取り調査の結果を照らし合わせつつ分析をおこなう。現在の行政区分では、州に相当する行政区レベルの文書および原住民問題局の文書を再検討することで、植民地統治の実状を踏まえ、政府間協定の協議に関するモザンビーク総督府の主張の根拠を探る。それと同時に地域社会の水準での分析をおこなう。

上記の史料のほかに、本書では、先行研究者が使用していない新たな文書史料として、地方政府史料であるイニャンバネ行政区のマシーシェ評議会行政コレクション[FACM]を用いる。また、モザンビーク植民地政府の財政収支・予算を示す統計資料とバーロウ・ラント文書館が所蔵するH・エクシュタイン商会コレクションの史料を検討の対象に加える。前者については、協定に関連する歳入をモザンビーク総督府の実益として数値化するうえで有効である。後者は、H・エクシュタイン商会が、労働力調達部門としてWNLAをかかえるラント鉱山会議所(一八八九年設立)の設立に深く関係することから、カッツェンエレンボーゲンが用いたWNLA史料よりも上層の史料として位置づけられる。同コレクションは、WNLAの活動方針を決定する鉱山会議所の中核の議論を把握するうえで重要な史料である。これらの史料を含め、本書で使用する史料の所蔵機関の概要と各史料の性格は以下のとおりである。

《モザンビーク歴史公文書館》

マプトにあるモザンビーク歴史公文書館(AHM)は、おもに十九世紀および二十世紀の史料を所蔵している。[70] AHMが所蔵する史料のうち、現在閲覧が可能な史資料の大半は、植民地期の行政機関によって残された公文書および刊行物である。また、わずかではあるが私文書が遺文書コレクションとして保管されている。その他、新聞『ノティシアス』、ポルトガル海外銀行（ＢＮＵ）、特許会社の文書および刊行物が各コレクションとして保管されている。[71] なお、ＡＨＭは、本書の執筆段階で移転している。刊行史料がマプト市内旧市街地の移転先に所蔵され、未刊行史料はエドゥアルド・モンドラーネ大学構内の片隅にある倉庫に移された。この過程で所在が不明となった史料もあり、また、空調設備もない劣悪な保管環境のもとにおかれる史料は、今後著しく損傷していくことが懸念される。

本書の執筆時点で閲覧が可能な史料は、十九世紀コレクションと二十世紀以降の史料に大別されている。[72] 十九世紀以降の刊行物には、モザンビーク総督府によって一八五四年以来刊行された官報、収支・予算報告書がある。二十世紀の史料については、現在のところ以下の行政機関などの史料が閲覧可能である。

ポルトガル植民地政府の文書は、おおむね植民地における行政組織の構造にそって分類されている。まず、総督府コレクションがある。同コレクションは、総督府と本国政府間の往復書簡、モザンビーク領内の各行政区に設けられた地方政府との往復書簡および報告書、あるいは以下の各局との往復書簡をまとめている。[73] 総督府の史料は、行政および民政・原住民問題[74]・財政・鉄道および港湾・内政・土地測量・農業および畜産・軍事・海運・統計の部局ごとに分けられている。なお、これらの各部局は総督府に直属し、その関係は本国内閣府と中央省庁の関係にほぼ対応する。

植民地における行政機構は、各部局が「民政」と「原住民問題」に大別されている。例えば、民政局コレクションは、おもに市民権をもつ入植者に関する行政文書である。この民政局コレクションに対して、原住民問題局コレクションは、アフリカ人住民に関わる民政一般を「原住民問題」として取り扱った文書である。同コレクションは「原住民問題」として一括されたうえで、行政、監督・原住民問題、財務、産業振興・入植、教育・宗教、軍事、財務、人事、戸籍台帳、土地台帳のサブ・セクションに分けられている。また、一九三四年に「原住民問題」を総括する部局として行政および原住民問題監督局（ＩＳＡＮＩ）が設けられ、以来、七四年までの報告書などを保管している。次に、地方政府レベルの各行政区コレクションがある。そのうち、イニャンバネ、ザンベジア、ナンプラ、モザンビーク島の行政区の史料は未整理であるか、部分的に紛失されたといわれている。[75] そうした史料の欠落を補うため、各地方政府長官が執筆した行政区の報告書などは、現場により近い地方為政者の視点に基づく史料である。各行政区には評議会が設置されており、行政区内の下部区域との往復書簡が評議会コレクションとしてまとめられている。この評議会コレクションが植民地行政史料の分類上、末端の史料と位置づけられる。[76]

本書では、AHMが所蔵する総督府コレクションの史料のうち、FGG、FDSNI、FDSACの各コレクションおよびBOM、収支・予算報告書、『ノティシアス』紙を使用する。さらに前掲の中央諸部局の史料に加え、イニャンバネ行政区のFACMを中心に、行政区レベルの史料を使用する。

《外交歴史公文書館》

リスボンにある外交歴史公文書館は、ポルトガル植民地と他国あるいは他国植民地との外交関係に関するポルトガル政府外務省の文書を保管している。本書では、とくにポルトガルおよび関係国間との条約・協定コレクションにおさめられている外交総務局史料のうち、南アフリカ関係シリーズ(一九〇九〜三八)を使用する。また、同公文書館が所蔵する植民地省刊行物も使用する。

《バーロウ・ラント文書館》

ヨハネスブルグにあるバーロウ・ラント文書館(BRA)は、株式会社バーロウ・ラントに付属し、ヨハネスブルグの鉱山部門の関係史料をH・エクシュタイン商会コレクションとして所蔵している。[77] これらの史料はコーナー・ハウス・グループを構成する主要四社(ロンドンの投資銀行であるウェルナー・ベイト商会、そのヨハネスブルグ支店であったH・エクシュタイン商会、同社の子会社として深層鉱山開発のために設立されたラント鉱山会社〈RM社、一八九三年設立〉および中央鉱業・投資公団〈一九〇五年設立〉)の史料を含んでいる。コーナー・ハウス・グループは、深層鉱山開発が開始された一八八〇年代末以降、第二次世界大戦直後までラント最大の金生産者であった。[78] この事実からも、同文書館の所蔵史料は、ラント金鉱業の中核企業の活動とその利害関心を理解するうえで必要不可欠である。[79]

なお、本書との関わりでは、H・エクシュタイン商会がラント鉱山会議所と深く関係している点で、同商会コレクションは重要な史料である。H・エクシュタイン商会は、鉱山会議所の設立において中心的な役割を担っている。H・エクシュタイン商会を含む主要な鉱業金融商会が加盟し、その傘下の金鉱山会社六六社が参加して鉱山会議所が創設された。鉱山会議所の会長職は、長年にわたりH・エクシュタイン商会の共同経営者によって占められ、同会議所におけるH・エクシュタイン商会の影響力は大きかった。鉱山会議所は、トランスファール政府、のちには南アフリカ政府と交渉するとともに、鉱山会社間の労働力の分配の調整に従事し、その外郭団体である移民労働者斡旋機関WNLAの活動を通じて南部アフリカ一帯から労働力を供給した。

H・エクシュタイン商会コレクションは、以下のセクションに分類されている。(a)同社主要記録(往復書簡、回状、電信、経営管理記録、財務記録、経理記録、訴訟、報告書等)、(b)ジュール・ポージスおよびウェルナー・ベイト商会ロンドン文書、(c)共同経営者および役員、(d)プレトリア事務所、(e)記録部門、(f)情報部門、(g)株式部門、(h)顧問技師部門、(i)鉱山部門、(j)電気技師部門、(k)機械技師部門の別である。

前述のWNLAの創設以来の具体的な活動に関する史料として、H・エクシュタイン商会コレクションのうち、本書ではWNLAに関連する文書を含む記録部門の史料を使用する。

《口述資料》

本書の第一章および第五章では、筆者が実施した聞き取り調査を通じて得られた証言の一部(Oral Testimony: OT)を口述資料として用いる。聞き取り調査地は、イニャンバネ州およびガザ州の各所におよび、聞き取り調査は二〇〇三年から一一年にかけて九七人に対して実施した。本書において、証言はOTと表記したあとに、インフォーマントの氏名、性別、生年もしくは推定生年、調査実施日および実施地を州・郡・区の順に記載する。調査実施が複数回におよぶ場合には、その旨、日付を連記する。調査地の選定については、第五章で詳述する。

聞き取り調査は、インフォーマントの自宅あるいは隣人宅に赴き、許可が得られた場合には録音した。使用言語は、調査者が現地の公用語であるポルトガル語で質問をおこなうが、インフォーマントの語りを容易にするために、調査地の各地域によって異なる現地語ツワ、トンガ、ショピとポルトガル語の通訳を介しておこなった。ただし、その場合、現地語通訳者自身による解釈や追加的説明を排除するため、後日、通訳者とは別の翻訳者によって現地語からポルトガル語への書き起こしをおこなった。なお、初回の面談に限り、すべてのインフォーマントに対して基本的な質問事項を設けたが、質問の順は問わず、随時、会話の流れのなかに織り込むかたちでおこなった。

対象時期の特徴

本書では、分析の対象地域であるモザンビーク南部および隣接地域に対する政治支配の交替と、それにともなう経済活動の変化を基準として、以下のとおり、時期区分をおこなう。

第一の時期は、南部アフリカ地域社会の十九世紀を画するズールー王国の建国にともなう軍事的拡大であるムフェカネ(一八一七〜二八年)を起点とする。ムフェカネ以降、南アフリカにおいて鉱山・プランテーション開発型の植民地経済の基盤が形成される一八八〇年代までを一つの区切りとすることが可能だろう。ムフェカネ以降の広域にわたる社会経済的再編と、イギリス主導で進む奴隷貿易禁止の動きは、結果的にアフリカ社会の内部に労働力を送り出す条件を整えた。そして、新たに生まれた域内の労働力需要を満たすことになる。労働力需要の拡大は、四〇年代のナタールにおけるプランテーション開発、七〇年代のキンバリーにおけるダイヤモンド鉱山開発、そして八〇年代半ば以降のラントにおける金鉱開発へと続く。モザンビーク南部出身者はこれらの労働市場すべてに順次参入している。

実効支配に先立つ資本主義市場の形成によって「賃金労働者」の移動はすでに生じており、新興産業である鉱業部門の労働市場に引き継がれることになる。南部アフリカにおける植民地経済開発に影響を受け、モザンビークにおける植民地統治のあり方も大きく変化する。海洋帝国の名残りであった北部モザンビーク島の総督府を南アフリカに隣接する南部のロレンソ・マルケスへ一八九八年に移転したことは、その象徴である。本書では、この時期の植民地経済開発が、アフリカ社会の再編と植民地経済の萌芽が絡み合うなかで、段階的かつ同時に進行しつつ拡大していく過程に注目したい。

続く第二の時期は、鉱山・プランテーション開発が開始された一八六〇年代から八〇年代以降、南アフリカ戦争(一八九九〜一九〇二年)までを区切りとする。この時期には、鉱物資源の発見とときをほぼ同じくして「アフリカ分割」に関するベルリン会議(一八八四〜八五年)が開催された。このベルリン会議以降、モザンビーク南部のガザ王国は、支配をめぐって拮抗するポルトガルとイギリスの狭間におかれる。ガザ王国は、一八九五年にポルトガルの軍事力をもって解体され、南部がポルトガルによる植民地統治下に組み込まれる。

この時期になると、ラント金鉱業を中心とした植民地経済の興隆により、西欧列強にとってラントに隣接するモザンビークの地政学的な重要性は高まる。その一方で、宗主国となったポルトガルの国家財政は破綻し、列強との植民地分割競争でも敗北し、ポルトガル史上では「ポルトガル帝国衰退の時期」[80]と称される。アフリカでは、植民地経済の比重が農業から鉱業へ移行するにつれ、投入される資本の規模は巨大化し、それに随伴するように宗主国間の政治力学が持ち込まれた。その状況でポルトガルが植民地を保有し、それを統治・開発するには、政治経済的な資源の限界を超えていた。その結果、モザンビークに限っていえば、ポルトガル植民地と宗主国ポルトガルという垂直的な関係よりも、南部アフリカ経済の中心である南アフリカ経済に寄生する関係を植民地経営の基盤としていた。

第三の時期は、南アフリカ戦争以降、列強によって植民地の再分割が検討される第一次世界大戦前後の時期から一九二四年の南アフリカ連邦選挙による国民党政権の成立までと区切ることができるだろう。この時期、南部アフリカでは一〇年に南アフリカがトランスファールを最終的に併合する。同国は連邦化しつつ拡張主義的な性格を帯びる。そして、モザンビークを含めたポルトガル領も列強による再分割の検討の対象となる。同時に南アフリカとモザンビーク総督府およびポルトガル政府の関係も悪化し、その様子は南アフリカ鉱山への労働力供給をめぐる政府間協定の交渉にもあらわれる。

そして第四の時期は、目下のところ、南アフリカにおける一九二四年の国民党政権の成立以降の時期とすることができるだろう。この時期には、政権を交代した南アフリカ政府とポルトガル政府のあいだで政治経済関係が仕切りなおされることになる。世界史的な文脈では、世界恐慌にいたる農業不況を発端として、ポルトガルではブロック経済の形成期にあたる一九二八年にサラザール政権が誕生し、植民地社会に経済的負担をいっそう強いることになる。それは具体的に政府間協定にも反映され、二八年までのあいだにポルトガル・南アフリカ政府間協定を通じて鉄道と港湾使用条件および関税に関する協議が進展する。その政府間協議の進展と同時に、植民地領内では移民労働者の斡旋許可、移民労働者の還流化、送金制度の確立という労働力移動を管理するための枠組みがつくられる。

本書の構成

第一章では、帝国主義の時代以前の地域史および地域社会の対外関係を把握する。とくにのちに移民労働者の送り出し地域となる農村社会と外部を繋ぐ経済活動のあり方に注目しつつ、モザンビーク総督府が国際的潮流に合わせて新興労働市場に供給する労働力の形態を制度上、奴隷から解放奴隷、そして賃金労働者へと変容させる過程をたどる。

第二章では、西欧列強間の政治経済的な関係におけるポルトガルの立ち位置を確認する。「アフリカ分割」以降、ポルトガル政府は列強との競合関係のなかで植民地を獲得し、実効的支配を迫られる。その末にポルトガル政府が植民地モザンビークの利用可能な人的資源である労働力を近隣の植民地市場へ供給することの利点を認識していく過程を示す。

第三章では、労働力供給・関税・運輸に関する一連のポルトガル・南アフリカ政府間協定のうち、一九〇一年暫定協定から南アフリカ連邦が成立する直前の〇九年までの協定が締結にいたるまでの協議を時系列に追う。扱う時期は、南部アフリカの社会経済構造の枠組みが形成されるまでで、協議については、宗主国および植民地の政治経済状況や国際的環境に鑑み、協定内容の改定に絡む各当事者の利害を検討する。

第四章では、アフリカ分割以後、第一次世界大戦にいたるまでのポルトガル植民地に対する列強の関心をモザンビークに関する問題を通じて検討する。また、南アフリカ連邦成立後、拡張を志向する南アフリカ連邦との協定交渉を分析する。そして、同協定の意義を植民地政府の歳入という面から考察し、ポルトガルの植民地経営における協定の財政的意義を検討する。

第五章において分析の対象とする地域は、移民労働者の送り出し地域のなかでもイニャンバネ州農村部を中心とする。イニャンバネ州は、ファーストが社会調査をおこなった地域であるが、コヴァネの調査対象地域であったガザ州およびテンベの調査対象地域であったマニカ州と比較し、近隣の市場規模が小さく、経済的な階層差が小さいという特徴がある。この調査対象地域の選定は、移民を送り出す影響として、階層化を社会的上昇の契機ととらえて肯定的に評価してきたコヴァネやテンベによる先行研究とその傾向を再検討することを意図している。当該地域の特徴は、第五章第1節「ポルトガル植民地行政への組み込みとイニャンバネ州の特徴」で詳述するため、ここでは割愛する。

なお、第三章第1節では、政府間協定の締結と同時進行で進む広域からの移民労働者の導入が、移民労働者のあいだでどのような意識を生み出させたのかを随時検討する。また、第三章および第四章が植民地モザンビークと南アフリカの対外的関係の構築に焦点をあてるのに対して、第五章では、同時期の植民地モザンビーク領内の政策と社会変容の相互作用を明らかにする。また同章では、第一章で確認した帝国主義の時代以前のモザンビーク南部社会が、第二章から第四章にかけて考察した植民地支配のもとでどのように変容したのかを明らかにする。

そして終章では、本書における検討を通じて得られた結論を整理し、分析の対象とした一九二〇年代から現代にいたる状況をたどることで、モザンビークと南アフリカの社会で展開された植民地主義が、当該地域社会におよぼした影響について考察する。

第一章　アフリカ人社会の動態と労働市場の形成

1　ムフェカネとモザンビーク南部社会

人の移動と諸集団関係の変容

本章では、ポルトガル植民地支配のもとで組織化されていく移民労働の原型を確認する。第1節では、モザンビーク南部のアフリカ人社会の動態を確認し、第2節で近隣の労働市場との関係を概観する。第3節では、一八七〇年代後半以降のポルトガル政府による奴隷制の廃止と、同時期にモザンビーク総督府によって進められる「賃金労働者」の制度上の創出の過程をたどり、現地社会にとっての意味を探る。

モザンビーク南部においてポルトガルが植民地支配を展開する以前から、名目上はあらゆる形態をとりつつも、隷属させられた数多の人間が、同地域から「労働力」として輸送されていた。モザンビークを送り出し地域とする奴隷貿易については、カペラによる詳細な研究がある。[1] こうした人びとの送り出し社会に注意を払った代表的な研究としては、「移民労働」の物理的な動線のみならず、社会経済的な連続性を示したハリエスによる社会史研究の成果があげられる。[2] ハリエスは、十九世紀初頭以降のモザンビーク南部におけるアフリカ人社会と奴隷貿易の関係について、社会の外部へと送り出される奴隷と、内部にとどめおかれる家内奴隷との区別が極めて曖昧であることを指摘している。この点を理解するため、アフリカ大陸南部から中部の広域にかけて影響をおよぼしたムフェカネについて概観しておきたい。

ムフェカネとは、南部バントゥ系諸語の一つであるズールー語で「衝突」を意味する。それが具体的に示すものは、現在の南アフリカ共和国クワズールー・ナタールで生じたズールー王国の建国と、それに端を発した軍事的拡張や大規模な民族移動をともなう社会的変動である。ムフェカネは、バントゥ系民族集団ングニのシャカが、一八一八年にその専制のもと、既存の複数の民族集団による連合を再編し、常備軍を設けた集権的な軍事国家体制を築いたことに始まる。

このムフェカネによる民族移動が始まった地点は、四二頁地図に示すとおり、本書の対象地域であるモザンビーク南部イニャンバネの南西およそ一四〇〇キロ、ロレンソ・マルケスの南西八〇〇キロに位置する。ングニはナタール周辺から北上し、デラゴア湾周辺を通過しながら今日のモザンビーク領内へと進み、その後も一〇〇〇キロ以上の距離を断続的に北上した。まずは、このングニとモザンビーク南部地域社会の動態について理解する必要があるだろう。

ムフェカネの起源をめぐっては諸説あるが、ここでは代表的な説を紹介するにとどめたい。一九六〇年代に発表された研究は、ムフェカネがアフリカ人社会、とくに中心となったズールー族による内発的な国家形成の動きであるという内因説を主張し、ムフェカネを積極的に評価している。[3] この内因説に対して、八〇年代には、ムフェカネの起源がケープ植民地への労働力供給とデラゴア湾に拠点をおいて展開された奴隷貿易と関係するという外因説が発表されている。[4] さらに九〇年代半ばには、八〇年代の研究成果が同時にズールー王国の興隆に関するもう一つの説明を提供していると指摘する論考が発表され、アパルトヘイト廃絶後の支配勢力に関連する問題を提起している。[5] この点はとくに南アフリカにおける歴史学の同時代的関心をうかがわせるものである。ただし、本書との関連では、ムフェカネの起源よりも、それが周辺社会におよぼした影響がいっそう重要となる。

ズールー王国においてシャカの専制を嫌った複数の派閥は、ングニの兵法を継承する指揮官のもとで各方面に侵攻していった。そのなかの一人であるソシャンガーネ(別名マニクーセ。統治期間一八二一〜五八)が一八一八年以降に今日のジンバブウェ南東部からモザンビーク南部にかけて侵攻している。この侵攻の過程で、ソシャンガーネの率いる一団は、先住する民族集団ツワ、トンガ、ショピを攻撃しつつ、ガザ王国を建国した。[6] そして、モザンビーク南部から中部にかけて広範に移動を繰り返しながら王国の版図を拡大していった。[7] ガザ王国の版図に居住する人びとの多くは、一八六〇年代までに支配者であるングニの文化に同化した。これらの人びとは、十九世紀末までに支配者ソシャンガーネにちなんで、同化した者を含めてシャンガーンと呼ばれるようになり、今日にいたっている。

モザンビーク南部イニャンバネ湾の周辺には、ガザ王国の臣民であるングニのほかに、ガザ王国の支配に抵抗した民族集団であるツワとショピが集住する。トンガおよびショピは、ングニによる経済活動の支配や献納の関係を拒み、ガザ王国の版図の拡大によって押されるかたちで沿岸部に移住した。ングニの支配階級は、ングニの支配に服従して南部のリンポポ川流域に生活拠点をおいたツォンガのほか、中部ザンベジ渓谷以南のサヴェ川流域に居住していたンダウ、イニャンバネ沿岸部のツワ、イニャンバネ湾周辺のトンガ、ショピを支配の対象とみなしていた。そして献納を拒む集団をしばしば攻撃しては家畜をはじめとする財を戦利品として略奪し、住民を戦争奴隷として獲得した。さらにガザ王国は勢力を広げ、象牙や犀角《さいかく》といった希少資源を中心とする対外貿易を独占し、経済的な支配をともなう勢力の維持と拡大に努めていた。

ムフェカネに起因する人の移動と集団間関係の変容の痕跡は、今日の南部アフリカの東部に居住する民族集団の配置や集団の名称からもうかがえる。ハリエスによれば、ングニに従属して献納関係にある人びとに対しては、ングニと区別するための他称として「アマトンガ」(amatonga)という呼称が用いられた。[8] つまり、この「アマトンガ」とは、特定の民族集団を指す固有の名称ではなく、バントゥ諸語に共通する"tonga"に人を示す接頭辞"ama"あるいは"ma"が結合したものと考えられる。"tonga"については、ジンバブウェ史家の吉國恒雄がつぎのような説明をおこなっている。

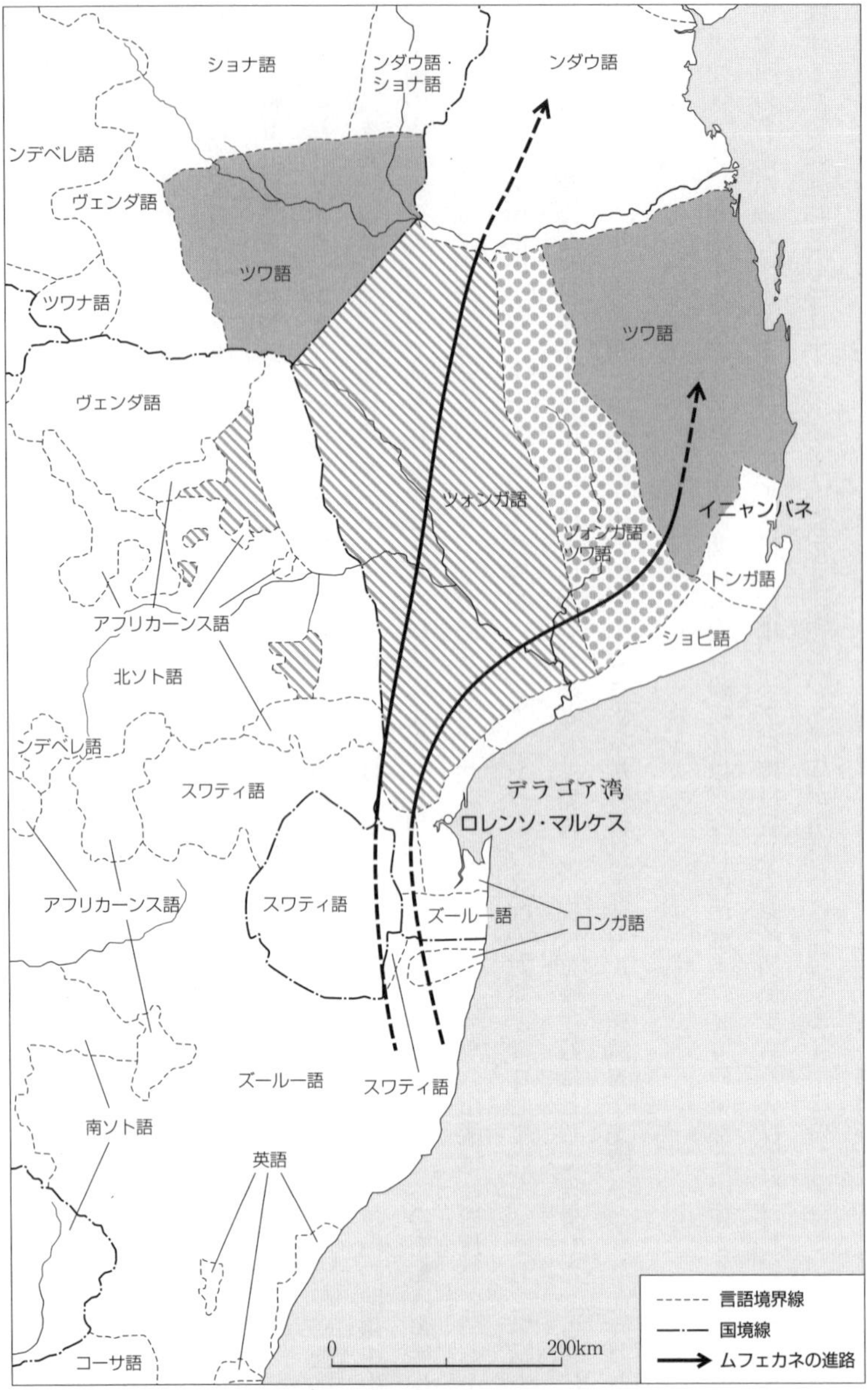

ムフェカネとモザンビーク南部周辺の言語集団(19世紀末)

出典：Lewis, M. Paul ed. (2009), *Ethnologue: Languages of the World*, Sixteenth edition. Dallas, Tex: SIL International, p. 704, 710, 735 をもとに作成。

ザンベジ川の下流域にあたるモザンビーク南部など、かつてのジンバブウェ文化圏の外縁にあたる地域には、それぞれ地理的に離れ、文化的・社会的共通性をもたないにもかかわらず、トンガと称される社会が複数存在するという。また、ショナ語でトンガは「無国家」「首長の支配に服せぬもの」を含意することから、ショナ人の「国家ある人びと」と非ショナ人の「国家なき人びと」が対峙し合っていたことが考えられる。[9] 吉國の説明は、ムフェカネの時期に限定して用いられるものではない。ムフェカネ以前もほかの中央集権的社会との関係において、トンガあるいはアマトンガと呼ばれた諸集団が存在したと考えて差し支えないだろう。

トンガ、ショピといった民族集団の名称の多くは、ングニが自集団に対して他集団を区別するために用いた他称であった。一八八〇年代半ばにイニャンバネで活動を展開していた宣教師がこれについて記録を残している。北米の超派的な海外宣教組織であるアメリカン・ボードの記録を分析したヘルゲッソンによれば、ツワはングニに重税を課され、富の象徴といえる牛を中心とする家畜を奪われていた。[10] 民族集団および地域によって所有する家畜の規模に開きがみられる点については第五章で再度検討する。イニャンバネ州における聞き取り調査では、対象者の多くが祖父あるいは曾祖父の時代に言及し、先祖がングニによる侵攻を理由に移住したことに言及している。[11]

また、ウェブスターによれば、前掲のショピの呼称の由来は、一八二四年前後にングニが北方へ移動したことと関係する。ングニが侵攻する際にその軍が盾と槍を用いたのに対して、弓矢を用いて抵抗した集団を「弓の射手」を意味する「クショパ」から派生した「(ヴァ)ショピ」と呼ぶようになったという。[12] 同様の説明は、一八八〇年代末から一九二〇年代にかけてトランスファールおよびモザンビークで活動した「自由スイスのための自由教会宣教局」のロマンデ宣教師団に所属した宣教師ジュノッド[13]による同時代の記録にもみられる。さらには今日、ショピ自身によっても語られる。イニャンバネ州南部ザヴァラ区における聞き取り調査では、ショピの呼称の由来とともに、下位集団である氏族シルンドゥの氏族名の由来も同様に、ムフェカネの際に生まれた「避難民」を意味するという語りが確認された。[14]

ムフェカネへのポルトガルの対応

ングニは、ときに献納を拒む首長を擁護するイニャンバネのポルトガル人入植地までも脅かしている。ングニの侵攻に際して、一時は入植者らが船舶に乗り込みイニャンバネ湾内に停留して難を逃れるという事態が生じている。[15] また、前掲のショピは、一八三四年にングニの侵攻を受けた際に、友好関係にあったイニャンバネのポルトガル植民地行政機構に保護を求めた。この要請に応じて、イニャンバネ行政区の植民地軍はイニャンバネから南西およそ一五〇キロに位置するショピの居住地域に派兵して応戦している。[16] ただし、ングニによる侵攻以前からイニャンバネ行政区とショピが相互に軍事的庇護と献納をおこなう関係にあったのか、あるいはングニによる侵攻を機に庇護と納税を含めた同盟関係を構築したのかは明らかではない。

ここで、一八三〇年代のイニャンバネにおけるポルトガル植民地行政機構の存在について概観したい。ポルトガル政府はモザンビーク北部のモザンビーク島に総督府をおき、イニャンバネ行政区については、イニャンバネ湾岸から内陸におよそ二〇キロ、ポルトガル王の「臣下にある」首長らの土地を「王領地」と定めていた。さらに南端部デラゴア湾の港町ロレンソ・マルケスを行政区としていた。そもそもイニャンバネ湾を植民地行政区の一端として組み込んだのは、一七二一年にオランダがロレンソ・マルケスに商館を設けたことへの対抗措置であった。その後、イニャンバネ湾を形成する半島の先端部に位置した入植地区は六一年に町として行政区分上、格上げされた。[17] 総督府は、モザンビーク南部におけるポルトガルの存在を顕示しようと試みるが、この時点ではロレンソ・マルケスを含むデラゴア湾の所有権も確保されてはいない。

モザンビーク島とイニャンバネ行政区のあいだにはおよそ一五〇〇キロ、ロレンソ・マルケス行政区とのあいだにはさらに五〇〇キロの距離がある。総じて、モザンビークにおけるポルトガルの拠点は、十九世紀末まで総督府のおかれていた北部カボ・デルガド州のモザンビーク島を中心としていた。植民地行政にとって、南部地域は辺境にすぎなかった。一八六〇年代の王領地の総人口は五万六〇〇〇から五万七〇〇〇と記録されている。この数はイニャンバネ入植地区に生活するヨーロッパ人および「その他」の入植者およそ六〇人、「自由民」およそ七〇〇人、三〇〇〇人以上の奴隷、さらに解放奴隷「リベルト」四五人を含んでいる。また、非常時に入植地区に居住する入植者と庇護を求めるアフリカ人を防衛するための戦闘員として動員可能な人口は二〇〇〇ほどであったと見積もられている。[18] 一八八五年頃までにイニャンバネ入植地区の人口は四〇〇〇程度に増加しているが、依然として人口の大半はアフリカ人である。[19]

モザンビーク総督府は、イニャンバネ入植地区の外の王領地では、トンガおよびツワの一部と庇護と納税の関係を築き、徴税にあたる植民地行政の末端官吏の役職を導入している。具体的には、総督府が既存の伝統的権威者に対して「小国の王」を意味するレグロ、その下位に「伍長」を意味するカボという役職を任命し、植民地行政機構に取り込んでいった。さらにアフリカ人警察官シパイも導入されている。シパイについては、モザンビーク北部内陸のポルトガル人の交易拠点における傭兵シクンダについての考察をおこなってきたアイザックマンらによるつぎの説がある。アイザックマンによれば、ポルトガル領アフリカで用いられるシパイは、植民地支配下のイギリス領インドで徴募されたインド人兵の英語表記セポイが転訛《てんか》したものであるという。[20] そして、ポルトガルは十八世紀初頭にインドのポルトガル植民地ゴアからモザンビークへ、傭兵そのものあるいは制度を持ち込んだといわれる。なお、ゴアからモザンビークへ移住したインド人は、モザンビーク中部のザンベジ渓谷およびソファラでは貿易商として、もしくは、ポルトガル王室から大規模な土地の利権を認められた地主としてプランテーションを経営していた。さらに、一八四〇年代から五〇年代にはモザンビーク島を拠点に、ポルトガル軍人、聖職者、あるいはロレンソ・マルケスやイニャンバネから運ばれてくる象牙を輸出する貿易商として活動していた。[21] シパイは最終的にポルトガル植民地行政におけるアフリカ人警官の呼称となったが、これらの役職と支配の手法が植民地間で移入された経緯は、管見の限りにおいて明らかになってはいない。

イニャンバネ行政区は、ングニの侵攻から管轄対象地域の住民の安全を保障する代わりに課税をおこなった。[22] 税を課したとはいえ、課税の対象地域は今日のイニャンバネ州の面積には遠くおよばず、一八七五年まで実質的には入植地区と王領地に限定されていた。そして、イニャンバネ行政区における課税は二〇レイス、およそ一〇シリングの小屋税であり、しかもあとの数年は原則的に「自主的」におさめるものであった[23]。とくに非アフリカ人である入植者について付言するならば、イニャンバネも含む沿岸部の入植地では、入植者によって構成される評議会がポルトガル政府や地方行政区長官に対して一八三五年から五五年のあいだに複数回、「反乱」を起こしている。「反乱」の生じた具体的な契機は不明であるが、この時期は、本国ポルトガルで奴隷貿易の禁止と奴隷制の廃止を進めていたサ・ダ・バンデイラ内閣(一八三六〜四〇年)の時期と重なる。つまり、入植地において評議会の構成員となる入植者の経済活動がおおむね貿易に従事していたことを考慮すれば、その活動が従来の形態から大幅な変容を迫られたことが「反乱」の契機となった可能性が高い。イニャンバネ行政区の議会でも一八四〇年および五〇年に本国から派遣された総督に対する議会の「反乱」が起き、こうした傾向は十九世紀末まで散見される。このような状況から、植民地行政区として定められながらも、入植地社会の実態は極めて自律的であったと推察される。

一方、ポルトガル植民地行政組織とアフリカ人社会との関係は、イニャンバネ行政区ではつぎのように展開している。イニャンバネ行政区は、前述のようにアフリカ人を含む管轄対象地域の住民に対して、ングニの侵攻に際して安全を保障する代わりに課税をおこなった。イニャンバネ地方政府は、この関係上、庇護下にある首長らに対してその役割を果たすべく、ングニに対する軍事遠征をおこなっている。ボテーリョによれば、トンガの一部がイニャンバネ行政区に駐屯するポルトガル軍司令官による援護を受けており、一八三四年には、具体的な構成は不明であるが「ほぼすべての」正規軍と「大勢の」民兵をともなってザヴァラに遠征している[24]。

遠征の理由は、表向きには友好関係にあるショピのレグロの依頼とされている。ところが、実際には、輸出のためにイニャンバネ港へ運搬されるはずの象牙がザヴァラ周辺でングニによって運搬を阻止されていたため、流通の滞りを

「是正」するという実利的な目的に基づいていた。[25] リーズガングによれば、モザンビークからの主要な「輸出品」は一七七〇年代から一八六〇年代まで奴隷と象牙であり、先の遠征に直近の一八四四年には二九トンの象牙が輸出されている。一八四〇年代といえばモザンビークにおいて奴隷貿易が禁止され、奴隷制の廃止に向かう時期である。この時期に統計上は「輸出品」とされた奴隷に代わり、象牙の量が増加する。それ以降の象牙の輸出量は一八六八年に九四トンにまで増加している。[26]

なお、遠征後の報告によれば、この遠征でおよそ二八〇人の男性が死亡している。[27] これらの軍事史料を用いたリーズガングは、死亡した構成員について人種などの社会的属性の詳細を記してはいないものの、当時の入植地区の人口およそ二〇〇〇〜二五〇〇という規模に対して、甚大な損失といえるだろう。[28]

ガザ王国の社会は、軍事力に訴えて版図を拡大した末に、相当数の奴隷を内包していたものと思われる。王国の支配階級を構成するングニの共同体社会において、奴隷制は、男性に蓄財の手段と権力を掌握する機会を与えていた。[29] ガザ王国は、軍閥および貴族階級への労働力の提供とガザ王への献納を義務づけた。ガザ王に従属し、王国を構成する要素となった社会において、奴隷女性は、子の養育、農業生産、婚資、そして奴隷女性自身の再生産能力のために高い価値を見出されていた。一方、奴隷男性は、ングニの中心的な生業であると同時に蓄財の手段でもあった牛の牧畜の担い手や兵士として、そして本章第2節で検討するように、域外から労働力を求める奴隷商人の需要を賄うものとして価値を見出されていた。[30] その労働力の需要は、南部アフリカの他地域、南北アメリカ大陸およびフランス領インド洋諸島のサトウキビ・プランテーションで発生していた。

こうしたアフリカ人社会の情勢は、総じてポルトガル植民地行政を利する状況を生んだ。ポルトガル植民地当局は、庇護と納税による互恵関係を構築することによって、植民地行政の影響力のおよぶ地域を拡張していった。とくにングニの侵攻のあった一八八〇年前後、入植地域である王領地とアフリカ人社会の境界に居住するツワの首長らにこの傾向は顕著であった。庇護を求めた首長らは、農産物、労働力、そして現金をもって納税の義務を果たした。人びとは、当時すでにナタールのサトウキビ・プランテーション、キンバリーのダイヤモンド鉱山、あるいはバーベルトンやピルグリムズ・レストなどの金鉱地帯への移民労働をおこなうことによって現金収入を得ていた。これらの納税のために必要となる現金の入手方法については、本章第3節であらためて検討する。

イニャンバネ行政区でより明確に課税がおこなわれたのは一八八三年のことである。その際には小屋税のほか、ヤシおよびカシューといった換金作物である果樹に対する税が導入された[31]。モザンビーク総督府による課税範囲の拡大という方針は、イニャンバネ行政区の外縁に位置するガザ王国との緊張関係を前提としている。この時期は、ングニの王位がムズィラからグングニャーナ（在位一八八四〜九五）に継承された時期でもある。ヘルゲッソンによれば、モザンビーク総督府は、ガザ王国の王位継承戦争のあとに王位を継いだグングニャーナに接近し、鉱物資源の獲得を狙っていた。それと同時に、王位継承戦争に敗走したグングニャーナの兄弟らを庇護下におくことによって政治的に利用可能なものと判断していた。総督府は、ガザ王国の版図の北端にマニカ行政区を新設し、東部沿岸からは、課税対象地域を拡大し、ングニに対して圧力をかけていた[32]。

ガザ王国の版図と王領地の境界地域に居住していたトンガおよびツォンガにとって、モザンビーク総督府の政治的判断は、状況をいっそう複雑なものとした。総督府は植民地行政の対象地域を拡張する姿勢を明らかにした。新王グングニャーナは、当然ながらそれを圧力と理解したであろう。グングニャーナは、自国の版図と沿岸部に位置する「王領地」との境界地域に居住するツワに対して攻撃を開始した。その伏線となる関係の変化としてつぎの点が考えられる。一八八二年の時点でツワがングニから攻撃を受けた際に、ツワはングニへの服従を認めていたにもかかわらず、ツワはその後の王位継承戦争とガザ国内の内戦に乗じてポルトガル側に庇護を求めていたのである。ングニによるツワへの攻撃は、八六年にイニャンバネの北西四〇キロに位置するカンビーネの宣教師団アメリカン・ボードの拠点からわずか一〇キロの地点であるシクングーザでの戦いに発展する。この紛争によってングニの支配を拒んでいた複数のツワの首長がガザ王国軍によって制圧を受け、近隣のアフリカ人住民の多くが王領地に難民として流入した[33]。当時、おそらくは貿易業者であると思われるポルトガル人がガザ王国軍の通過をイニャンバネ行政区に通報している。ガザ王国軍の進行方向からして入植地区も攻撃の対象になるかと思われたが、ポルトガル王領地の境界を侵犯することはなかった。ヘルゲッソンはこの展開から、ガザ王国軍の攻撃の対象は、ポルトガル側についた首長らに限定されており、彼らに対する懲罰的な意味合いが濃いものであったと判断している[34]。

グングニャーナは服従を拒むショピを支配下におくために、また、リンポポ渓谷の肥沃な土地をめざし、一八八九年にそれまでの拠点であったモザンビーク中部モッスリーゼからおよそ六〇〇キロ南東のリンポポ川下流に位置するシャイミッテにガザ王国の拠点を移した。このガザ王国の遷都は、八九年の乾期の始まりである五月に開始され、それにともない少なくとも四万人、最大一〇万人規模の人口移動が生じたと見積もられている[35]。しかし、グングニャーナは、九五年にポルトガル植民地政府軍によって拘束された。彼は妻子とともにリスボンに送られ、市中で市民の前に曝されたのち、大西洋上の孤島であるポルトガル領アソーレスに流刑となり、一九〇六年に同地で死亡している[36]。この戦いを率いたポルトガル軍人アルブケルケは、ポルトガル政府によってこの功績を認められ、翌年以降、モザンビーク総督を務めた(在任一八九六〜九七)。

2　外部世界との接合

労働力供給地としてのモザンビーク南部

十九世紀を通じてモザンビーク南部の社会が南部アフリカ地域内外の事情と絡み合い、変動しつつあったことは前節でみたとおりである。この社会変動が、外部世界とりわけ世界規模で進行する資本主義経済の拡大と深化の過程に接続されるとき、モザンビーク南部地域はどのように位置づけられたのであろうか。まず、大西洋奴隷貿易とその延長線上でおこなわれたインド洋における奴隷貿易のあり方と比較し、環インド洋経済圏における奴隷貿易のあり方についていくつかの相違点を確認したい。労働力を供給する側の社会と労働力の需要を満たす側の社会それぞれにおける奴隷労働力・非奴隷労働力の区別については、次節で考察することにし、本節では、モザンビークを供給地とする労働力の需要と供給の状況について概観する。

皮肉なことではあるが、イギリスを中心に大西洋奴隷貿易に対する反対運動が活発化したことにより、新大陸への奴隷供給地域は、西アフリカおよび南部アフリカ西海岸から喜望峰を越えて大陸東海岸へと移行していた。その結果、モザンビークは、十九世紀までに旧来の環インド洋経済圏での奴隷貿易に加えて、インド洋上フランス領プランテーションへの奴隷の供給地とされ、十九世紀初頭以降は大西洋奴隷貿易のための奴隷供給地として位置づけられていった。そして続く十九世紀後半には、南部アフリカで拡大しつつある労働市場においてモザンビークの労働力に対する需要は高まっていた。

たしかにモザンビークの中部および北部を含むアフリカ大陸の東部沿岸は、環インド洋経済圏の西側にあたるスワヒリ交易圏の一部をなし、ペルシャ湾沿岸地域への奴隷労働力を供給していた。しかし、家島彦一によれば、このスワヒリ交易圏も所与のものとして存在したわけではない。スワヒリ交易圏は、十六世紀以降、インド洋海域にポルトガルが進出したのちに、十七世紀から十八世紀を通じて西ヨーロッパ勢力と旧来の地域経済の担い手との対抗関係のなかで興隆してきたものである。[37] なお、インド洋西海域では、大陸の東側に位置することによって季節風の影響が南北に顕著であるうえに、その季節風が海面にぶつかることで吹送流《すいそうりゅう》と呼ばれる海流が発生する。これらの自然条件が最大限に利用され、ダウ船と呼ばれる帆掛け舟が東アフリカとペルシア湾地域のあいだで活発に往来していた。ダウ船は、三月末から四月初頭にかけて吹き始める南西の季節風をとらえて東アフリカ沿岸からペルシア湾岸をめざした。そして、十月下旬から翌年三月半ばまでの北東の季節風をとらえてペルシア湾岸から東アフリカ沿岸へと出航し、十二月から三月半ばまでに到着するという周期的な航海が可能であった。

今日のモザンビーク北部に位置するカボ・デルガド州から中部ソファラ州までが、このスワヒリ交易圏に組み込まれていた。ソファラの地名の語源である"sufāla"はアラビア語で「もっとも低い位置」、つまり南を意味する。この地名はモザンビーク中部のソファラがスワヒリ交易圏の最南端に位置することを示していた。同地がスワヒリ交易圏の南限であった理由は、自然条件によるところが大きい。モザンビーク中部以北では赤道海流が北上する。そのうえ、モザンビーク中部の沖合四〇〇キロの地点でアフリカ大陸と向かい合うように位置するマダガスカル島によってモザンビーク海流が作り出される。モザンビーク海流は、マダガスカルとのあいだの海峡に南西から北東に向かって流れ込む海流である。さらにモザンビーク中部の沖合にあたる南緯一五度以南の海域では、北東季節風の影響はもはやおよばない。そのため、ダウ船で帆に受ける追い風もなく、海流に抗い、さらに南方の海域に到達することは困難であった[38]。

こうした環境を反映し、ソファラを南限とするスワヒリ交易圏の外に位置する南部アフリカ地域は、イスラーム教徒であるスワヒリ商人にとっては異教徒「カッファー」(kāffir)の住む地であった。カッファーはアラビア語で異教徒を示す"kāffir"を語源とし、東アフリカおよび東南アフリカ一帯ではイスラームと異なる信仰をもつ者を意味する[39]。ソファラの先には南部から中部アフリカ内陸への長距離交易網が発達していた。ソファラは、大陸内部の長距離交易と大陸外の海洋交易を結ぶ南端の結節点であり、南部アフリカでは内陸の希少資源である金・鉄・象牙・犀角・豹皮・蜜蠟、そして奴隷を域外へと送り出す集散地として位置づけられていた[40]。

ところで、ソファラを地理的な境としてモザンビーク北部でおこなわれる奴隷の取引には、スワヒリ交易のおもな担い手であったイスラーム商人とヨーロッパ人奴隷商人が関与していた。これに対し、ソファラ以南を供給地とする奴隷の売買は、ヨーロッパ諸国による進出の過程で奴隷貿易の規模が拡大した点が特徴的である。

まずはモザンビーク沿岸の諸港を積み出し港とする奴隷貿易の経路と規模を確認する。モザンビーク北部カボ・デルガド周辺からは、一七二〇年代からブルボン島をはじめとするインド洋上のフランス領諸島へ奴隷が運ばれていた。マスカレン諸島では、この時期から入植者が経営していたコーヒーやサトウキビのプランテーションで労働力の需要が高まっていた。奴隷の数は不明であるが、早くも一七二一年にはモザンビーク島からブルボン島へフランス船籍の船が奴隷を運搬した記録がある。[41]

ソファラ以南のイニャンバネおよびロレンソ・マルケス周辺から供給された奴隷は、いったん、中継地点であるモザンビーク島に集められる。その後、同島を経由し、あるいは直接マダガスカルの沖合約八〇〇キロの距離にあるフランス領レユニオンおよびモーリシャスを含むマスカレン諸島、南部アフリカのナタール、ケープ植民地、さらには南北アメリカ大陸へと奴隷が輸送された。[42]

カペラとメデイロスによれば、十八世紀を通じてモザンビーク沿岸部を積み出し港としてヨーロッパ船籍によって展開される奴隷貿易の規模は、一隻当り二〇〇人から三〇〇人ほどであった。例えば、一七三三年にモザンビークからインド洋上のフランス領諸島へ向けて出航したフランス船籍の奴隷船は、三六八人の奴隷を乗せていたが、目的地に到達した奴隷の数は一四七人と記録されている。[43] 奴隷貿易の規模はさらに拡大し、十九世紀には一隻当り一〇〇〇人を超す奴隷を運ぶ船も散見される。また、記録には目的地に到着した奴隷の人数のみが記されている一方で、「積載」された奴隷の人数については記録が欠落したものが多い。[44] これらの奴隷を生み出した諸要因が、年表(七六頁)に示すようにムフェカネに端を発する紛争、繰り返し起こる旱魃《かんばつ》・蝗害《こうがい》によって生じる飢饉といった危機であった。政治的危機に際しては略奪的に、そして経済的危機に際しては身売りによって奴隷が生み出されていた。[45]

奴隷貿易禁止・奴隷制廃止の影響

大西洋側で奴隷貿易が禁じられ、その余波がインド洋におよぶ過程で、モザンビークにおける奴隷の取引は外部世界とより大規模な接点をもつことになる。同時期には、奴隷貿易廃絶運動を主導するイギリスが一八〇七年に自国船籍による奴隷貿易を禁止し、三三年にはイギリス帝国内の全域で奴隷制を廃止している。さらに運動を推進するイギリスは周辺諸国への影響を強めている。ポルトガルとの関係をみると、まず、イギリスはポルトガルと一〇年に第一次条約を結び、ポルトガルが奴隷を取引することのできる範囲を、植民地を含む自国の港に限定している。[46]

ポルトガル政府が奴隷貿易の廃止をめぐってイギリス政府との合意にいたったのは、ナポレオン戦争（一八〇三～一五年）の最中であった。この事実は両国間の外交交渉を分析するにあたり看過できない。ナポレオン戦争のあいだ、一八〇七年にフランス軍がポルトガルに侵攻した際にはイギリスがポルトガルへ援軍を派遣し、さらにはイギリス海軍の護衛のもとでポルトガル王室が陥落直前のリスボンからブラジルのリオ・デ・ジャネイロに逃れた。ポルトガル王室が帰国するのは二〇年である。奴隷貿易禁止に関する一〇年の第一次条約以降の合意は、こうした状況のなかで取り付けられている。ナポレオン戦争の戦後処理のために開催されたウィーン会議中、一四年十一月には、ウィーン会議に出席したポルトガル代表がイギリス代表に対して将来的な奴隷貿易の禁止を約束している。そして一五年一月には一〇年の第一次条約を破棄し、第二次条約としてポルトガルが北半球における奴隷貿易を即時禁止すること、南半球に関しても漸次的に廃止することに合意した。[47] さらに二六年には、四年以内に奴隷貿易を全面的に禁止するという条約を結んでいる。

こうした経緯からも明らかなように、ポルトガル植民地における奴隷貿易の禁止は、ヨーロッパの政変に大きく左右されている。そのためにポルトガル政府の奴隷貿易に対する政策とロレンソ・マルケス周辺の状況は著しく乖離している。ポルトガル政府は、奴隷貿易の禁止と奴隷制の廃止のための段階的措置として、一八三六年にモザンビークからの奴隷の輸出を禁止する法律を成立させた。同法によってモザンビークにおける奴隷貿易は非合法となり、取締りの対象となった。しかし、奴隷貿易は依然として横行していた[48]。リーズガングによれば、モザンビークにおける奴隷貿易が禁止された三六年から四二年までのあいだに、モザンビーク北部の港ケリマネおよびモザンビーク島その他の小規模港から毎年六一〇〇人から一万七〇〇〇人の奴隷が送り出されている[49]。

ポルトガル政府は、一八四二年にイギリス海軍が奴隷貿易の取締りを目的としてモザンビーク海峡で巡視活動を展開することに合意している。なお、同年にアヘン戦争(一八四〇~四二年)が終結しており、それを契機にイギリス帝国内の海軍力をインド洋における奴隷貿易の取締りへと差し向けることが可能になったと推察される。この年の合意に加えて、ポルトガル政府は、四七年にイギリス海軍によるモザンビーク各地への入港と主要河川における航行と巡視活動の展開に合意した。

この合意が結ばれた翌一八四八年、フランス政府は海外領における奴隷制を廃止し、輸送される人間は名目上「自由契約〔労働〕者」と変更された[50]。つまり、これ以降、ロレンソ・マルケスやイニャンバネも含むモザンビークからフランス領レユニオンへ送られる労働力は形式上「自由契約労働者」の「合法的」な輸送とみなされる。フランス政府による一八四八年の制度上の変更が、前年のポルトガル領モザンビークにおける奴隷貿易の禁止とそれに有効性をもたせるためにポルトガルとイギリスのあいだで結ばれた巡視活動に対する合意を受けて講じられた策か否かは明らかではない。

いずれにしても一八四八年の制度上の変更が、労働力の調達と輸送手段の抜本的な変化をもたらしたとは考えにくい。大西洋奴隷貿易の廃絶運動におけるイギリス外交と同国海軍の役割を重視する君塚直隆の論考とは対照的に、インド洋海域におけるイギリスの奴隷貿易廃絶運動の影響の限定性は鈴木英明が指摘するところである。鈴木は、オマーン・ペルシア湾海域においては一八二〇年から四二年までのあいだにイギリス側が「奴隷船」を一隻たりとも拿捕することができなかったことを明らかにしつつ、インド洋でのイギリス海軍による監視活動の限界の一因として、つぎの二点をあげている。

一点目は、スワヒリ交易圏の地域経済の固有性である。そこでは、奴隷は大西洋奴隷貿易のように艤装した奴隷船によって専門特化して取り扱われる単一の商品ではなく、ダウ船で運搬される多種多様な取引品目のうちの一つであった。そして二点目は、奴隷輸送を監視するためインド洋に派遣されたイギリス海軍の規模である。イギリス海軍の喜望峰基地およびアフリカ東岸基地から派遣された小艦隊は、喜望峰から南緯四度以南を監視区域とし、北緯四度以北はインド海軍の監視区域とされていた。しかし、インド海軍は、東アフリカ沿岸から中国沿岸までの広大な海域を管轄地域とするにもかかわらず、一八五八年時点でも三一隻の艦船を所有するにすぎず、奴隷貿易の取締りにあたる十分な戦力をもってはいなかった。以上の点から、鈴木は、インド洋におけるイギリスの奴隷貿易廃絶運動が、法的な拘束力と戦力の増強により実質的な成果をあげるのは五〇年代初頭以降であるとする。[51]

モザンビークからインド洋諸島へ送られた奴隷および「自由契約労働者」の数は、一八三六年から四一年までの六年間でおよそ六万四九〇〇人、また一八五四年から一九〇二年のあいだでは一一万五一三三人と見積もられている。[52] 年平均にすると、一八三〇年代後半から四〇年代初頭にかけては年間一万〇八〇〇人が輸送され、五〇年代半ばから二十世紀初頭にかけては年平均およそ二四〇〇人が輸送されたことになる。それに対してスワヒリ商人によって取引され、東アフリカ沿岸部からオマーン・ペルシア湾岸へ輸送された奴隷の概算数は、最大規模となった一八一五年から七五年にかけて、年平均六六二五人、最小規模の十九世紀末から二十世紀初頭にかけては年平均五〇〜一〇〇人と見積もられている。[53] インド洋における奴隷貿易の規模をスワヒリ交易圏である東アフリカ沿岸からオマーン・ペルシア湾海域へ輸送された奴隷の数と比較すると、とくに十九世紀前半の数には歴然とした差が認められる。

さらに一隻当りの奴隷の「積載量」をみると、ヨーロッパ人による奴隷貿易における単一の商品としての奴隷の扱いとスワヒリ商人による奴隷取引の相違は明白である。鈴木は、スワヒリ交易において、例えばザンジバルからペルシア湾へと航海するダウ船の一般的な積載品として、奴隷とともにコーヒー・穀物・マングローヴなどの垂木が列挙されており、そのうちの奴隷のみをほかの商品と切り離し、あたかも奴隷の売買に特化した交易活動が存在したという印象を与えることについて疑問を呈している。[54]

ちなみにカペラとメデイロスによれば、一八二〇年代初頭にモザンビーク北部のケリマネ港から出航したヨーロッパ船籍の奴隷船は年平均一一〜一四隻で、一隻当り四〇〇〜五〇〇人の奴隷を輸送している。一八二六年にはモザンビーク島の総督がソファラ地方政府長官に奴隷貿易に携わるフランス船およびスペイン船の入港を拒否するように指示しているが、そうした植民地行政側の取り組みにもかかわらず、同年から翌年にわたる二年間のうちに三五隻のフランス船が平均四〇〇人の奴隷を輸送している。また、南端のロレンソ・マルケス港に限定しても二七年から三〇年のあいだに一二隻の船舶が、やはり一隻当りおよそ四〇〇人の奴隷を載積して出航したことが記録されている。[55]

カペラによると、一八五〇年代以降、ブラジルに続きカリブ海地域の奴隷市場が閉鎖されると、それまで南北アメリカ大陸に奴隷を供給していた奴隷商人たちは、モザンビークからマダガスカルの南沖合に航路をとり、レユニオンを中心としたフランス領諸島のサトウキビ・プランテーションへ「自由労働者」の輸送をおこなった。レユニオンからは一八五四年五月に元レユニオン総督とフランス領ギアナ総督がモザンビーク総督府を訪れ、イニャンバネにおいて排他的に「自由労働者」を徴募する許可を求めた。なお、後者のフランス領ギアナ総督はレユニオン諸島およびマダガスカルに土地を所有する大土地所有者でもあり貿易商でもあったことが追記されている。同年、レユニオンからのフランス船がモザンビーク植民地当局の許可を得ずに「入植者を徴募するため」にモザンビーク北部のカボ・デルガドに入港したため、翌五五年一月二日条例により、ポルトガル政府はこの種の「移民」を禁止した。

同様の要請は複数あり、一八五五年末にはフランス領モーリシャス船がモザンビーク総督府に対して労働力の供給を求めた。その条件として、イギリス・フランス資本の合弁船舶会社がモザンビークからフランス領マスカレン諸島を経由して、アデンまでの定期航路の開設をモザンビーク総督府に提案している。この交渉は合意にいたらなかったにもかかわらず、五七年、モザンビーク島におかれた総督府の監視の行き届かない南端のロレンソ・マルケスからマスカレン諸島に向けて「徴募された労働者」たちが輸送されている。[56]

ポルトガル政府は、一八五四年に奴隷の登録と管理を義務づけると同時に、ポルトガル領にはいった奴隷に対して自由労働を認める法を設けている。さらに五八年には二〇年間の移行期間を設けたうえで植民地における奴隷制を廃止することを決定し、解放奴隷「リベルト」の身分を設けた。[57] この解放奴隷は、移行期間中、元の主人のもとで働くことが義務づけられた。これは奴隷制廃止の結末というよりは、むしろそれ以降に具体的に展開される新たな制度の始まりにすぎなかった。

一八六一年当時の人口統計によれば、南部沿岸のポルトガル人入植地では奴隷取引所のあるイニャンバネに三一一六人、ロレンソ・マルケスに二七六人の奴隷をかかえていた。[58] 一八六〇年代のイニャンバネ入植地区の人口構成はヨーロッパ人および「その他」の入植者およそ六〇人、「自由民」およそ七〇〇人、解放奴隷「リベルト」四五人、そして前掲の三一一六人の奴隷である(本章第1節)。ロレンソ・マルケスの人口構成については、七七年にポルトガル国籍・外国籍を保有するヨーロッパ人一二一人、インドを含むアジア人一四一人、さらにそれらとは区別されたイスラーム教徒が八四人と記録されている。[59]

奴隷貿易の禁止と奴隷制の廃止という制度上の変更は、奴隷の売買をおこなう従事者にとっては重要な意味をもったであろうが、実社会にもたらした影響となると別途検討する必要がある。そこで再度、奴隷を供給する社会に目を転じてみる。一八一八年から一八二〇年代のムフェカネと軍事的拡張をともなうガザ王国の建国、さらにそれに続くガザ王国の王位継承戦争は周辺の住民を巻き込んだ。その過程で、家財を含む資源と人的資源の収奪を繰り返しつつ、恒常的に戦争奴隷を生み出していったといえるだろう。

この時期は、奴隷貿易の廃絶が法的効力と海軍力の増強によって成果をあげ始める時期と重なる。その結果、モザンビーク南部で生み出された奴隷は、大陸外への供給路が狭まり、家内奴隷として社会内部に蓄積されることになる。この一部は、「労働者」あるいは「契約労働者」として、デラゴア湾の周辺からボーア人の経営する近隣の農場、フランス領マスカレン諸島のプランテーション、イギリス領ナタールのプランテーション、そして一八六七年にダイヤモンドが発見されたグリクァランド(のちのキンバリー)の鉱山といった労働市場の需要を満たしていった。[60]

ここに奴隷労働力をめぐる構造的な導線が見出せる。家内奴隷として一時的に共同体内部にとどめおかれた奴隷は、「契約労働者」として労働市場へと送り出された。また、ハリエスが指摘するように「自由労働」という概念の存在しない社会において、奴隷労働と非奴隷労働の区別は不明確である。[61] このために、域外の労働市場に向けた売買の対象となる奴隷と家内奴隷を明確に区別するには考察の余地がある。

3 奴隷制の廃止と「賃金労働者」の創出

プランテーションと「労働市場」の形成

奴隷貿易が継続されている時期にモザンビーク南部周辺では、すでに新たな労働市場が出現しようとしていた。ナタールでは、一八四三年のイギリスによる併合後、サトウキビ・プランテーションが発達し、一八六〇年代以降、プランテーションに併設しておこなわれる製糖行程の機械化が急速に進んだ。機械化をはかるために十分な資本をもち得なかった小規模プランテーションは淘汰され、プランテーションの耕作面積は拡大した。しかし、機械化が進められたのはあくまでも製糖行程に限られ、大規模化するプランテーションでの収穫は手作業でおこなわれていたために、労働力の需要はさらに高まっていた。[62] ナタールにおいていかに労働力を獲得するかという問題は深刻化し、プランテーション経営者たちは政府への要請を強めていた。

同じくサトウキビ・プランテーションをかかえるモーリシャスやイギリス領西インド諸島では、イギリスによる奴隷貿易禁止後の労働力不足を緩和するために一八三〇年代よりインドから労働者を調達していた。ナタールもこれに倣い、一八五九年に移民労働者の導入に関する三つの法律を成立させ、六〇年からはインド人を契約労働者として導入した。なお、新法のうち二つはインド人労働者の導入に関するものであるが、三つめの一八五九年法第一三号は「アマトンガ」労働者およびその家族の陸路・海路の移動に対するナタール総督府の扶助に関する内容であった。[63] ただし、「アマトンガ」の実際の導入は、一八六三年以降となる。

先行したインド人労働者は、契約に基づき、雇用主のもとで五年間就業したあとは自由に転職することができた。その後、さらに五年が過ぎるとインドへ帰還するか、またはナタールで一定の土地を譲渡される権利を与えられた。この契約に基づき、一八六〇年以降の六年間にマドラスとカルカッタから六四四五人のインド人がナタールに到着した。ちなみにナタールに導入されたインド人契約労働者の数は、一八六〇年から一九一一年のあいだに一五万二一八四人にのぼる。[64]

ナタールのプランテーション経営者たちは、インド人契約労働者を導入することで労働力の需要を満たそうとした。しかし、インド人労働者の雇用は、アフリカ人の雇用に比べて費用がかさんだ。機械化のための設備投資がおこなわれる一方で、増大する労働力需要を満たすために残される資金は限られた。それに加えて一八六三年に供給過剰が原因となって生じた砂糖価格の下落は経営者側の事態を悪化させた。こうした事態を受け、ナタール総督府は、六六年にインド人契約労働者の導入数を半減することを決定したうえで、大陸内の近隣地域すなわちモザンビーク南部から、より安価な労働力を供給することを検討し始めた。[65]

ナタール総督府が労働力の供給地とみなしていたガザ王国は、王位継承戦争に際して戦争奴隷を獲得していた。しかし、奴隷貿易の規模が先細りとなった結果、共同体は家内奴隷として奴隷労働力を抱え込み、ときとしてこの余剰労働力を近隣の労働市場へと供給していた。ところが、モザンビーク南部デラゴア湾の内陸はスワジ王国の支配下に組み込まれ、さらに南方はズールー王国の支配下にあり、ガザから近隣の労働市場であるナタールへの人の移動が阻まれていた。そのために、一八六〇年代半ば以降は敵対するズールーの支配地域を迂回し、デラゴア湾一帯からロレンソ・マルケスを経由して海路でナタールへ向かう「労働者」の流れが生じていた[66]。それは、すでにアフリカ人社会がナタールのプランテーションにおける労働力の需要を認識していたことを示している。

アフリカ人社会の側が入植者社会の労働力需要を認識していたという事実は、当時イギリス王立地理協会の協会誌に投稿されたナタール総督の子息である探検家アースキンによる報告からもうかがえる。アースキンによると、ガザ王ムズィラは一八六八年と七〇年の二度にわたってナタール総督府に使節を派遣し、労働力の供給を申し出ている。ナタール総督府は六八年にはムズィラの「移民労働者」を提供するという申し出に対して即答は控えている。ただし、同年以降、ガザにおける労働力徴用の可能性を探るためにアースキン率いる使節団を四度にわたってガザ王国へ派遣している[67]。同使節団はイギリス王立地理協会の後援によって実現したものである。アースキンは、使節の派遣後、移民労働者の供給について、政府が移民のルートの要所に宿泊施設や食糧供給施設を設けて移動経路上の保護ならびに援助をおこなうよう助言した。

ムズィラは、一八七〇年にナタール総督府へ送った二度目の使節を通じ、自国ガザと敵対するスワジとのあいだにナタール総督府が介入するよう求めてもいる。ムズィラは、この介入を条件としてガザ臣民がナタールへ移民労働に出ることを奨励すると申し出たのであった[68]。ここで、ガザ、ナタール双方の事情を検討してみたい。ガザでは、従来から重要な財源であった象牙や犀角《さいかく》の輸出を目的とした乱獲が原因となり、これらの野生動物の頭数が減少していた。輸出可能な希少資源の枯渇を引き起こした間接的な要因の一つは、奴隷貿易の廃絶の動向と関連する。モザンビークにおける奴隷貿易の規模は縮小し、代替的に象牙の輸出量が増加していた[69](本章第1節)。それに加えて、ガザ支配下の首長らは王への献納をおこなうため、代替的な収入源を得る目的で近隣の労働市場へ「移民労働者」を送り出し始めたものと考えられる。

ナタールでは、再び労働力の不足に見舞われていた。一八六七年にグリクァランドでダイヤモンドの鉱床が発見され、六九年から採掘が本格化すると、多くの移民労働者が高賃金のダイヤモンド鉱山へと流れた。サトウキビ・プランテーション経営者たちは、再浮上した労働力の不足を解消すると同時に、労働力の供給を安定させるために七一年に労働連盟を結成した。労働連盟は、ロレンソ・マルケス周辺の首長と接触し、労働者の提供を交渉する一方で労働者の輸送経路の確保に努めた。さらに、雇用主であるプランテーション経営者たちは、ロレンソ・マルケスの行政官に、海路でナタールへ向かう労働者一人当り一五シリングの通行料金を支払い、労働力を確保した[70]。この手続きに従って一八七一年から七三年までに、およそ一〇〇〇人のアフリカ人がロレンソ・マルケスからナタールに輸送された。しかし、この移民送り出しは、ポルトガル政府もしくはモザンビーク総督府によって非合法であると判断され、そのためにロレンソ・マルケスの行政長官は罷免されている[71]。

「賃金労働者」の構造的創出

近隣の労働市場の状況が変化する一方で、労働力の供給地であるモザンビークでも奴隷制の廃止という変化が生じていた。植民地における奴隷制の廃止は、ポルトガル史では近代化に着手した刷新・改革派フォンティズモとして知られる親英派フォンテス政権（一八七一〜七七、七八〜七九、八一〜八九年）の功績として評価される。しかし、ポルトガルによるデラゴア湾の領有権が一八七五年に列強に承認されたことが、モザンビークにおける同年以降の奴隷制廃止の動きに大きく影響していたと考えられる。デラゴア湾は南部アフリカ地域において地政学的な重要性が高く、同湾の領有権をめぐってポルトガルはイギリスと係争中であったが、七五年にフランス大統領マクマオン（在任一八七三〜七九）の仲裁によってポルトガルの領有権が認められた。

デラゴア湾の領有以降、モザンビーク総督府は、賃金労働の機会を求めて移動する既存の人の流れを法制度のなかに組み込むために随時、植民地条例を公布していく。まず、モザンビーク総督府はデラゴア湾の領有権が認められた一八七五年のうちにイギリス政府およびナタール総督府の要請に応じ、モザンビーク領海でイギリス巡視船に保護された奴隷を収容する施設をロレンソ・マルケスに設けることを定めている。植民地条例第一五二号「ロレンソ・マルケスからナタールへの自発的移民労働者(旧奴隷)」がそれである。[72] ナタール総督府は一八五九年に「アマトンガ」労働者およびその家族の陸路・海路の移動の扶助に関する法律を設けていたが、それに応じる法律が、送り出し地域の領有権を得たモザンビーク総督府によって設けられたのである。この条例一五二号の特徴は、解放された元奴隷を対象に移民労働を奨励するというナタール総督府との合意に基づいている点にある。同条例は単に奴隷貿易に反対するものではなく、ナタールで高まる労働力需要を満たすための施策でもあった。[73] モザンビーク総督府はこの条例を通じ、イギリス巡視船による奴隷貿易取締りの末に解放されたアフリカ人に対して、ナタールかモザンビークのいずれかの地域で賃金労働に就くという「選択」を迫った。

植民地条例第一五二号が一八七五年に交付されたことに対して即座に反応を示したのは、先にデラゴア湾のポルトガルによる領有をめぐる係争で仲裁を務めたフランスであった。フランス政府は翌七六年と七七年、ポルトガル政府にモザンビークからフランス領諸島へナタールやケープ同様の移民労働を認めるよう要請している。[74] これはかねてから労働者の供給を要請していたフランス領レユニオンのプランテーション経営者による要望を汲み取った対応である。しかし、この要求に対してポルトガル政府は、モザンビークとナタールとのあいだの合意は既存の「アフリカ人労働者の自発的な移動」を統制するものであり、フランス領インド洋諸島とモザンビークのあいだにこれに類似する関係の成立はありえないと判断し、フランス政府の要請を退けている。この動向を見守るイギリス外務省は、ポルトガル外務省に対してフランス領への移民労働が実施された場合には奴隷貿易の一部とみなされるであろうと警告し、一連の経緯はイギリス本国に伝えられている。[75]

ただし、ここでポルトガル政府のいうところの「アフリカ人の自由な意志に基づく」「自発的な労働者の移動」とは、ガザ社会内部の階級構造と存続する奴隷制に関する見識に基づくものではなく、あくまでもガザ王ムズィラとナタール総督府の交渉を踏まえた見解である。イニャンバネがモザンビーク南部の奴隷貿易港であった事実に鑑み、イニャンバネおよびロレンソ・マルケスで「契約労働者」となった解放奴隷が海路でナタールへ送られたことはおおむね確かである。[76]

奴隷制廃止の移行措置として、ポルトガル政府が一八七八年までの二〇年間の設定で解放奴隷に契約労働を義務づけたのはイニャンバネの奴隷取引所が閉鎖されるのとときを同じくしている。モザンビークで最後まで残されていたイニャンバネの奴隷取引所が閉鎖されたのは一八七八年十一月のことである。この奴隷取引所の閉鎖は、代替的な労働力供給の経路が確立したからこそ実現したと考えられる。解放奴隷に義務づけられた契約労働の期間が満了となる七八年には、ポルトガル海軍・植民地省が省令第四九六号によって、イギリス植民地ナタールおよびケープを例外としてモザンビーク領内のアフリカ人「労働者」の出国を禁じている。[77]これは指定するイギリス植民地を唯一の労働市場と定め、管理するという別の表現として理解することができるだろう。さらにそれに呼応するかたちで、モザンビーク総督府はあらためて領内のアフリカ人成人男性すべてに賃金労働もしくは換金作物の栽培を義務づけ、法によって賃金労働者の創出を促しつつ、管理の対象を一挙に広げた。[78]

「移民労働者」の実態

こうして賃金労働者が構造的に創り出されていくなかで、一八七六年二月、トンガ、ショピの「移民労働者」がナタールの港ダーバンに到着した。翌年八月には、ナタール総督府公認の労働者斡旋業者がイニャンバネへ送られ、アースキンが率いた先の使節団の実績を踏まえてガザ王ムズィラとその配下にある現地の首長と利害の一致を確認し、労働力の調達を可能にした。そして、ガザ王国出身の最初の「労働者」がダーバンでの契約労働を終え、七八年一月にロレンソ・マルケスに帰還した。その際には、ムズィラの家臣である首長の一人が王への献納としておさめるべき税金を「労働者」たちからすみやかに徴収し、彼らを郷里まで「護衛」するために待機していた。さらにハリエスによれば、ガザの首長たちは、しばしばナタールの就業地における労働・生活状況を報告するために「労働者」の一団に同行し、就業地でも税金の徴収をおこなったという。一八七八年の一年間だけでも五〇〇人以上の労働者がこの手法によってイニャンバネからダーバンへと送られた。

しかし、海路による輸送は必ずしも軌道に乗ったわけではなかった。ナタールへ向けた船舶による輸送では、「契約労働者」の逃亡があいつぎ、初年は五〇〇人以上を輸送したものの、つぎの二年間では三五〇人を輸送したにすぎなかった。それに対して一八七四年から開始された陸路による輸送では、最初の二年半でおよそ七八〇〇人の「アマトンガ」を輸送し、五七五八人がナタールから帰路についている。[79] 植民地条例第一五二号に基づく「労働者」の海路による輸送は、イニャンバネのトンガやショピといった特定の民族集団にも適用されたが、入植者の強い反対にあい、七九年にモザンビーク総督によって無効にされている。[80]

従来、ナタールにおける労働力の需要を満たしていたスワジ、ズールーに加え、一八七六年から七八年にかけて、より遠方から海路でトンガ、ショピが新たに導入された理由として、ハリエスは次の二点をあげている。第一に、七八年にナタールとズールーのあいだに戦争が勃発したためにズールーからの「労働者」の流入が停止したうえに、すでにナタールにいたスワジ、ズールー出身者らも郷里に帰還し、労働力の不足が生じたことがあげられる。ナタール総督府も労働力の徴用組織も移民労働者の流出を防ぐことができず、七八年十月には海路による輸送経路が絶たれ、翌年の二月には陸路による輸送も休止された。第二に、多くの移民労働者がナタールのプランテーションへの移民労働を、より高い賃金が支払われるキンバリーのダイヤモンド鉱山への移民労働の第一段階としてみなしていたことがあげられる。キンバリーでは七六年のダイヤモンド価格の下落を機に、鉱山会社が労働者の数を大幅に削減したが、労働力の不足は労働者の獲得競争を引き起こした。結局、同年末までにキンバリーでの賃金は週三〇シリングと、ナタールのプランテーションにおける賃金の約八倍相当の額にまで上昇していた。こうした状況を踏まえハリエスは、多くの労働者はより高い賃金を求めてナタールを経由して鉱山へと移動していったと主張する。[81] ただし、第二の理由については、先のナタールへの「移民労働」にあたり、出身地の首長が同行して税金を徴収したことを踏まえると、キンバリーへのさらなる移動が「労働者」の意思によるものとは断定しがたい。

さて、ポルトガル政府はフランス植民地からのたびかさなる労働力提供の要請をその都度断っていた。海軍・海外領省によって交付された一八七八年省令第四九六号では、アフリカ人「労働者」の就業地をイギリス植民地ナタールとケープに限定していた。しかし、モザンビーク総督府は、一八八一年に一転してフランス植民地への「自発的な」移民を認可した。出航地を北部イボに定め、通行料は労働者一人当り一一シリング、契約期間はナタールおよびケープへの移民労働の事例と同様の三年と定めた。だが、斡旋を担うフランス領側の代理人は、旧来奴隷貿易に従事していた現地の有力者に接触するなど、その手法は奴隷貿易を踏襲したものにほかならなかった。[82]

翌年、その実態は偽装奴隷であるとイギリスの反奴隷貿易団体からの非難をあびたが、それにもかかわらず、ポルトガル政府は一八八五年にイニャンバネ港からの「自由契約」に基づく移民労働を許可した。[83] 八七年にはフランス領インド洋諸島向けの「労働者」の出航地はモザンビーク島、イニャンバネ、そして八九年にはケリマネにまで拡大された。八八年にモザンビーク総督府によって公布された植民地条例第五九六号は、ロレンソ・マルケスおよびイニャンバネからナタールへの移民労働者に加えてレユニオンへの移民労働者を許可している。[84] カペラとメデイロスによれば、イニャンバネ港からは八八年から八九年までに九七〇人、八九年に七六二人がレユニオンへ輸送されているが、翌九〇年にはわずか一八人にとどまり、それ以降の記録はとだえている。つまり、イニャンバネ港からレユニオンへの移民労働者の導入は上記の期間に限定されたことを示している。カペラとメデイロスは、その理由として、イニャンバネ一帯で活発に労働力の調達をおこなっていたイギリス植民地の介入があったことを指摘している。[85]

先の条例第五九六号には、以下のような移民労働の現状に対するモザンビーク総督の率直な意見が述べられている。

……イニャンバネとロレンソ・マルケスの行政区には、イギリス植民地ナタールへ非合法に移り住む原住民が相当数いる。……これを監視することが不可能であるのだから、唯一の合理的かつ実践的手段は、内陸部から移り住む原住民から徴税することである……。[86]

この段階で、ポルトガル植民地当局は、既存の「移民労働」を規制するよりは、むしろ「移民労働」の流れに合ったかたちで法整備をおこなう方針を明らかに示していた。一八九一年の植民地条例第七号による通行証の導入では、移民労働者がイニャンバネもしくはロレンソ・マルケス行政区からナタールあるいはケープを目的地とすることを条件づけている。[87] そして、この通行証の導入にあわせて、同年の植民地条例第八号ではイニャンバネとロレンソ・マルケスの港には移民労働者を送り出すための移民管理施設を設けることも決定された。[88] モザンビーク総督府は、移民労働者の流れを「合法的」なものとするために必要な措置を講じたのである。

一八九〇年代初頭、モザンビーク南部の経済的役割は、より明確に規定されつつあった。モザンビーク南部はポルトガル政府の限られた直轄植民地域として、労働力供給地としての役割を果たすことになる。しかし、実際のところ、モザンビーク南部の大部分は依然としてグングニャーナに率いられたガザ王国の版図であった。最終的に王への献納のためではなく、植民地政府への納税のためという要因によって、この地の人びとが安価な移民労働者として労働市場に本格的に組み込まれるのは、ガザ＝ポルトガル戦争（一八九四〜九五、一九〇七年）後のことである。

第二章　帝国主義的世界におけるモザンビーク

1　ヨーロッパにおけるポルトガルの周辺性

十七～十九世紀のイギリス＝ポルトガル関係

海神の勇者たち、気高き民
勇敢かつ不滅の国家
今一度立ち上がれ
ポルトガルに栄光あれ
追憶の霧の彼方から
祖国よ、聞こえるか
我らを勝利に導く先人の声が

（ポルトガル共和国国歌「ポルトガルの歌」H・L・メンドゥーサ、一八九〇年作詞）

これは、一九一〇年の共和革命以降、今日にいたるまでポルトガル共和国国歌として採用されている「ポルトガルの歌(*A Portuguesa*)」の一節である。作詞家・歴史家でもあると同時に海軍軍人としての経歴をもつメンドゥーサ(一八五六～一九三一)の詩作の契機は、ポルトガルが一八九〇年にアフリカ大陸南部をめぐってイギリスに最後通牒を提示されたことであった。この詩作を含め、一八九〇年代の「ポルトガルの再生(Renascença Portuguesa)」を唱えた文芸復興運動は、帝国主義的世界秩序のなかで自らの位置を模索するポルトガルの有り様を示している。

アフリカが世界経済の周辺として、帝国主義的世界秩序に組み込まれたとき、ヨーロッパにおけるポルトガルの周辺性が相対的に緩和されたかのようにみえた。その一方で、ポルトガル領となったアフリカ植民地をめぐって顕在化する諸問題には宗主国ポルトガルの周辺性が極端なかたちであらわれることになった。本章では、ポルトガルのアフリカ植民地政策を概観するなかで、ポルトガル植民地におけるモザンビークの位置付けを明らかにする。まず、第1節では、ポルトガルがモザンビークの宗主国となることが列強間で合意される十九世紀後半に焦点をあてる。ここでは、列強間の関係におけるポルトガルの立場を確認する。つぎに、第2節では、南部アフリカを具体的な場として帝国主義がどのように展開したのかを明らかにする。そして、第3節では、第1節の内容とあわせてポルトガルによる植民地主義の実践がどのように方向づけられたものであったかを明らかにする。

ヨーロッパ政治におけるポルトガルの立場については、イギリスとの歴史的な同盟関係に言及する必要がある。両国の同盟関係について、ここで手短に概観したい。ポルトガルはスペインによる併合(一五八〇～一六四〇年)から独立戦争をへて再び独立し、まもなく海上支配をめぐって勃発したイギリス＝オランダ戦争(一六五二～五四、六五～六七、七二～七四年)の際、第一次戦争におけるイギリスの勝利を受けて、一六五四年にイギリスと友好同盟を結んだ。この友好同盟条約は二八条のうち、二四条までが通商に関するものである。それにもかかわらず同盟を強調するのは、オランダに代わって制海権を掌握しつつあるイギリスとの関係を重視したポルトガルの姿勢を示している。この同盟は、イギリスの影響力の傘下にポルトガルを位置づけるものであり、イギリス＝ポルトガル関係の起点になっている。[1]

この英葡同盟から半世紀をへて、ヨーロッパ全土を巻き込んだスペイン継承戦争(一七〇一〜一四年)を契機に、ポルトガルはイギリスの保護下にはいる。スペインおよびフランスから本国と植民地を防衛するため、ポルトガルはイギリスに保護を求め、その見返りとしてイギリスに対する通商上の特恵を認めるメシュエン条約(一七〇三年)を締結した。この条約によってポルトガルは、当時、自国にとってもっとも重要な市場であったブラジルをはじめとする植民地において、輸入されるイギリス製品に対して特恵関税を認めた。そのほかにも、将来的にポルトガル本国および植民地の港湾・海底電線を利用する権利や、また奴隷貿易の早急な禁止に尽力することなども言及された。さらに、ポルトガルがイギリスの毛織物の輸入を受け入れる代わりに、イギリスはポルトガル産ワイン、なかでも酒精度の高いポート・ワインをフランスおよびスペイン産のワインに課せられた関税の三分の一で輸入することを受け入れた。[2]

メシュエン条約を結んだのち、イギリスへ輸出されるポルトガル産ワインの量は順調に増加したが、それ以上にイギリスからの毛織物製品の輸入は増大し、ポルトガルの貿易赤字は増大し、同国の繊維産業は深刻な打撃を受けた。[3] メシュエン条約の機能は、古典派経済学者として自由貿易を擁護したデヴィッド・リカードが著書『経済学および課税の原理』(一八一七年)のなかで提唱した比較優位(比較生産費説)の具体的事例として説明されるイギリスの毛織物とポルトガルのワインの取引そのものである。[4] しかし、この事例の設定が「イギリスの毛織物とポルトガルのワイン」ではなく、「イギリスのワインとポルトガルの毛織物」であったのなら、自由貿易の理論的支柱となった比較優位は成立しただろうか。リカードの著作は資本主義に基づく経済原理を解明することを目的とした純粋理論であり、原理的には自由競争がいかなる国家の干渉も受けないものと想定されている。実際には比較優位をいかに他社会から導き出すにあたり、権力関係を差し引いた純粋な経済原理が実態社会で機能するわけではない。この点はイギリス帝国の展開を経済史の分野から分析する平田雅博の見解とも類似する。平田はロビンソンとギャラハーの論文「自由貿易の帝国主義」について、「自由貿易主義」とは利害調和的なイデオロギーどころか、強国の論理にほかならず、その「帝国主義的な属性」をこれほど明確に示したものはないという。[5]

こうした政治経済環境のなかで、輸入超過のために生じたポルトガルの貿易赤字を埋めたものは、植民地ブラジルで産出された金であった。しかし、ブラジルの金の生産は十七世紀末に最盛期を迎え、一七八〇年代に金鉱はすでに枯渇し、それまでに採掘された金は大部分がイギリスに流出したといわれている。[6] それでもイギリスの繊維産業にとって必要不可欠な綿花をはじめとして、藍色染料のインディゴ、赤色染料のコチニールの原料がブラジルで生産されていた。これらのブラジルの輸出品によって、一七八九年から九〇年にかけて、ポルトガルの対英貿易収支は二〇〇年来はじめて黒字に転向した。[7]

ところが、この好況はナポレオン戦争によって短期間にとどまり、ポルトガルとイギリスの庇護関係は決定的なものとなる。ナポレオンは大陸封鎖を進め、一八〇七年七月にポルトガル政府に対して本国および植民地の港をイギリスに対して閉鎖すること、イギリス船舶・財産の没収、ポルトガル在住イギリス人の拘留、そしてイギリスとの外交関係を断絶するよう要求した。ポルトガル政府がこの要求を拒否したため、ナポレオンがポルトガルに侵攻すると、ポルトガル王室はイギリスに保護を求めて翌〇八年にイギリス＝ポルトガル友好通商条約を結んだ。

一八〇八年の友好通商条約では、イギリスがポルトガルに対する軍事支援をおこなう条件として、ポルトガルはブラジル市場の独占権を手放し、イギリスに対して同市場を開放することを約束した。同年十一月、ポルトガル国王ドン・ジョアン六世と王室はイギリス海軍の護衛によってリスボンを離れ、植民地ブラジルのリオ・デ・ジャネイロへ避難した。王室が不在となった一八〇八年から二一年のあいだ、ポルトガルは実質上イギリスの保護国同然であった。一八〇八年の条約に加えて、一〇年には奴隷貿易の禁止をめぐってポルトガルがイギリスと合意にいたっている(第一章第2節)。これは王室の移転先であるリオ・デ・ジャネイロにおいて結ばれたものである。[8]

王室がリスボンに帰国したのちも、国内の自由主義勢力の内部対立に起因する内戦(一八三二〜三四、四六〜四七年)が勃発し、不安定な政情が続いた。国内の政情が安定する一八五〇年以降、ポルトガル政府は自由貿易の障害となる封建的な諸制度を廃止する制度改革と社会資本の整備に乗り出した。ここで重要となるのは必要とされる資本の出所である。ポルトガル資本は商業資本としての性格が色濃く、それまでの国内の不安定な情勢のために産業資本へと発展するまもなく投資は分散し、利潤は国外へ流出しがちであった。ポルトガルの近代化を資金面で支えたのは、一八五〇年代のブラジルでの奴隷貿易の禁止を機に旧奴隷商人たちが本国へ持ち帰り、鉄道の敷設や銀行の創設に際して投資した若干の資金であった。しかし、それにもまして重要であったのは、対外債務とイギリスおよびフランスを中心とした外国資本投資である。[9]

近代化の指標ともされる鉄道の敷設距離の伸びをみると、ポルトガルでは一八五〇年以降に鉄道建設が活発化した。その距離は五六年には三六キロであったが、六四年までにおよそ二〇倍になり、八〇年代半ばには一五〇〇キロ、九二年には一八八八キロ、一九〇二年には二三八一キロ、一二年には二九七四キロにいたった。ポルトガルの歴史家オリヴェイラ・マルケスはこの急速な鉄道の発達について、一九七〇年代初頭、つまりポルトガル植民地帝国の終焉間際につぎのように記している。一八九〇年代半ば、「ポルトガルの鉄道普及率は、スペイン、ルーマニア、ノルウェー、ギリシアその他のヨーロッパ諸国を抜いて堂々と世界第一〇位を占め、二〇年後もほぼ同じ地位にあった」[10]。

後発資本主義国ポルトガルの近代化

しかし、本書の関心に則して考えるならば、論点はポルトガルにおける鉄道の敷設距離の伸びよりも、むしろ巨額の対外債務をかかえるこの国で鉄道の敷設がどのように実現されたかという点にある。これを実現した資本がブラジルの富によってもたらされたものか、あるいはポルトガルに対する資本輸出というかたちで実現したのかを考慮すると、前掲のオリヴェイラ・マルケスとはまったく異なる見解を導き出せるだろう。それをとらえる代表的な視角は、ヨーロッパにおける資本主義の拡大をその中心からではなく、周辺からとらえる経済史研究の嚆矢となったベレントとラーンキの分析にある。ベレントとラーンキは、ヨーロッパ周辺諸国を取り込む資本主義の拡大の過程を分析する際に、前掲のポルトガルの事例をヨーロッパにおける周辺として位置づけた[11]（七三頁上、表1参照）。ヨーロッパの周辺から資本主義の拡大を分析する視角は、ポルトガル経済史を牽引するラインスにも引き継がれている[12]。ヨーロッパ経済におけるポルトガルの周辺性は明らかである。

ポルトガルにおける近代化は、フォンテス・ペレイラ・デ・メロが財務大臣（在任一八五一〜五二）、公共事業大臣（在任一八五二〜五六）、首相（在任一八七一〜七七、七八〜七九、八一〜八六）を歴任した時期に進められた。当時の公共事業政策は、立案者の名にちなんでフォンティズモと呼ばれる。しかし、道路・鉄道・通信網などの社会資本の整備は大方がイギリス資本で占められる外国投資に依存していた[13]。一八四二年と五二年の関税の引き下げの結果、輸入超過がかさむ一方で、それを解消するための輸出部門の伸びは期待に沿うものではなかった。

ポルトガルの輸出の伸び悩みはつぎの三つの要因に帰しているといわれる。第一に、ブラジルとの貿易に関する独占権の喪失である。第二は、ポルトガルの輸出品が多様性に欠けていたという点である。表2（七四頁）に示すように、輸出品の大部分は農作物・水産物加工品である。そのなかでも、高品位と位置づけられる糖度の高いデザートワインであるポート・ワイン、マデイラ諸島で生産される同種のマデイラ・ワイン、そして一般ワインと記載される低品位ワインの比重が大きい。さらに低品位ワインを中心とする輸出品に占めるワインの比率が一八六〇年代以降大幅に増加している。これはポルトガルがアフリカに植民地を獲得することと密接に関係するが、この点については第五章第2・3節で検討する。

一八九〇年代、ポルトガルは輸出額の二倍の額を輸入するという輸入超過の状況にあった。一方、輸出は、ワインがポルトガルの全輸出額の約五〇%を占めていた[14]。ポルトガルの繊維産業はイギリスの繊維製品の流入によって打撃を受

表1　ヨーロッパ周辺における鉄道敷設距離

単位：1,000km

国＼年	1860	1870	1880	1890	1900	1914
スウェーデン	0.5	1.7	5.9	8.0	11.3	14.4
デンマーク	0.1	0.8	2.6	0.2	2.9	*3.7
ノルウェー	—	0.4	1.1	1.5	2.9	*3.1
フィンランド	0.1	0.5	0.9	1.9	2.9	*3.4
スペイン	1.9	5.4	7.5	10.0	13.2	*14.8
ポルトガル	—	0.7	1.1	2.1	2.4	3.1
イタリア	2.4	6.4	9.3	13.6	16.4	18.9
ギリシア	—	—	0.2	0.7	1.0	1.6
ハンガリー	1.6	3.5	7.1	11.2	17.1	22.0
ロシア	1.6	10.7	22.9	30.6	53.2	70.2
ルーマニア	—	0.3	1.3	2.5	3.1	3.5
セルビア	—	—	0.3	0.5	0.6	1.0
ブルガリア	0.2	0.2	0.5	0.8	1.2	2.1
周辺合計	8.4	30.6	60.7	83.6	128.2	161.8
ヨーロッパ中心合計	38.0	61.7	90.5	114.4	131.1	**146.5

—　鉄道が敷設されていないか，全長が100km以下。
*　1910年の数値。
**　イギリス，フランス，ドイツ，ベルギー，オランダ，およびスイスの合計。
出典：Berend and Ránki(1982)，p.98.

表3　ポルトガルのおもな輸出先とその動向

単位：%

輸出先＼年	1842～49	1850～59	1860～69	1870～79	1880～89	1890～99	1900～09	1910～14
イギリス	48.4	49.2	58.2	55.9	35.7	29.8	25.6	23.1
スペイン	17.1	9.1	8.4	7.3	5.8	9.7	16.8	16.1
フランス	1.0	1.5	3.1	3.6	20.4	3.7	2.7	3.1
イタリア*	1.2	0.8	1.3	0.8	0.8	0.9	1.3	1.6
ドイツ**	2.5	3.1	1.2	2.4	5.5	8.3	7.6	8.6
ベルギー	0.4	0.7	0.7	1.0	1.4	2.6	2.9	3.1
オランダ	2.0	0.9	1.2	1.2	0.8	1.6	1.5	1.7
スウェーデン，ノルウェー	1.0	1.1	1.0	0.9	1.1	1.3	1.4	1.2
ロシア	3.3	1.3	1.6	1.5	1.6	2.4	2.7	2.6
アメリカ合衆国	2.3	3.7	0.9	1.5	2.7	2.5	2.1	2.5
ブラジル	19.1	24.7	18.6	19.5	19.7	24.3	17.6	18.2
ポルトガル領アフリカ	1.0	2.4	3.1	3.7	2.9	10.8	15.3	15.1
その他	0.7	1.5	0.7	0.7	1.6	2.1	2.5	3.1

*　1861年の国境による。
**　1871年の国境による。
出典：Lains(2003)，p.77.

表2　ポルトガルの品目別輸出動向

単位：%

輸出品＼年	1842～59	1845～64	1850～69	1855～74	1860～79	1865～84	1870～89	1875～94	1880～99	1885～1904	1890～1909	1895～1914
蜜蠟（未加工）	2.5	4.0	8.3	5.5	…	—	—	—	—	…	…	…
皮革（未加工）	…	…	1.2	1.1	1.0	1.4	…	—	1.3	1.2	…	1.0
羊毛（未加工）	1.9	1.4	3.1	2.7	—	—	—	—	—	…	—	—
コルク（未加工）	3.0	2.8	5.6	6.6	6.6	18.9	19.1	13.0	7.2	5.1	4.3	11.0
鉱物	…	3.6	24.6	22.8	9.3	—	—	—	2.5	—	—	—
牛	2.4	4.1	10.7	13.6	15.2	11.3	—	—	—	1.2	1.8	—
魚肉（鮮魚，塩漬け魚）	…	—	…	…	…	1.0	1.2	1.0	—	—	1.4	7.3
柑橘類	5.0	3.6	—	—	—	—	—	—	—	—	—	—
アーモンド	…	…	1.2	1.1	—	…	…	1.4	1.9	1.0	1.5	2.4
イチジク	…	1.1	2.8	3.0	1.4	—	…	…	—	—	—	—
葉物野菜	1.2	2.1	3.6	2.8	4.3	4.3	—	—	3.6	2.0	—	—
塩	3.1	2.3	—	—	…	—	—	—	—	—	—	—
魚（缶詰）	?	?	…	…	…	3.1	7.7	14.4	12.4	6.4	9.2	17.0
小麦粉	1.7	1.9	—	—	—	…	…	…	1.6	1.7	2.0	3.1
オリーヴ油	7.8	9.2	1.7	—	—	—	—	—	3.3	4.5	3.9	1.2
ポート・ワイン	36.0	32.2	28.5	28.3	28.2	4.8	—	—	3.4	—	—	—
マデイラ・ワイン	—	—	—	…	4.1	6.1	2.9	1.5	2.5	1.9	—	—
低品位ワイン	15.2	12.4	—	—	11.3	36.3	60.6	58.7	—	—	—	15.8
綿（加工済）	—	2.1	—	—	—	—	—	…	19.4	17.4	6.3	—
履物	…	…	1.5	1.8	1.6	1.3	—	—	—	…	…	—
コルク（加工済）	…	…	…	1.0	2.5	5.8	5.6	6.6	4.4	2.0	3.2	3.4
鉄（加工済）	…	…	—	…	…	…	—	…	…	…	…	…
その他	17.7	15.0	6.6	8.6	11.4	5.0	…	1.7	35.8	53.8	64.0	37.7

…　データなし。
—　1.0％以下。
出典：Lains(2003)，p. 76 をもとに作成。

け、国際市場での競争に参入する余地はすでになく、ポルトガル製品は植民地の市場へ向けられていた。[15]

ポルトガルの輸出が伸び悩んでいた第三の要因として、主要輸出品であるワイン輸出の不振があげられる。ワイン取引の全体量は、一八七〇年から八五年まで増加するが、その後はポルトガル北部を含むヨーロッパ各地のブドウ生産地が病虫害をこうむったために低下した。従来、イギリス市場向けであった輸出用ワインは、北部のドーロ渓谷をブドウ生産地とするポート・ワインが大半を占めていた。しかし、北部のブドウ生産地が病虫害をこうむると、ポート・ワインの輸出量の低下を補うために、被害をまぬがれた中南部地域において酒精度の低い低品位ワインが短期間のうちに量産された。ポート・ワインに比べて安価な低品位ワインは、熟成期間が短く、また熟成するための技術があまり必要とされず、初期投資も比較的少額ですむ。

この結果、輸出用ワインの構成は大きく変化した。イギリス市場に特化していた北部のポート・ワインの生産量は低下し、ポート・ワインがワイン全種の輸出量に占める割合は一八七〇年の七二%から八五年の二三%にまで落ち込んだ。これを踏まえてつぎに中南部で生産される低品位ワインについてみる。表3（七三頁下）に示すようにポルトガル北部のブドウ生産地同様に病虫害を被ったフランス市場の空白を埋めるために、一八八〇年代に限ってフランス向けの低品位ワインの輸出が増加した。ただし、この時期のフランスと、メシュエン条約によって優先的に参入しているイギリス市場を例外として、総じて国際市場での競争には敗れている。[16] 低品位ワインは量産されたものの、すでに進出する余地のない国際市場に代わるものとして、のちにポルトガルによる領有権が確定される広大なアフリカ植民地、とくにアンゴラとモザンビークが位置づけられることになる。ポルトガル議会では早くも一八四九年にアフリカ植民地へのワインの輸出振興をはかろうとする議論が交わされていることからも、国家をあげての産業振興の中心品目であったことがうかがえる。[17] ただし、四九年当時に議会で論じられた際にはアフリカ植民地の存在がポルトガルにとっては「仮想帝国」[18] にすぎず、実態的な植民地市場として政策を実行する対象とされるのは一八八〇年代以降となる。それは表3で一八九〇年代からポルトガル領アフリカへの輸出が拡大することにも反映されている。

ここまでみてきたように、十九世紀中葉におけるポルトガルのおかれた政治経済的状況から、この国がヨーロッパにおける周辺国であるといえるだろう。一八二〇年代を通じてポルトガル議会で論じられる議題は、独立後のブラジルとポルトガルとの関係に関するもので占められている。一八二〇年代でもアフリカ植民地についての議論がないわけではないが、それはポルトガルよりもむしろ、独立したブラジルとの経済関係が強固であるアンゴラが、新興国家ブラジルによって「合併」されることを懸念する内容に限定されている。[19] ポルトガルが、もっとも有望であった植民地ブラジルの喪失を受け入れざるを得ない現実であると認識したのち、一八五〇年代から七〇年代にかけて政府が打ち出した植民地政策の標語は「古きブラジル、新しきアフリカ(Velho Brasil, Novas Africas)」というものであった。[20] しかし、その「新しきアフリカ」という表現はアフリカ植民地を一様に指し示すものではなかった。次節以降では、複数あるアフリカ植民地のなかでもポルトガル政府および国民にとっての重要性に照らして、それぞれの植民地についてどのような政策がとられていったのかを明らかにする。

2　南部アフリカにおける帝国主義の展開

「デラゴア湾問題」

一八七五年十一月十日、ポルトガルでリスボン地理協会が設立された。同協会は、七七年以降、八五年まで複数回にわたりアフリカ探検隊を送り出す。ポルトガル議会資料に基づいて同国の植民政策の変遷を分析するアレシャンドレは、この時期にリスボン地理協会が設立された直接的な契機については明言していない。[21] しかし、同協会設立に先行して同年七月二十四日にモザンビーク南部の良港デラゴア湾のポルトガルによる領有が決定したことも少なからず作用しているものと考えられる。同湾の領有権をめぐる「デラゴア湾問題」は、すでに六九年にポルトガルとトランスファール共和国のあいだで結ばれた友好通商条約に基づき、トランスファールがポルトガルによる同湾の領有を認めていた。さらに、七五年の条約によってデラゴア湾とトランスファールを繋ぐ鉄道建設計画が合意され、両国間の関係が再度確認されていた。この両国間の合意について、イギリスが六九年の条約締結時ではなく一八七〇年代以降に介入したことは六九年前後の状況が変化したことの反映である。[22]

その状況の変化とは、ひとえに南部アフリカにおける鉱物資源のあいつぐ発見を契機としているといえるだろう。鉱物資源の発見は当該地域の白人社会の発展に計り知れない推進力を与えた。入植者の増加をともなう鉱山開発は資本財の輸入のための鉄道を必要とすると同時に、対外貿易の増加から歳入が増大する可能性を有していた。一八六七年にはキンバリーでダイヤモンド鉱脈、同年にはファール川でダイヤモンドが発見され、スエズ運河が開通して東アフリカ航路が拓けた六九年にはトランスファール共和国内のライデンバーグで金が発見された。

トランスファール政府は、一八六八年の時点でモザンビーク南部デラゴア湾周辺の領有権を主張している。しかし、トランスファール政府は翌六九年にはポルトガルのデラゴア湾領有権を認め、トランスファールとポルトガルのあいだで友好通商条約が結ばれ、この条約は六年間有効とされていた。[23]トランスファール政府は、目下のところケープやナタールのイギリス植民地の輸送システムに依存していた。しかし、クリューガー大統領はイギリス植民地への併合に反対し、トランスファールの独立を維持する立場をとっていた。クリューガーは、金鉱業の周辺に製造業やサービス業などの関連産業の発展を促進することで、トランスファール経済全体の発展を促そうとしていた。そしてイギリス植民地とは別個の関税を維持し、イギリス植民地の港を迂回してインド洋にいたる鉄道を建設することがクリューガーの経済戦略の中心にあった。ここで、トランスファールとの経済統合の道を模索していたイギリス政府とそれに抗うトランスファール共和国の利害が対立した。

一八七二年にトランスファール東部各地で金が発見されると、イギリス政府がポルトガル政府に対してデラゴア湾の領有権を主張した。デラゴア湾の領有権については、一八七二年以降、モザンビーク沖のマダガスカルを植民地とするフランスのマクマオン大統領が仲裁にはいり、最終的には一八七五年にマクマオンがイギリス政府の主張を退け、ポルトガルの領有権を宣言した。ただし、ポルトガルによる領有をイギリスが認める条件として、デラゴア湾が売却あるいは割譲される場合には、イギリスにその先買権があることが両国政府間で合意されていた。これは実際のところ、トランスファールがデラゴア湾を領有することを避けるために、イギリスがポルトガルによる領有を承認したものである。[24]

ポルトガルによるデラゴア湾の領有が決まると、同年、ポルトガルとトランスファールは二〇年間の有効期限を設定した友好通商および境界画定に関する条約を結び、互恵関係の構築に合意した。[25] 同条約では相互の免税が認められた。これにあわせてロレンソ・マルケス—トランスファール間の鉄道建設に関する合意もかわされた。[26] この合意を受け、翌年からロレンソ・マルケス側の鉄道建設が着工された。しかし、一八七七年から八一年にかけてトランスファールがイギリスによって併合されると鉄道の建設は延期され、再開されるのは第一次南アフリカ戦争(一八八〇～八一年)をへた再独立のあととなる。

同時期に南部アフリカにおいて競合していたイギリスとドイツの動向をみると、ドイツは一八八四年に現ナミビアを植民地ドイツ領西南アフリカとしている。このドイツ領西南アフリカの建設は、その後に展開されていくドイツの植民地政策の出発点として位置づけられている。[27] イギリスはその翌年、ベチュアナランド(現ボツワナ)を保護領とすることによってトランスファールが西方へ領土を拡張することを阻んだ。列強による植民地獲得の競争が激しくなる最中に開催されたアフリカ分割のためのベルリン会議(一八八四～八五年)では、ポルトガルが領有権の根拠として主張する歴史的痕跡という原則は退けられ「実効的支配」の原則が導入された。

ベルリン会議の翌年、ポルトガル政府は、フランスおよびドイツ政府との協議を通じ、アンゴラとモザンビークのあいだに位置する大陸中央部の領有については、ポルトガル政府の裁量に委ねられたと理解した。[28] ポルトガル政府は一八七五年にリスボン地理協会を中心にして作成された「バラ色地図」をもとに、フランスとの協議の議定書の付随資料として同地図を新たに作成し、その後のドイツとの協議をへて一八八六年に公表した。[29]

内陸部の領有をめぐる列強間の対立

ポルトガルが「バラ色地図」を公表した一八八六年にはトランスファール共和国内のラントで金鉱脈が発見されている。南部アフリカにおけるポルトガルの領土拡張計画は、イギリス政府が北への領土拡張計画を託して八九年に勅許を下付したイギリス南アフリカ会社(BSAC)の活動と対立した。BSACはセシル・ローズがキンバリーのダイヤモンド鉱山開発で蓄積した資本をもとに創設したものである。「ケープからカイロへ」領土の拡張をめざすBSACの活動は、トランスファールが北方に進出することを阻止するというイギリス外務省の関心に沿ったものであった。それに対してポルトガルの拡張を防ぐという目的は、現実的な脅威というよりは付随的な問題にすぎないととらえられていた。[30]

対立の顛末を先取りしていえば、一八九〇年一月十一日にイギリス政府から最後通牒を受諾するというかたちでポルトガルの拡張計画は頓挫した。最後通牒の内容は、イギリスが領有権を主張するザンベジ川上流から大陸内部に駐留していたポルトガル軍に即日撤退を要求するものであった。ポルトガル政府は、「バラ色地図」を公表する前にドイツ政府に打診していた。その経緯からドイツの支援を期待していたが、これを得ることはできず、イギリスの砲艦外交に屈伏し、当該地域に関して主張してきた主権を放棄した。なお、イギリス外交史では、南部アフリカ内陸部の領有をめぐるイギリスとポルトガルのあいだの対立は、一八九八年のファショダ事件と比肩される。[31]

ポルトガルの世論は、政府の決定が国益を危うくしたうえに、イギリス政府の圧力に屈伏したとして政府を激しく批判し、同時に反英感情を高めた。本章冒頭に引用したポルトガル共和国国歌はこうした時代状況のなかで生まれたもの

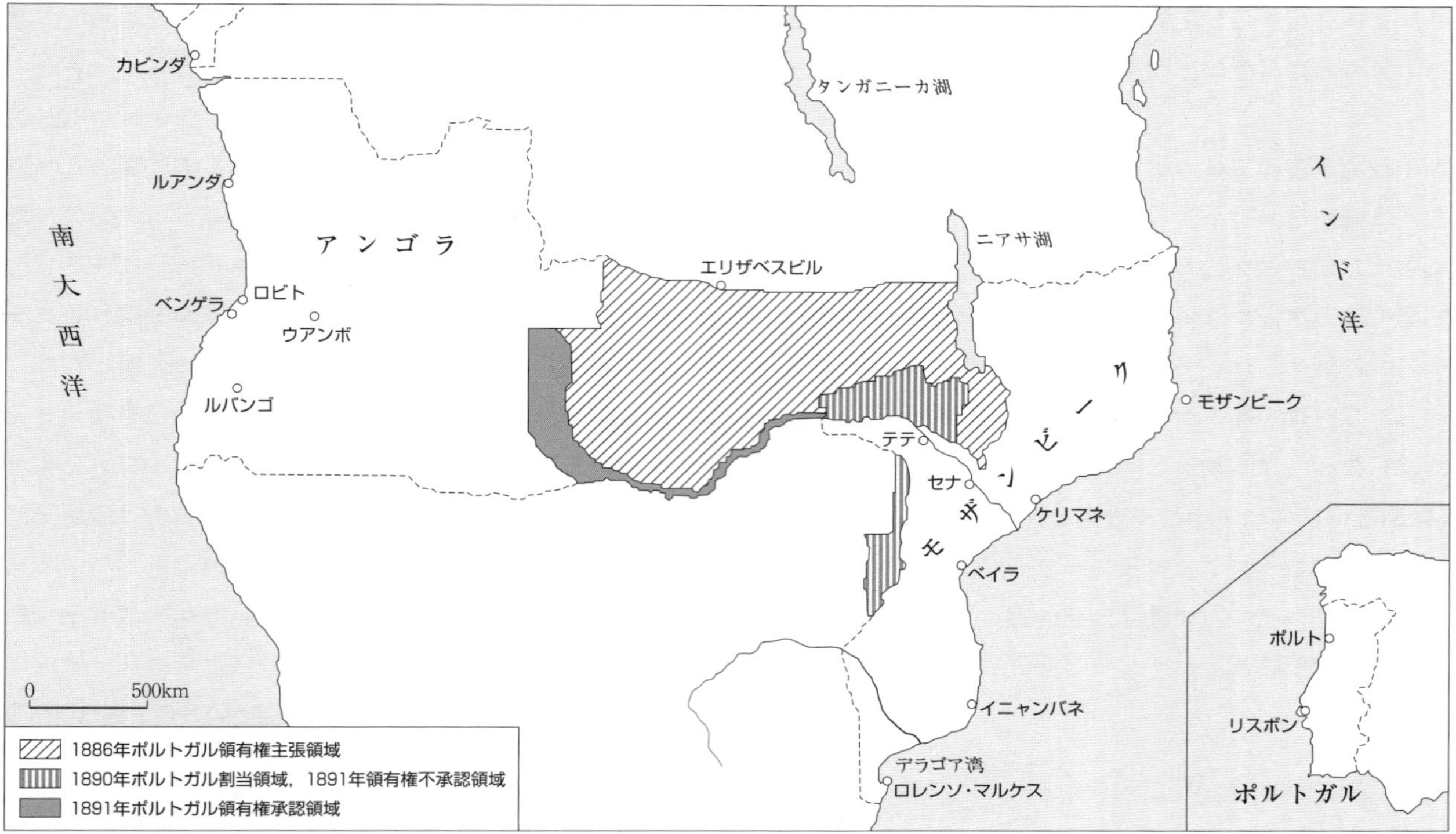

ポルトガルが領有権を主張するアフリカ中央部（1886〜91年）
出典：Hammond, Richard J.（1966），p. 103 をもとに作成。

である。当時の君主と王室の権威の失墜は一九一〇年の共和革命と王制の廃止に繋がり、ポルトガル王マヌエル二世はイギリスに亡命した。こうした一連の動向は、のちのサラザール(財務大臣在任一九二八～四〇、首相在任一九三二～六八)独裁期を準備する一要素となる。

一八七五年にポルトガルによる領有が認められたデラゴア湾をめぐって、これを売却する場合にはイギリスの先買権が定められていた。一八七〇年代からヨーロッパで拡大した不況のあとに、八〇年代末からデラゴア湾売却の可能性が強まる。不況による農作物価格の下落は農業国ポルトガルの経済に大きく影響し、同国の通貨価値も下落した。経済状況の悪化にともない、小農経営が中心的産業であった北部農村地域からは、ブラジルへの移民が増加し、ポルトガル経済の立て直しと貿易赤字はブラジル移民からの多額の送金と、植民地間の再輸出による収益によって補塡されていた[32]。しかし、一八九〇年にブラジル通貨の兌換停止によって移民からの送金ができなくなり、ポルトガル政府がかかえる累積赤字に追い打ちをかけた。ポルトガルがかかえる債務額は八九年度だけでも三〇〇〇万ポンドを超え、一八九〇年代には人口五〇〇万の国民に対して公債額は三〇〇〇万ポンドとなった。このときすでに対外債務残高に対する利子すら支払うことが不可能になり、財政破綻の危機に瀕していた[33]。

ケープ植民地の首相であり、BSAC創設者でもあるローズも、また、トランスファール大統領クリューガーも、ポルトガルの植民地経営が財政上の問題によって困難に直面することを見越していた。そのうえで、一八九〇年以降、ポルトガルに対してローズは一〇〇万ポンド、クリューガーは五〇万ポンドという額を提示し、個別にデラゴア湾の買収を申し出ている[34]。デラゴア湾の買収案にはBSACのみならず、イギリス政府も積極的に関与している。イギリス政府は一八九四年にポルトガル政府に対して、デラゴア湾を擁するモザンビークとアンゴラの関税収益で償還される相当額の貸付の用意があると交渉をもちかけている[35]。交渉をもちかけた表面上の理由は、財政支援によって列強の干渉からポルトガルを自立させるというものであった[36]。

ポルトガルではイギリスによって発せられた最後通牒を受諾して以来、植民地の領土を微塵も譲らないという世論が強まっていた。その反面、ポルトガル議会では植民地を維持することが困難であるどころか、本国の経済を回復させるために植民地の一部を売却する可能性が論じられていた。一八九一年六月十日および九二年二月一日に議会に提案された意見は、西アフリカのポルトガル領ギニア、サン・ジョアン・バプティスタ・デ・アジュダ、アンゴラの飛び地であるカビンダ、モザンビーク、マカオ、ティモールを売却の対象としていた。[37] これはポルトガル植民地帝国における重要性の度合いを顕著に示している。

この内容はまだ決定されたものではなかったにもかかわらず、一八九四年九月十五日にはイギリス領ザンジバルと東アフリカ向けに発行された官報に、ロイター通信社の情報に基づいてデラゴア湾の売却に関する記事が掲載された。[38] モザンビーク総督府は、ザンジバルの官報に掲載された情報を得たわずか二日後の二十七日に自らの官報の一面で、総督の名のもとにデラゴア湾の売却を事実無根であると否定する文章を掲載している。[39]

なお、イギリス領で報じられたデラゴア湾の「売却」はトランスファールによる買収という設定であった。これはイギリス領東アフリカがトランスファールの動向を極めて強く意識していることのあらわれでもあるが、その懸念は必ずしも過剰なものではなかった。それというのも、実際にトランスファール大統領クリューガーは列強のいずれかと同盟を組むためにドイツ政府へ接近し、ドイツ政府はトランスファールを支持してデラゴア湾の領有問題に干渉しつつあった。「デラゴア湾問題」にドイツが干渉する動機は、スエズ運河の開通以降、ハンブルクからの航路の拠点であったロレンソ・マルケス港がイギリスによって領有されることを回避することにあった。イギリス政府は、ドイツ政府によるデラゴア湾問題への干渉を食い止めるため、一八九五年に交換条件としてドイツにザンジバルの領有を提示したが、ドイツ政府はこれに応じることはなかった。

同年十月、トランスファール政府は七月に開通していたロレンソ・マルケス鉄道の利用を促進するため、イギリス領ケープ植民地から金鉱地帯ラントへの陸上交通網の最終地点であるファール川地域を封鎖するという強硬な手段をとった。これに対してイギリス政府がケープ植民地首相ローズの要請を受けてただちに抗議声明を発表した。封鎖は即時に解除されたが、トランスファール政府を支援するドイツ政府の陰謀という印象を与える結果になったという[40]。同年十二月二十九日にはジェームソン事件によって、トランスファール政府の転覆を狙ってローズが画策したクーデタが未遂に終わり、イギリスとトランスファールの関係はいっそう険悪なものとなっていた。

またこれとときを同じくして一八九五年の九月以降、ポルトガルがモザンビーク南部のガザ王国に侵攻し、同年十二月にグングニャーナを捕らえたことは、デラゴア湾をめぐる列強間の緊張が高まるなかでとられた軍事行動である[41]。この時期にポルトガルが軍事力の行使にでた背景には、グングニャーナがイギリス側に接近し、ガザ王国が保護領としてイギリス領に組み込まれることを懸念していたと推察される。それは植民地モザンビークを売却して経済的利益を得る機会すら喪失することを意味していた。なお、グングニャーナはポルトガルが攻撃を仕掛ける直前にナタール総督に使者を送っているが、期待した支援を取り付けることはできなかった[42]。

一八九八年六月下旬、ポルトガル政府はイギリス政府に対して八〇〇万ポンドの借款を申し入れ、そのうちの二〇〇万ポンドがモザンビークにおける植民地開発に投じられる試算をしている[43]。ほぼ同時期にドイツ政府はイギリス政府に対してポルトガル政府への英独共同借款を提案している。その際、ドイツ政府は、ポルトガル政府が債務不履行に陥った場合には、ドイツ・イギリス両政府によってポルトガル植民地の分割領有を約定することを提案した。この提案のなかで、ドイツ政府がロレンソ・マルケス領有の権利を放棄する代償として、ニアサ湖南部のブランタイヤ、七八年にイギリスがケープ植民地の飛び地としていたウォルヴィス湾、さらには東南アジアのティモールの領有をドイツに認めるという交換条件が提示された。

一八九八年七月、イギリス政府による暫定案がドイツ政府に対して提示された[44]。イギリス政府は、ポルトガル政府が英独共同借款を受諾した場合、ザンベジ川以南のモザンビーク南部およびアンゴラの一部における関税収入をイギリスが、残りをドイツが徴収することを提案した。[45] イギリスによってドイツによる領有の可能性が提示されたブランタイヤは、マラウイ湖南端からインド洋に注ぎ込む航行可能なシーレ川の左岸に位置する。つまり、ブランタイヤの立地から判断して、マラウイ湖とシーレ川、そしてシーレ川が合流するザンベジ川を境界とし、両河川より東のインド洋岸一帯——今日のモザンビーク中部から北部にかけたカボ・デルガド、ニアサ、ナンプラ、ザンベジア州に相当する——をドイツ領東アフリカへ併合する可能性を前提としていたと考えて差し支えないだろう。

一八九八年八月三十日、英独協定が調印された。この協定により、ポルトガル政府に対してモザンビーク、アンゴラおよびティモールの関税収入の確保を条件とする英独共同借款計画が確認された。そして、ザンベジ川以南のモザンビーク南部およびザンベジ川左岸、アンゴラ中部がイギリスの関税徴収区域、ティモールを含む残りのポルトガル領がドイツの徴収区域として定められ、相互の関税徴収機関への不干渉が約束された。さらにこの英独協定と同時に、ポルトガル政府が債務不履行に陥った場合には、イギリスとドイツによってポルトガル領を分割占有することを定めた秘密協定も調印された。この秘密協定は、英独共同借款を受け入れるか否かというポルトガル政府の動向にかかわらず、事実上、イギリスがデラゴア湾に対する影響力を強めることを意味していた。[46]

ポルトガル政府は英独協定が締結されたことに危機感をいだき、一八九八年十月下旬にフランス政府からの借款を取り付けている。[47] ポルトガル政府はさらに植民地の保全のためにイギリス政府との同盟関係を強化することを志向した。翌九九年十月十四日にポルトガル領土の保全を承認・保証する代わりに、イギリス軍がロレンソ・マルケスを通過してトランスファールへはいることを黙認する秘密条約「ウィンザー条約」をイギリスと結んだ。この条約の内容は、九八年の英独協定を事実上、取り消すものであった。[48]

一方、トランスファール政府は英独協定が成立したのち、ドイツ政府の後援を受けることなくイギリス勢力に対抗せざるをえなくなっていた。そしてイギリス政府は、トランスファール共和国におけるイギリスの政治的影響力を保持するため、直接介入へと踏み切り、第二次南アフリカ戦争（一八九九年十月十一日～一九〇二年五月三十一日）へと突入している。南アフリカ戦争にいたる過程で列強の利害が激しく対立した「デラゴア湾問題」は、十九世紀末の南部アフリカをめぐる国際関係、さらには当該地域における列強の関心が高まる最中にあって「自己の利益になるよう列強を争わせることのほかに、その立場を保持し得なかった」[49]ポルトガルの立場を象徴している。

イギリス・ドイツがポルトガル植民地分割の可能性を示した一八九八年の協定は、第一次世界大戦前夜の一九一三年から一四年にかけて再び更新されることになる。列強が国際的な緊張を緩和しうるような相互に利益のある地域を求めていた当時、モザンビークを筆頭にポルトガル植民地は恰好の緩衝地帯とみなされていたといえるだろう。これらの協定は、アフリカにおけるポルトガルの植民地領有権を実際に脅かすにはいたらなかった。むしろ、列強間における国際的な緊張関係がポルトガル植民地の存続する可能性を残したといったほうが適切であろう。

3　植民地主義の実践とその枠組み

特許会社の導入と外国資本

ポルトガルの外交政策の基調はイギリスとの同盟関係にある。[50]ポルトガル政府は一八五〇年代から七〇年代にかけてイギリス政府の推進した自由貿易に波長を合わせ、関税を引き下げ、また、自国の財政状況に鑑みて新規の借款が不可能であったために植民地にも積極的に民間資本を導入してきた。一八七四年にはモザンビークで最初の特許がザンベジアに許可されている。[51]七七年にポルトガル政府はモザンビークの関税を引き下げてモザンビークの港をすべての船籍に開放している。[52]しかし、一八七〇年代以降のヨーロッパにおける不況による全般的な傾向に漏れず、ポルトガルでも自由主義的政策は九〇年代にはいり見直され、ポルトガル政府は一八九二年に本国と植民地に保護関税を設けている。

ところが、この新税の導入は時機を失していた側面もある。モザンビークの主要な輸出品であった油糧種子は、一八八〇年代以降に西アフリカのヤシ油との競争に敗れ、ヨーロッパにおける不況も相まって九〇年代に取引量を減らしていた。[53] ポルトガル政府が植民地に適用した保護主義的な政策は当初からいくつかの例外をかかえてもいた。九〇年代初頭からあいついでモザンビークに導入された複数の特許会社は、ポルトガル本国および植民地での関税を免除され、独自の関税率を設定していた。[54] モザンビーク南部では一八七五年の協定に基づき、隣接するトランスファールとの自由貿易をおこなっていたが、ラント市場ではポルトガルの繊維製品がイギリス植民地を経由して届く大量生産された同種の製品と競合できるはずもなかった。

また、アンゴラでは北部コンゴ地区でコンゴ盆地をめぐる国際的合意のもとに特別関税が設定されていた。その北部以外の地域では、一八九〇年代にかけて上昇したゴムの需要によって、ポルトガル繊維製品が天然ゴムの対価品として市場を確保したものの、天然ゴムの需要は一九〇〇年までに頂点を迎え、それ以降は低迷した。[55]

ポルトガルの産業は国際市場における競争力が極めて弱かっただけに、植民地市場の獲得に期待を寄せていた。ここでアンゴラとモザンビークの市場の状況を比較してみると、一九〇一年の時点でもポルトガルからモザンビークへの輸出量はアンゴラへの輸出量の半分にも満たなかった。その要因として、モザンビーク側の税関の処理能力をはるかに超えて、隣接するイギリス領から合法・非合法に流入する物資があった。本国の繊維業界は、アンゴラに比べて高いはずのモザンビーク現地住民の購買力を見込み、市場の拡大を狙っていた。期待を裏切られた産業界はモザンビークにおける植民地行政を痛烈に批判している。[56]

アフリカ分割に関するベルリン会議以降、ポルトガル政府は先述した財政状況のもとで植民地の実効支配と開発を迫られた。とくに一八九〇年のイギリスからの最後通牒を受諾して以降、第二次南アフリカ戦争が勃発する一八九九年まで、ポルトガル議会はモザンビーク中部のベイラ港、南部のロレンソ・マルケス港を売却し、アンゴラへの投資に向けることを検討しつづけていた。[57] ポルトガルによる国債発行の見込みもなく、新たな外国資本が投下される可能性として残されていた選択肢は特許会社の導入であった。[58] この政策は保護主義を掲げるなかで特恵関税区域を設ける結果となり、外国資本を引きつけた。

モザンビークでは北からニアサ会社(特許契約期間一八九四～一九二九年)、ザンベジア会社(同一八九二～一九三二年)、モザンビーク会社(同一八九一～一九四一年)の三社に特許が許可された(八八頁地図参照)。その結果、ポルトガル政府の直轄領として残されたのは、全土のわずか三分の一程度のサヴェ川以南の地域、モザンビーク島とその対岸地域および中部内陸のテテ周辺のみであった。この南部地域がラント金鉱業の労働力供給地として位置づけられる過程とそれによる社会の変容は第三章以降で検討する。

特許会社三社のうち、モザンビーク会社とザンベジア会社が最初に特許を認められた。一八七七年にポルトガル人パイヴァ・デ・アンドラーダがパリで起業したのが、ザンベジア会社の前身ザンベジ商事である。同社は創業翌年の七八年にモザンビーク中部のザンベジ渓谷の金鉱採掘権を得たことをきっかけに同地域での活動を広げた。[59] 八八年にはそれまでの利権を整理し、創業当時のフランス資本にイギリス資本も加わり、オフィール社を設立した。しかし、オフィール社は、ザンベジ渓谷からマニカ地域の金鉱採掘を計画して八九年に設立されたローズのＢＳＡＣと対立した。九〇年にはアンドラーダ自身がＢＳＡＣに拘束されるなど、イギリスからの最後通牒とも相まって、ザンベジ渓谷一帯の領有権をめぐって緊張が高まった。その末に、ポルトガル政府が九一年二月十一日に特許を認めたのが、イギリス資本をもとに設立されたモザンビーク会社であった。[60] ポルトガル政府は、同社にマニカおよびソファラ区とザンベジ渓谷の一部の地域での徴税、鉱物資源開発、通貨と郵便切手の発行、そして下請契約を結ぶことを認めていた。[61]

モザンビーク会社には南アフリカのダイヤモンド鉱山で財をなし、ローズと対抗しようとする資本家アルバート・オ

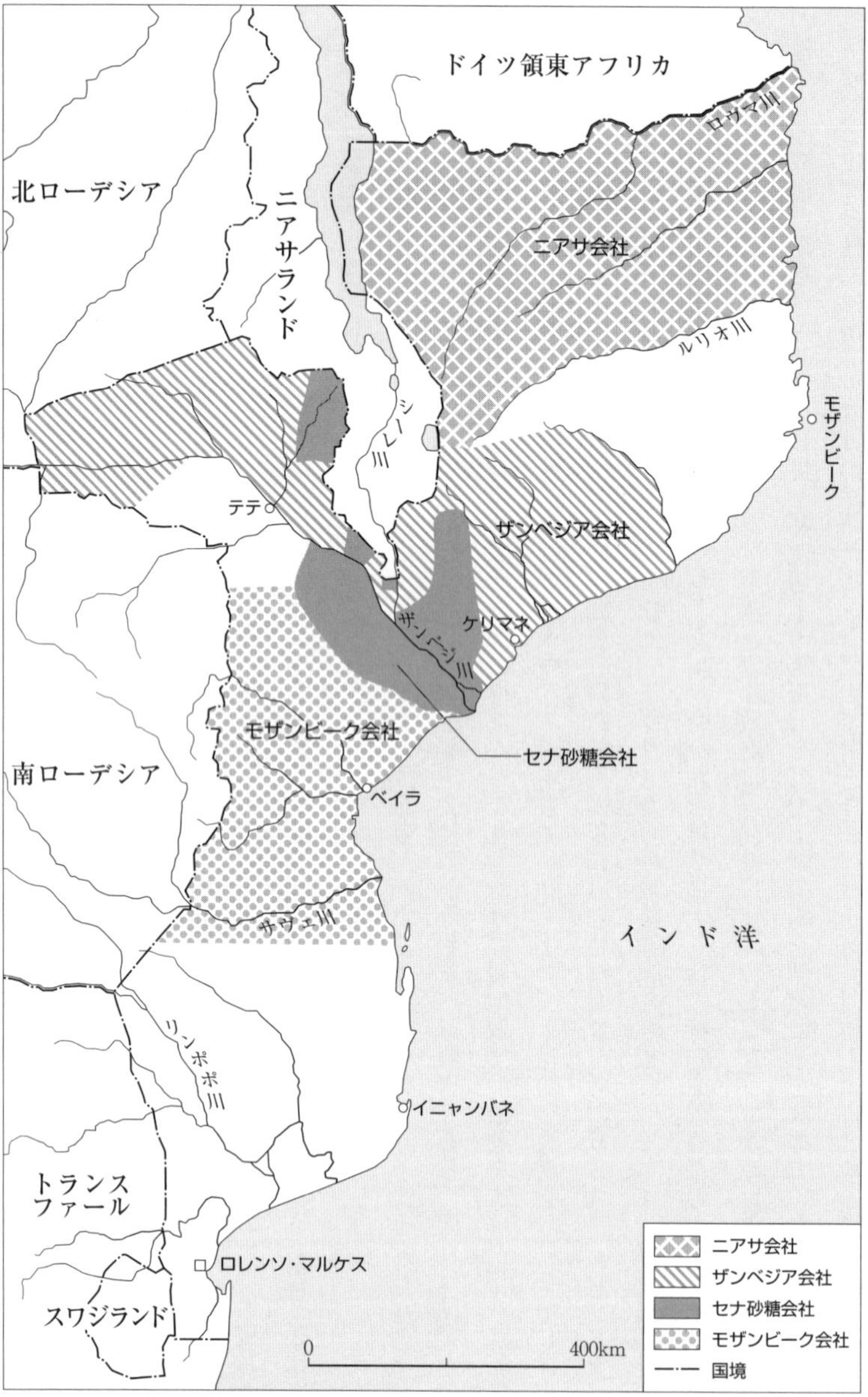

モザンビークにおける特許会社領と直轄地域
出典：Newitt, Malyn(1981), p. 80 および Newitt, Malyn(1997), p. 366 をもとに作成。

クスが出資していた[62]。ローズはイギリス政府がモザンビーク会社の設立に介入せず、マニカ地域へのポルトガル政府の進出を許したことを非難したという[63]。のちのポルトガル首相マルセロ・カエタノ(在任一九六八〜七四)は、モザンビーク会社への特許が「BSACと国家の緩衝剤として機能した[64]」と評している。しかし、この植民地の境界をめぐる争いは、結局のところ、イギリスとポルトガルという二国間の問題ではなく、二つの競合する資本のあいだの問題であった[65]。

一方、オフィール社は改編され、ザンベジア会社として特許を申請した。ザンベジア会社には一八九二年に特許が認められ、オクスが加わったほか、九八年にはベルギー資本が加わってBSACの活動に対抗した[66]。ベルギー資本は、ザンベジ渓谷の鉱物資源と、資源の宝庫と考えられていたコンゴ自由国の南端カタンガ鉄道への接続の可能性を探っていた。しかし、ザンベジア会社領は鉱物資源には恵まれず、テテ区周辺は南アフリカ鉱山への労働力供給地となり、ザンベジ・デルタの占有地はココナッツ・プランテーションとなった[67]。また、ザンベジア会社が下請契約を結んだ企業には、ボロール社がある。同社は、カカオ、サイザル、サトウキビ・プランテーションの経営と砂糖生産をおこなった。

モザンビーク会社の資本はイギリス資本が大半を占めていた。そしてBSAC領を最短で外海に繋ぐモザンビーク中部のベイラ港への鉄道が一八九二年から一九〇〇年にかけてBSACの子会社によって建設された。ポルトガル政府はモザンビーク会社をポルトガルの特許会社としてとどめるために、会社本部をリスボンにおき、役員の大部分をポルトガルに在住するポルトガル人とすることなどを特許の条件にしていた。しかし、モザンビーク会社は株式会社の形態をとり、原則的に国籍にかかわらず株式の保有が可能であった。また、外国企業との下請契約を認めていたため、社内のポルトガル人の影響力は極端に弱くなり、その後はフランス、イギリス、ベルギー資本が加わっていった[68]。

また、同社は、モザンビーク砂糖会社(のちのセナ砂糖会社、ブズィ植民地会社)と下請契約を結んだ。モザンビーク砂糖会社はポルトガル企業として出発し、イギリスの最後通牒の直後には多くのポルトガル資本を集めた。しかし、同社も最終的にはイギリス資本によるセナ砂糖会社としてポルトガル植民地のなかで最大の外資系企業となった[69]。

北部のカボ・デルガド区とニアサ区に関して、ポルトガル政府は一八九一年のドイツによるロヴマ川左岸の占有を意識して、同じ年に同河川右岸にモザンビーク会社とほぼ同等の条件でニアサ会社に対する特許を認めた。つまり、ポルトガルの特許会社としてポルトガルによる植民地支配を保証するという意味では、モザンビーク会社と共通の問題をかかえ、ポルトガル資本の影響力は極めて弱かった。しかも、その経営実績は芳しくなく、モザンビーク会社のように「イギリス行政機構の飛び地」をつくるにもいたらなかった。[70]

ニアサ会社は、設立当初はフランス、ドイツ、そしてイギリス資本によって構成され、国際市場の需要に応じて天然ゴムを輸出していた。しかし、しだいに南アフリカの金融商会ルイス・アンド・マークスの影響下にはいり、同金融商会はニアサ会社を南アフリカ鉱山への労働力供給源とした。[71] 一九〇八年にニアサ会社は、ルイス・アンド・マークスが加わってロンドンで設立されたニアサ合同会社に組み込まれ、イギリスおよび南アフリカ資本が強化された。[72] これはニアサ合同会社がニアサ会社領を南アフリカ鉱山業への労働力供給地とみなしていた点から理解できる。ニアサ合同会社の株主のほぼすべてがラント鉱山に労働力を供給するＷＮＬＡのメンバーであった。そして、ＷＮＬＡはラント鉱山に〇四年から三年間の限定で導入されていた中国人契約労働者の帰還に合わせて一九〇七年以降ニアサ会社領から代替的な労働力を調達したのであった。しかし、一三年、南アフリカ政府は同社の占有地を含むモザンビーク北部での鉱山労働者の人員募集を禁止し、同年のうちに同社はドイツの銀行に売却されている。[73]

上記三社のほかには、一八九三年にイニャンバネ区での操業をめざしたイニャンバネ会社が創設されたものの操業にはいたらなかった。[74] イニャンバネ会社は九〇年当初にポルトガル人資本家によってイニャンバネ周辺の開発利権が獲得され、それをもとに九三年に設立された。ところが、利権を獲得したポルトガル人がイギリス系企業連合の代理人にすぎないことが発覚し、同社の特許は九六年に三人のポルトガル人の所有に分割された。しかし、その後も各人がＢＳＡＣと関係があると思われる人物に利権を売却している。[75] 結局のところポルトガルの国益とポルトガル国籍を保有する商業資本家の利害は一致していなかった。

また、モザンビーク領内の社会資本についてみても、外国資本による建設が目立つ。鉄道の敷設については、ポルトガル政府が中部のベイラ港からBSAC領へ伸びるベイラ鉄道の建設を、BSACの子会社であるイギリス企業に一八九一年に委託している。また、南部のロレンソ・マルケスからヨハネスブルグへと伸びるロレンソ・マルケス鉄道の建設は、七五年のポルトガル・トランスファール友好通商条約を締結した時点で決定していたが、七七年のイギリスによるトランスファールの併合によって着工は八四年にずれ込んだ。

ロレンソ・マルケス鉄道の敷設にあたり、ポルトガル政府はアメリカ人マックマードに同路線の建設および経営権を認めた。ただし、トランスファール政府に配慮してイギリス以外の資本を投入することが条件であった。ところが、特許契約には特許の転売を禁止する内容が盛り込まれていなかったため、一八八七年にマックマードは特許をロンドンのデラゴア湾・東アフリカ鉄道会社へ売却した。結局、八九年に施設工事は途中のまま特許が取り消され、ポルトガル政府は特許権の所有者に対する補償と工事の続行に追われた。[76]

モザンビークにおける特許会社それぞれの資本構成は興味深い。ザンベジア会社も含めた北中部地域の開発に関して顕著なことは、中部ザンベジア以北はドイツおよびフランス資本が目立ち、目立ったイギリス資本の投資はおこなわれていないことである。極端な例は南アフリカ・イギリス資本を中心に経営されていたニアサ会社が、一九一三年の売却によってドイツ資本に変わっていることである。この資本投資が英独間によるポルトガル領分割・併合の可能性を意識していたことは、一八九八年の英独協定の内容に照らしてみても明らかである。そして、これらの特許会社領を除き、モザンビークの中部と南部を分けるサヴェ川を境に南緯二二度以南の地域は、ポルトガル政府の直轄地域として残った。この地域が、一八九〇年代以降、南アフリカ鉱山業への労働力供給地として変容を遂げることになる。一八九八年、ポルトガルはモザンビークにおける行政組織の中枢を、十六世紀以降首都がおかれていたモザンビーク島から南部直轄領の南端の港湾都市ロレンソ・マルケスへ移した[77]。

ポルトガル製品市場としての位置付け

モザンビークの領土の大半が外国資本で経営される特許会社に占有されていくのに対して、アンゴラの状況は異なっていた。ベルリン会議ののち、ポルトガルは、アンゴラに関しては競合する列強がモザンビークと比較して極端に少ないことを認識した。アンゴラ南部のドイツ領西南アフリカとの国境も、ドイツとの合意のもとに確定済みであった。アンゴラでは、ポルトガルが領有権を主張する入植・経済活動を裏づける根拠が存在した。大西洋岸のポルトガル領では、ポルトガル人およびポルトガル人と現地住民の混血ムラートがコーヒーや天然ゴムの交易路を使い、内陸まで進出していた。

ブラジルが奴隷貿易を禁止する一八五〇年代以前、現地の産品あるいは奴隷との交易にはポルトガル産の繊維製品あるいは製糖業の副産物としてサトウキビの搾り滓からつくられるブラジル産の蒸留酒カシャッサが用いられていた[78]。ブラジルとの奴隷貿易が終了した五〇年代以降は、アンゴラへの入植者とムラートが内陸交易と蒸留酒製造の担い手となり、さらにはサン・トメで経営されるカカオ・プランテーションに「労働力」を供給していた。サン・トメにおけるプランテーションの経営にはブラジルとの交易によって蓄積された資本が投資されていた。また、ポルトガル政府によって一八九二年に保護関税が導入されてからは、ポルトガルの植物性油、石鹸などの製造業が成長し、アンゴラからは油糧種子、ヤシ油を原料として供給していた。

一八九〇年のイギリスによる最後通牒の衝撃とモザンビークに対するあいつぐ外国資本の導入は、ポルトガルの世論と産業界を動かし、アンゴラにはモザンビークと対照的な結果をもたらしている。アンゴラでは、南部で鉱山開発を計画したモサメデス特許会社が唯一の特許会社であった。同社は鉱山開発とドイツ領西南アフリカの銅鉱山へ接続する鉄道建設を見込んでフランス人投機家グループが設立したが、当初の目的のどちらも実現されず、綿花プランテーションと牧場の経営で終わった[79]。

また、一八八六年に設立されたアフリカ横断鉄道会社がアンゴラからモザンビークまでの鉄道建設計画を進め、これが「バラ色地図」に描かれたポルトガルの中央アフリカ領有権の根拠となるはずであった[80]。モザンビークに特許会社が導入されると、本国の産業界とアンゴラのプランテーション経営者および貿易商がアンゴラにおける自らの活動領域を確保するために合意し、ポルトガル資本での開発をめざした。ポルトガルの繊維業界は、本国に輸入される綿花一キロ当り一〇レイスの課税をし、それを大西洋から内陸部へ伸びるベンゲラ鉄道の建設費用とすることに合意した。アンゴラの入植者の側では、同地で生産される酒類と輸出される天然ゴムへの課税、そしてベンゲラの商館からの収益、これらを鉄道建設の費用に充てることに合意した。そしてこの資金調達案は、一八九九年、ポルトガル議会において採用された[81]。

アンゴラで貿易に携わる企業は、コンゴ自由国での鉄道建設によってアンゴラよりも低関税のコンゴ自由国に貿易活動を奪われることを懸念していた。そのため、沿岸部からおよそ八〇〇キロ内陸に位置する天然ゴムの生産地を繋ぐ鉄道を建設することで天然ゴムの高まる需要に効率よく応え、市場と原料供給地域の双方が拡大するであろうことを期待していた。入植者からなる蒸留酒の酒造業者は、サトウキビ・プランテーションの拡大と蒸気機関を導入して以来、生産過剰に陥りつつあったため、ベンゲラ鉄道が新たな市場をもたらすだろうと期待していた[82]。

一八八六年から九一年にかけて、ポルトガルから植民地に向けて輸出される繊維製品の量は二倍になっていた。植民地のなかでも、一九一〇年までにポルトガルから輸出される綿製品の八八％はアンゴラ市場へ向けられていた。その一方で、同時期のモザンビークへ輸出されるポルトガルの綿製品はわずか〇・四％であった。これは、国際市場における天然ゴムの需要が高まり、アンゴラから輸出される天然ゴムが増加したことと関係している。それでも一八九〇年のアンゴラの繊維市場全体をみると、そこに占めるポルトガル製品は一%にも満たなかった。しかし、九二年に保護関税が導入されて以降一八九〇年代末までに、ポルトガルの繊維製品がアンゴラ市場を占有する比率は九四%にまで急激に伸びていた。[83] こうしたアンゴラの状況に対して、ポルトガルの繊維製品がモザンビークの市場に進出することは困難であり、ましてやラント市場への進出の見込みは皆無であった。周囲のイギリス植民地からはマンチェスター産の綿布が、そしてイギリス領インドからは、ポルトガル領インドのゴアやディウ、ダマォンを経由して繊維製品が合法・非合法に流入していた。

ポルトガル本国の産業のうち、繊維産業と並んで植民地市場に期待をかけていたのは、十九世紀後半以降、生産規模を拡大してきた低品位ワイン生産者を中心とする酒造業であった(本章第1節)。一七〇三年のイギリスとのメシュエン条約以来、ポルトガル産ワインに対して特恵関税を設けていたイギリス市場にも変化が生じた。イギリスが一八四六年に穀物法を撤廃して以降、本格的な自由貿易政策を推し進めたため、それまでイギリス市場で優遇されていたポルトガル産ワインも、イタリア、フランス、スペイン産のワインとの競争を迫られた。スペインとイタリアのワイン業者は南アメリカで市場を開拓した。北アフリカ植民地でワイン生産を開始したフランスは、植民地産ワインの市場を確保するために一八九五年にフランス市場からポルトガル産ワインを排除した。イギリスは九八年の時点では酒精度の高いポート・ワインを中心に四三四万〇六九〇ガロンのポルトガル産ワインを輸入していたが、その量は一九一二年には二四四万七六八八ガロンと、五六%にまで減少した。ポルトガルでは輸出量の減少と過剰生産が続き、新たな市場を開拓する必要に迫られていた。

そこでポルトガルの酒造業界が目を向けたのが、アフリカ植民地であった。一八八九年当時、植民地はポルトガルのワイン輸出量のわずか三・〇七%を輸入していたにすぎなかった。国際的な競争力を欠いたポルトガル産ワインがヨーロッパ市場向けの輸出を減少させた一方で、代替市場と位置づけられた植民地への輸出は一九〇〇年に一五・〇六%、〇四年には三〇％にまで倍増した。一九〇〇年の時点でポルトガルから植民地に向けた輸出品の七〇％は繊維製品とワインで占められ、そのおもな市場はアフリカ植民地であった。[84] そして、アンゴラについては開発資本を調達するために本国の繊維産業界とアンゴラへの入植者からなる酒造業界とのあいだで合意が形成され、その結果、アンゴラはポルトガルの繊維製品の市場となっていた。しかし、本国の酒造業界のためにワインの市場を確保することはできなかった。ポルトガルの酒造業界に残された植民地市場は、ラント金鉱業の労働力供給地として着実に賃金労働者を創出しつつあったモザンビークであった。

ところが、ポルトガルのワインは植民地産の蒸留酒との競争を強いられる。アンゴラ同様にモザンビークでも、交易の手段として酒を交換することは一般的となっていた。かつてポルトガル人奴隷商人はブラジル産の蒸留酒カシャッサをモザンビークにも持ち込み、現地でもその製造が広まった。[85] これは奴隷貿易に付随する製品であったことから、奴隷貿易の中心地であったモザンビーク北中部の入植者によって生産が始まった。中部地域では十九世紀末には蒸気機械を導入した生産工場が操業を始め、ロレンソ・マルケス市場にまで進出していた。しかし、南部地域は奴隷貿易の規模も入植者の規模も小さかったため、北中部と同じ過程をたどることはなかった。南部地域で蒸留酒の製造が始められたのは、一八五〇年代にポルトガル人がイニャンバネでサトウキビ・プランテーションの経営を始めて以降である。それは大量生産にはいたらなかったものの、十九世紀末の時点で蒸留酒の製造はアフリカ人のあいだでも広範に普及し、ポルトガル製品が市場に参入する余地は限られていた。

植民地の酒造業者と競合するポルトガルの酒造業界に転機が訪れる。一八九〇年のブリュッセル会議での合意（「アフリカ人奴隷貿易のための一般合意」）の内容に基づいて、アフリカでの酒類の販売が制限されたのである。それ以前にも、ベルリン会議ではイギリス代表が奴隷貿易と酒類の貿易についての議題を提出しようと試みていた。しかし、アフリカにおけるアルコール飲料の市場の大半はドイツによって占められており、イギリスによる酒類の貿易への反対運動は、反ドイツの運動の一部か、あるいは植民地拡大を正当化するための手段にすぎないと退けられてきた。ブリュッセル会議は、ベルリン会議に参加したイギリス代表団の努力もあって奴隷貿易を主題として実現された会議であった。会議の賜であるブリュッセル合意には、その最終章の第九〇条から第九五条に、酒類の取引に反対する規定が盛り込まれた。その規定は、アルコール度数の高い酒類を消費する習慣のない地域では、アルコール度数二三度以上の酒類を輸入することを禁止し、他の地域での輸入については関税を設けていた。[86]

ブリュッセル会議での決定によって、酒類に対する関税が国際的に導入されると、植民地の「酒類の消費の習慣」のある地域における蒸留酒の生産ブームを引き起こした。それまでポルトガル領アフリカ植民地の市場において極めて優勢であったハンブルグの蒸留酒の輸入量は、ブリュッセル会議後の関税と一八九二年の保護関税の導入後に激減した。ポルトガルの酒造業者はこぞって、天然ゴムの輸出に湧くアンゴラと、移民労働が大規模化するモザンビーク南部に市場を求めた。

ブリュッセル会議翌年の一八九一年からは本格的な市場開拓が検討された。九四年にはモザンビークに「アフリカにおけるワイン普及技術委員会」が設立され、モザンビークのみならずラント市場への進出をめざした。[87] ブリュッセル合意による関税の対象となる酒類はアルコール度数二三度以上であり、ポルトガル産ワインのアルコール度数はそれを下回っていた。しかし、ポルトガルの酒造業界はアルコール度数の高い蒸留酒を求めるアフリカ市場向けに「黒人用ワイン」(vinho para preto)あるいは「植民地ワイン」(vinho colonial)と呼ばれるアルコール度数一九度未満、つまり低関税の対象となる最大度数の合成酒を造り出した。クラレンス・スミスによるとワイン業者は否定しているものの、これらの「ワイン」には胡椒、純エタノール、ジャガイモを原料とする蒸留酒、砂糖、エルダーベリー、グリセリン、その他様々な化学調味料が混ぜられていたことは疑いなく、この製造法は横行していたという。[88] 同様の手法は、ポルトガルの酒造業者の競争相手であるラントやモザンビークの酒造業者によってもおこなわれていた。ラントの社会史研究の第一人者であるファン・オンセレンによれば、トランスファールで製造される銘柄「カッファー・ブランデー」にはモザンビーク産の蒸留酒、水、粉末トウガラシの着色料、ペースト状のプルーン、硫酸、硝酸エチル、そして着色のためのカラメルが含まれ、なかには有害なアミル基のアルコールも混入されていたという。[89]

モザンビーク南部のポルトガル直轄地域では、ポルトガルによる植民地支配に抵抗を続けていたガザ王国が制圧された一八九五年以降、ポルトガルから「黒人用ワイン」が大々的に輸入された。のちに、このポルトガル産の「黒人用ワイン」は市場獲得のために植民地産の蒸留酒との競争を繰り広げることになる。

第三章 南アフリカ鉱業とポルトガル・南アフリカ政府間協定

1 鉱業開発とアフリカ人労働者

新興労働市場キンバリーとアフリカ人社会の反応

第二章第3節では、植民地主義の実践とその枠組みとして、第一に、特許会社の導入、第二に、宗主国の主要産業のための独占的市場としての位置付けについて論じた。本章では、それに加えて特筆すべき第三の要素である移民労働者の送り出しと管理に着目する。

鉱業は、資本集約的であると同時に労働集約的でもある。鉱業と同じく労働集約的であるプランテーション農業と比較すると、プランテーション農業における労働力の需要が季節性をともなって変動するのに対して、鉱業において生産を維持するためには、一年を通じて安定した労働力を確保する必要がある。ダイヤモンドが発見されたグリクァランドでは、この希少鉱物資源の採掘を機に帰属問題が生じ、一八七〇年代から八〇年代初頭にかけてイギリス領ケープ植民地に併合され、ダイヤモンド鉱山地帯はキンバリーと命名された。イギリス植民地に併合されたことにより、キンバリーの鉱業は労働力の調達に際して同じイギリス植民地ナタールのサトウキビ・プランテーションで実践されてきた手法を踏襲していく。

ナタール総督府は、隣接するモザンビーク南部の「アマトンガ」労働者およびその家族の陸路・海路の移動の扶助に関する法律を一八五九年に設けている。そして、ナタール政府の要望を受けたモザンビーク総督府は、この人の移動を合法的なものとするために、七五年に植民地条例第一五二号「ロレンソ・マルケスからナタールへの自発的移民労働者(旧奴隷)」を公布した。[1]ついでモザンビーク領内で解放奴隷に義務づけられていた契約労働の期間が満了となる七八年に、ポルトガル海軍・植民地省が省令第四九六号によってナタールおよびケープを例外としてモザンビーク領内のアフリカ人「労働者」の出国を禁じてきた[2](第一章第3節)。一連の法令はイギリス植民地を唯一の労働市場として指定しつつ管理を試みるものであるが、七五年の植民地条例第一五二号が移民先をナタールに限定しているのに対して、七八年の省令第四九六号はナタールに加えてケープが含まれている。この対象地域の拡大は移民労働者の就業地としてキンバリーが射程におさめられていることを意味している。

キンバリーでは、鉱山労働者を送り出していた近隣の民族集団ペディおよびソトが一八七六年に賃金を引き下げられたことに反応して鉱山労働から撤退し、それに代わる労働力の需要が生じていた。これに対して、より遠方の「アマトンガ」あるいは「シャンガーン」[3]と呼ばれるモザンビーク南部出身者がその需要を満たした。キンバリーでは、七八年におよそ八〇〇〇人の「シャンガーン」がダイヤモンド鉱山で就業しており、その数はアフリカ人労働者のおよそ三割を占めている。[4]ペディやソトが賃金の引き下げを契機に撤退した労働市場に「シャンガーン」が参入した理由には、送り出し地域の事情がおおいに関係する。当時、モザンビーク南部のガザ王国一帯から移民労働者が送り出されていたのには、従来の収入源であった象牙や犀角《さいかく》が枯渇し、代替収入源を求める事情が背景にあった(第一章第3節)。

一八七七年の記録によれば、キンバリーでアフリカ人労働者に対して支払われる賃金は、当時のイギリスの農民の収入よりも高額であるという。一八八〇年代初頭のキンバリーでは、一週間あたり二〇シリングから三〇シリングの賃金が支払われており、その額は、ナタールのサトウキビ・プランテーションで支払われる賃金の八倍に相当した。[5] 八二年には一万〇三〇〇人の「シャンガーン」が新規に契約を結んでいる。八二年から八五年にはダイヤモンドの国際価格が三割下落し、これを受けて鉱山会社は、人件費を削減するために八六年にアフリカ人労働者の賃金を引き下げた。八九年までキンバリーにはおよそ一万人のアフリカ人労働者がいたが、そのうちのおよそ六割がモザンビーク出身者であったという。[6] アフリカ人労働者の賃金が引き下げられるたびに、導入されるモザンビーク南部出身者の割合は増加していく。

モザンビーク南部出身の「シャンガーン」がキンバリーの労働市場に後発の移民労働者として参入した事実は、アフリカ人鉱山労働者およびその雇用者の認識において序列化を引き起こした。ハリエスによれば、キンバリー近隣地域に居住するペディやソトとは異なり、出身地から八〇〇キロ以上も離れた「シャンガーン」は異郷にあって同郷者との社会的紐帯をいっそう強固にし、集団を形成する傾向が強かった。[7] それに加えて賃金の引き下げを理由にペディおよびソトが撤退したあとに「シャンガーン」が導入されたという事実は、雇用主はもとより、ペディおよびソトからみれば自集団よりも対価が低廉な新参集団という印象を与えたであろう。ただし、キンバリーでは「シャンガーン」と一くくりにされるモザンビーク南部出身者には、狭義の「シャンガーン」に相当するガザ・ングニのほか、ングニと敵対関係にあるツワ、トンガ、ショピが含まれている。そしてこれらの集団のあいだでは移民労働契約を結ぶにあたり交渉力に格差があった。それというのもングニと敵対する他の小集団は、労働市場への移動がングニによって妨げられているために、斡旋人を通じて契約するほかなく、交渉力は極めて弱く、労働環境がもっとも劣悪な鉱山の地下労働に割り当てられていた。[8]

モザンビーク南部出身の移民労働者のうち、ガザ・ングニはズールー王国の北側を迂回して八〇〇キロあまり離れたキンバリーへ向かった。一方、ングニ以外の集団は出身地から少なくとも五〇〇キロ南のナタールを経由し、そこからさらに西におよそ五〇〇キロの地点に位置するキンバリーへと向かった。しかし一八八六年以降にトランスファールのラントで金鉱開発が始まると移民労働の流れは大きく転回し、移民たちはキンバリーからラントへ向かった。モザンビーク南部から南西方向、直線距離にして少なくとも八〇〇キロ離れたキンバリーへと向かう道程のほぼ中間、およそ四〇〇キロの地点にラントは位置していた。

ラント鉱業開発における労働力需要の拡大

ラント金鉱地帯における労働者間の関係を検討する前提として、南アフリカ社会における鉱山労働者の位置付けを確認しておきたい。ラント金鉱地帯は、一八八七年には人口三〇〇〇程度をかかえる採掘キャンプであったにすぎないが、翌年以降にラントへの投資ブームが始まり、九九年には人口およそ一〇万の国際都市へと変貌を遂げている。八五年から八九年までのあいだだけで累計およそ七万五〇〇〇人のイギリス人を筆頭に、北アメリカ、オーストラリアなど他のイギリス植民地や旧イギリス領からの移民がゴールド・ラッシュに沸く南アフリカに流入している。

表4（一〇二頁）に示すように、一八九六年当時におけるヨハネスブルグの全人種を合わせた総人口は、一〇万二〇七八であるが、そのうちアフリカ人は四万二五三三人である。また、南アフリカ戦争後の数値であるため、戦前の状況をどの程度回復しているかという点を加味して検討する必要はあるが、戦後一九〇三年の時点で、業種を問わないラントにおけるアフリカ人労働者の数は一一万六九一三人、そのうちポルトガル領出身者の数は五万四八四九人で、約四七％にあたる。

ラント金鉱業への投資ブームは一八八八年から八九年にかけて露天掘りを中心として開発が進められた第一次ブームと、九四年に深層鉱脈の採鉱の将来性が確認されたのちの第二次ブームに区分される。第二次ブームの契機となった深層鉱脈の開発は、採鉱費用の増大を意味した。ラント金鉱地帯は埋蔵量が極めて豊富であるものの、金の含有量が低い

表4　ヨハネスブルグ中心地の人口構成

			人
ヨーロッパ人	アフリカ生まれ	ケープ植民地	15,162
		トランスファール	6,205
		オレンジ自由国	1,734
		ナタール	1,242
		その他のイギリス領	153
		ポルトガル領	4
		計	24,500
	ヨーロッパ生まれ	連合王国	16,265
		ロシア	3,335
		ドイツ	2,262
		その他	2,627
		計	24,489
	その他		1,918
	計		50,907
アフリカ人	ズールーランド，ナタール		10,512
	バストランド		8,154
	ケープ植民地		8,494
	その他のイギリス領		308
	ポルトガル領		14,085
	スワジランド		226
	トランスファール，不詳		754
	計		42,533
マレー人			952
アジア人			4,807
混血その他			2,879
総計			102,078
男			79,315
女			22,763

マーケットスクエアを中心に半径3マイル以内に住む人びとの人口構成（1896年7月15日）。
出典：大西（1983），p. 98.

ために鉱石を大量に採掘する必要があり、労働費用が利潤に大きく影響していた。[9] 労働費用を抑制するためには、低賃金の労働者を十分に確保する必要があった。

一八九〇年代半ばの開発費用の内訳の概要は、アフリカ人労働者の賃金が三分の一、白人労働者の賃金が三分の一、そしてダイナマイト一割、石炭一割、化学薬品・資材・管理費などが残る経費を占めていた。表5（一〇四頁上）に示すように、人件費のなかでも白人労働者の賃金は九〇年代を通じてアフリカ人労働者の賃金の八倍から九倍に達しており、経営者にとっては重い負担となっていた。しかし、白人労働者の一部は技師などの専門職として鉱山開発に必要不可欠な業務に従事していた。また、白人労働者は開発の最盛期を過ぎたイギリスのコーンウォールの錫・銅鉱山地帯や、一八五〇年代にゴールド・ラッシュを経験したオーストラリアのヴィクトリア州からの移住者が多数を占めていた。これらの白人労働者は早くから労働組合を結成していたために強い交渉力をもっていた。[10] その一方で、専門技術をもたず、アフリカ人労働者と代替可能な白人労働者でさえ、交渉力のある労働者の動きに便乗したかたちで高賃金を維持していた。このような専門技術をもたない労働者に対して、鉱山資本家もトランスファール政府から随時譲歩を引き出すうえで白人の支持を得る必要があったために、白人労働者の賃金削減は容易ではなかった。

一八九八年の時点で、ラントの主要鉱山で就業する白人労働者は合計九三一六人であるが、その内訳は電動削岩機（機械ドリル）操縦者約一五〇〇人、トロッコ操縦者約一五〇〇人、原動機操縦者約七〇〇人、大工約七〇〇人、「取付工」など約九〇〇人、鍛冶職人約六三〇人、精錬技術者約三四〇人、事務員約三〇〇人、機械技師約六〇人、交代勤務監督者一一七人、鉱山監督者五七人、上記を除く監督者一六三人、支配人五四人、その他というものであった。[11] ただし、労働者のうち電動削岩機の操縦者およびトロッコ操縦者の約三〇〇〇人は、鉱山労働の経験を重ねたアフリカ人の半熟練労働者が技術的に担うことの可能な職種であった。[12]

開発費用の削減は、アフリカ人労働者の賃金の削減に直結した。一八八九年、複数の鉱山会社は、トランスファール政府へ利害を代表するための組織としてラント鉱山会議所を設立した。事実上、鉱山会議所は、トランスファールにおいて選挙権をもたないイギリス系入植者、通称アイトランダーの「非合法の議会」であったという。[13] 鉱山会議所は設立当初から、安価な賃金労働者を大量に確保するためには雇用条件を統一し、労働の売り手市場である現状を独占的に変えることを重視していた。鉱山会議所が労働力の供給地として検討の対象とした地域には、宗主国の政治経済的状況に鑑みて植民地開発の可能性が極めて低いと思われた近隣のポルトガル領植民地モザンビークとアンゴラも含まれている。一九〇年代の鉱山会議所年次報告書は、複数回にわたって「東海岸」、つまりポルトガル領モザンビーク出身のアフリカ人が「最良の地下労働者」であることを強調している。[14]

おそらくモザンビーク出身者を「最良の地下労働者」であると表現する鉱山会議所の認識の根拠は、鉱山会議所の構成員である鉱山会社経営陣の、ラント以前の経験に求める必要があるだろう。ここでは詳細に立ち入って検討はしないが、ラントの鉱山会社経営陣の多くがキンバリーでの採掘を通じて資本を蓄積してきた事実に照らせば、一八八〇年代にキンバリーの地下労働者の六割を占めたモザンビーク出身労働者をラントでも積極的に導入するという発想はごく自然なものと思われる。

表5　人種別平均賃金(1894〜98年)　　単位：£，s. d.

年＼人種	白人	アフリカ人
1894	21. 6.0	3.1. 1
1895	21.14.0	3.3. 6
1896	23.14.0	3.0.10
1898	26. 0.0	2.9. 9

出典：Goodfellow, D. M.(1931), *A Modern Economic History of South Africa*, London, Frank Cass, p. 171.

表6　アフリカ人労働者数および平均賃金と金生産高

年	アフリカ人労働者数	平均賃金*	金生産高**
	人	s. d.	オンス
1889	15,000~17,000	60.0	350,909
1890	15,000	44.0	440,152
1891	14,000	48.80	688,439
1892	25,858	57.60	1,069,058
1893	29,500	58.10	1,290,218
1894	40,888	61.10	1,805,000
1895	50,648	63.60	2,017,443
1896	70,000	60.10	2,025,510
1897	70,000	48.70	2,743,5?8***
1898	88,627	49.90	3,823,367
1899	96,704	49.90	3,637,713****
1900	—	—	348,761
1901	18,177	31.10	258,032
1902	42,587	33.0	1,718,921
1903	64,454	54.40	1,315,318*****

*　1897年までの賃金は4週間に，それ以降は30日間の労働に対するもの。アフリカ人労働者には食事その他が別に供給された。

**　トランスファールを除いたラントについての金生産高。

***　データ欠落。

****　9カ月間。

*****　6月30日までの6カ月間。

出典：大西(1983)，p. 101 をもとに作成。

鉱山会議所がトランスファールにおいて選挙権をもたないイギリス系入植者アイトランダーの事実上の「非合法の議会」であるという特徴付けも、トランスファール以外の周辺地域で労働者が調達された理由の一端であるだろう。一八九五年のラントにおけるパス法(一〇九頁)の成立に関連して後述するが、トランスファール政府が自国民ボーア人の経営する農場の労働力供給を犠牲にしてまで、イギリス系入植者が主導的に開発をおこなうラント鉱山業のために労働力調達を組織化することはなかった。そこで鉱山会議所は、それまでにイギリス領であるナタールのサトウキビ・プランテーションおよびケープ植民地キンバリーのダイヤモンド鉱山で実践されてきた労働者の調達方法を発展的に継承していくことになる。

鉱山会議所は、モザンビークにおいてアフリカ人労働者を周旋する排他的権利を獲得することの重要性を主張している。これについて鉱山会議所の年次報告書は、モザンビーク総督府からヨハネスブルグに派遣されている管財人の書簡を掲載している。なお、この管財人とは、モザンビーク領内から送り出されたアフリカ人移民労働者のための「領事」と位置づけられている。年次報告書に掲載された書簡のなかで管財人は、アンゴラにおける既存の商業活動とサン・トメの農業にとって障害とならない限りにおいてラントへの労働者を斡旋する可能性はあるだろうと述べている。つまり、アンゴラの繊維製品市場におけるポルトガルの独占を崩すものではなく、さらにアンゴラからサン・トメのカカオ・プランテーションへ供給している労働力の調達に支障のない範囲において可能性があるという。[15] しかし同時に、アンゴラにおいて鉱山会議所がラント鉱山の労働者斡旋に携わる唯一の機関となる可能性はあっても、鉱山会議所がアンゴラにおける排他的な労働者斡旋機関となるとは限らないという。鉱山会議所が求める排他的権利を取得する可能性は否定されている。[16]

一八九九年のアフリカ人労働者の数は表6にもみられるように九万六七〇四人であるが、鉱山会議所の年次報告書によれば、そのうち毎月およそ三三〇〇人から四七〇〇人の「逃亡者」があった。[17] ただし、この時点でポルトガル領アンゴラおよびモザンビークのいずれにおいても植民地行政機構がアフリカ人住民の人口を把握しているわけでもなければ、その移動を管理できているわけでもなかった。それだけに移民労働者は格好の徴税対象として把握が急がれるべき存在であったし、ましてや「逃亡」というかたちで自国の植民地の領土の外で所在不明となることは防止されるべき課題であった。

労働力供給の独占

鉱山会議所に加盟する鉱山会社六六社は、労働力の獲得競争に起因する賃金の上昇を避けるため、設立の翌年にあたる一八九〇年十月にアフリカ人労働者の賃金を二五%引き下げることに合意した[18]。この合意にいたる二カ月前の賃金は一カ月あたり六二シリング四ペンスであったが、十月には六三シリングにまで達し、引き下げの決定直後に四八シリング一〇ペンス、十一月には四四シリング六ペンスに、そして十二月には四四シリングにまで引き下げられた。しかし、この賃金の引き下げは多数のアフリカ人労働者の離職を招いた。その結果、鉱山会議所も一度は引き下げた賃金を再び引き上げざるをえなくなった。翌九一年には一月に四三シリング一一ペンスであった賃金は同年十一月までに四九シリング五ペンスにまで上昇していた[19]。

アフリカ人労働者の賃金が再び上昇していくなかで、鉱山会議所は、一八九三年八月に独自の労働調達機関である原住民労働局(NLD)を設立した。ハリエスによれば、同年十二月には鉱山会議所とポルトガル政府とのあいだで、NLDがモザンビーク領内で労働者の斡旋活動をおこなうことについて合意に達している[20]。その合意は、モザンビーク総督府が七五年に交付した植民地条例第一五二号「ロレンソ・マルケスからナタールへの自発的移民労働者(旧奴隷)」を基礎としている。同条例第一部第四条は、契約労働の期間を三年未満と定め、第二部第三条および第六条で旅券に相当する証明書の発行とその手数料として鉱山会議所がポルトガル政府に対して二五〇〇レイス(一五シリング相当)を支払うことを定めている。[21] さらに、移民の帰還を促すために、第二部第七条で復路については交通費を移民の負担としないことを定めている。そして同第八条ではナタール総督府の任命する代理機関が移民労働者の斡旋をおこなうことが定められていた。[22] 九三年に鉱山会議所とポルトガル政府とのあいだで成立した合意はこれらの規定を雛形としている。

NLDがモザンビークにおける労働者の斡旋に関して合意を取り付けたにもかかわらず、表6（一〇四頁下）に示すように、平均賃金額は一八九三年の五八シリング一〇ペンスから九五年には六三シリング六ペンスにまで上昇している。鉱山会議所は、この失敗から、アフリカ人労働者の賃金を統制するためには独自の斡旋機関を設けるだけでなく、競合する同業者間の引き抜きを組織的に防ぐことが重要であり、労働力の供給を独占する必要があるという教訓を得た。鉱山会議所は、引き抜きを防止する対策として、ラントにおけるアフリカ人の移動を規制するパス法を制定するようトランスファール政府に働きかけた。この要求に際して鉱山会議所が念頭においていたのは、ポルトガル領モザンビークからの移民労働者の供給を制度化し、同時に管理することであったという。[23]

アフリカ人労働者が就業地から「逃亡」することについて、アフリカ人労働者の帰属社会の首長の影響力に関する言及がある。モザンビークからの移民労働者の供給が一八九五年に途絶えた要因として、南部のガザ王国に対するポルトガルの軍事行動が影響していたことが指摘されている。[24] 当時のラントおよびロレンソ・マルケスに駐在した鉱山会議所職員は、九五年四月中旬以降、一週間におよそ三〇〇人のアフリカ人労働者がラントから北東部へ徒歩で、もしくは同年に開通したロレンソ・マルケス鉄道を利用して帰郷していることを報告している。そのほかにも、ダーバンを経由し、蒸気船を利用して郷里に向かう者もおり、一日当り少なくとも一五〇人あるいはそれ以上のアフリカ人労働者がラントを離れているという。これらの労働者には、鉱山会議所が「最良の地下労働者」と呼ぶ「シャンガーン」、イニャンバネ周辺出身のツワおよびトンガと思われる「ニャンバーン」、ショピが含まれている。[25] さらに、ポルトガル政府がガザ王国に対する軍事攻撃を開始したことによってモザンビーク南部からの移民労働者は激減し、ポルトガル軍の軍事行動が開始された同年九月にはトランスファールの東側の国境はガザ軍によって封鎖され、移民労働者の流れが完全に停止していた。[26]

前述のような送り出し社会の政治情勢の変化に限らず、キンバリーにおけるペディおよびソトの撤退にもみられたように、アフリカ人労働者たちは労働市場の変化に応じて集団的に行動している。アフリカ人労働者による労働市場への参入と撤退は、出身地における農業生産の状況や政治状況に左右されるだけでなく、賃金の増減を敏感に見極めるアフリカ人権威者の存在があり、その影響力のもとに依然としてアフリカ人社会が一定の自律性を保っていることを示している。[27]

ところで鉱山会議所は、トランスファール政府にパス法の制定を要求する際、鉱山労働者の「逃亡」を阻止するだけでなく、鉱山への往復路で農場内を通過するアフリカ人を、ボーア人農民が強制的に自らの農場で労働させることを取り締まるよう求めていた。ちなみに、ラントの開発が始まる以前から採掘がおこなわれていた金鉱ピルグリムズ・レストでは一八九〇年の月額賃金が二七シリング、バーベルトンでは三三シリング、そしてボーア人が経営する農場での労働が二〇シリング程度であった。[28] 賃金において競争力のないボーア人農場がアフリカ人労働力を獲得するのは容易ではなかったため、トランスファール政府は鉱山会議所の要求に応じようとしなかった。

さらに、アフリカ人労働者の賃金を引き上げる要因となっていたのは、鉱山側が「ランナー」と呼ぶ、独立したアフリカ人斡旋人の活動であった。鉱山会議所による労働者募集の一元化がはかられる一八九〇年代まで、モザンビーク南部だけでも数百人の斡旋人が活動していたといわれる。斡旋人は、たいてい言葉巧みな詐欺的行為によって「鉱山労働志願者」を獲得し、「志願者」は通常、契約にいたるまでに複数の斡旋人のあいだで事実上売り渡される。[29] 斡旋人は、モザンビーク南部各地に設けられた鉱山会議所の代理機関の受け入れ拠点で「志願者」を引き渡すと、一人当り一五シリングの手数料を得ていた。[30] 一八九六年二月の時点でモザンビーク領内ではその金額が二〇シリングに上昇し、モザンビークとトランスファールの国境地点コマチポートで引き渡す場合には一〇シリングであったものが二七シリング六ペンスに、さらにラントでは七〇シリングにまで上昇していた。[31]また、一八九〇年代後半にはモザンビーク南部内陸と境界を接するトランスファール北部で年間五〇人の労働者を供出する首長に対して、鉱山会議所の代理人から一人当り五シリングが支払われていた。少なくともトランスファール領内では一九〇五年にいたっても同様に労働者の斡旋に対する便宜供与に報奨金が支払われている。[32]

パス法の導入について、トランスファール政府は必ずしも協力的ではなかったものの、鉱山開発が深層鉱脈の開発へと進んだ一八九五年末に同法は議会を通過し、翌年一月ただちに施行された。パス法の草案は、鉱山会議所によって作成された。その内容は、部分的にイギリス領植民地ナタールにおける同様の規制を雛形とし、イギリスの主従法に基づいて、労働契約に違反した際には三〇ポンド以下の罰金もしくは労働をともなう場合もある六カ月以下の懲役という罰則を設けている。[33]そのパス法を踏まえ、九九年にトランスファール政府が交付した「アフリカ人労働者代理機関法」によってアフリカ人は当初、鑑識番号の彫り込まれた金属を腕に装着され、それはのちに指紋登録とあわせて政府の発行する通行証へとなっていった。[34]パス法とそれに付随する規制は、鉱山地帯に複数ある鉱山会社のあいだでよりよい労働条件を求めてアフリカ人が移動する権利を剝奪するものであった。[35]

鉱山会議所は、パス法が成立した翌一八九六年に賃金をさらに二〇〜二五％削減すると同時に労働時間の下限と食糧などの労働条件を一律にすることを決めた。さらに労働条件の一律化を実行するために、九三年に鉱山会議所の一部局として設立されていた斡旋機関ＮＬＤを関連団体ラント原住民労働協会(ＲＮＬＡ)として改編し、鉱山会議所からの独立性を高めた。[36]

鉱山会議所は、それまでの数度の失敗に基づき、賃金の引き下げには労働者の斡旋活動を独占することが必要不可欠であると認識していた。そこで、一八九六年の賃金引き下げに際しては、労働力の独占的な供給地となるモザンビークの側でも同時並行的に準備を進めている。モザンビーク総督府は、鉱山会議所およびトランスファール政府の要請を受け、九六年一月にパス法が施行されたのを追うように、同年四月下旬にモザンビーク植民地条例一二九号A「南アフリカ共和国(トランスファール)への移民許可」を公布し、移民先をトランスファールに特定した「自発的な」移民労働者に対する法を設けた。[37] 同条例第二条は、移民が既存の規制法に基づき、トランスファールの代理機関を通じて契約すること、第四条は、同代理機関がモザンビーク総督府の定める許可料を支払うことを規定している。さらに、同年九月には四月に交付された植民地条例一二九号Aの内容に則し、その第二条で定められた「トランスファールの代理機関」であるRNLAが主導する移民労働者の斡旋を組織化することに合意した。合意の内容は、RNLAがモザンビーク領内に活動拠点を建設すること、そして鉱山会議所がモザンビークでの斡旋活動を事実上、独占することを認めるものであった。[38]

RNLAはただちに斡旋活動を開始し、一八九六年には六〇シリング一〇ペンスであった賃金は翌九七年には四八シリング七ペンスにまで引き下げられた。[39] ただし、この時期に大幅な賃金の引き下げが可能になった背景には、牛疫の流行により多くの家畜が失われたことが賃金労働者を送り出す要因となっており、労働力の獲得が比較的容易になったという供給側の事情もある。[40]

アフリカ人労働者のあいだの競合と対立

一八九七年当時の鉱山会議所の年次報告書によれば、アフリカ人鉱山労働者が配分される持ち場は、地下坑道の最深部で採掘にあたる鉱坑、ダイナマイトによる岩盤発破作業後の消火、粉砕、青酸ソーダを用いて鉱石から金を析出する青化処理、その他の地上労働に分けられる。表7(一一二頁上)に示すように、賃金引き下げのおこなわれた一八九六年時点で、四万七〇九七人のうち三万二九五〇人、およそ七割のアフリカ人労働者が鉱坑での作業に割り当てられていた。

鉱山会議所の方針は、地下労働者のうち、電動削岩機を使用するアフリカ人労働者の労働時間を従来の六～七時間の交替制から九時間に延長し、労働者の実質賃金を二〇％削減するというものであった[41]。この年の賃金引き下げの対象が、電動削岩機を使用するアフリカ人労働者と限定されている点は重要である。電動削岩機を使用する労働者とは、一八九〇年初頭に地下九〇〇メートルを超えていた坑道の最前線で岩盤を砕くというもっとも危険で過酷な労働環境におかれた労働者を意味していた[42]。そして賃金の引き下げと労働時間の下限の設定は、モザンビーク南部出身者に密接に関わる問題であった。ハリエスによれば、この種の労働者は、鉱山で働くアフリカ人労働者の六割に相当し、九六年当時、その大多数がモザンビーク南部出身者であった[43]。

続いて示す表9（一一三頁）のように、一八九六年十月から翌年にかけておこなわれた賃金の引き下げで、もっとも下げ幅が大きかったのは採掘にあたる地下労働者たちであった。鉱坑での採掘作業に配属される地下労働者の賃金が平均三一％引き下げられているのに対して、その他の地上労働者の賃金の引き下げ率は二〇～二二％である。

鉱山会議所の方針に対するアフリカ人労働者の多様な反応は、アフリカ人労働者内部の格差を反映している。鉱山会社側の賃金引き下げに対して、これを不服に思う労働者がストライキを決行した。その際、クラウン・リーフ鉱山のコンパウンドにおいて、ストライキに反対して操業を求める六〇人から七〇人ほどのソトの集団が、ストライキを決行する労働者を襲撃し、あいだにはいった監督官が「モザンビーク人労働者」およそ一七〇〇人を保護したという事例が報告されている[44]。最終的におよそ六〇〇〇人が参加するストライキが三週間にわたっておこなわれ、賃金の引き下げは決定されたものの、労働時間の延長は取り下げられた。先行研究によれば、この賃金引き下げと労働時間の延長に対して、「ストライキを起こした労働者のほとんどがモザンビーク南部出身者[45]」であったという。

なぜ、モザンビーク南部出身者を中心とする一部の労働者がストライキを起こし、ソトがストライキに反対したのか。ソトがストライキに反対し、操業を求めた理由は、つぎのように考えられる。当時、モザンビーク中南部および南アフ

表7　アフリカ人鉱山労働者の仕事割り当て　単位：人

鉱坑	消火	粉砕	青化処理	地上労働	合　計
32,950	1,136	1,099	1,449	10,463	47,097

南アフリカの鉱山会社81社からの回答に基づく。雇用されているアフリカ人の数は約7万人と見積もられる。
出典：Chamber of Mines(1897), p. 272.

表8　ラントにおけるアフリカ人労働者(1903年7月24日)

出身地	鉱山労働者数		その他		鉱山労働者の比率
	人	%	人	%	%
ポルトガル領	49,470	72.99	5,379	10.90	90.19
ケープ植民地	4,256	6.28	7,595	15.46	35.91
トランスファール	7,764	11.45	13,702	27.89	36.17
ナタール植民地*	1,485	2.19	10,045	20.46	12.88
その他	4,807	7.09	12,410	25.29	27.92
合　計	67,782	100.00	49,131	100.00	57.98

*　旧ナタール共和国地域(1842年にイギリス領ケープ植民地に併合)。
出典：大西(1983), p. 109 をもとに作成。

表9　アフリカ人鉱山労働者最高賃金区分(1896～97年)　　　　単位：日当シリング

職種および持場	1896年 最高額	1897年5月 原住民賃 金改定表
鉱　坑		
機械助手	26〃	18〃
ハンマー・ボーイ	23〃	16〃
シャベル・ボーイ	19〃	13〃
トロッコ・ボーイ(10フィート運搬車)	19〃	12〃
トロッコ・ボーイ(16フィート運搬車)	23〃	16〃
乾性縦坑ボーイ	26〃	18〃
湿性縦坑ボーイ	30〃	20〃
湿性縦坑ボーイ(熟練のみ)	＊	26〃
梁用ロープ切断ボーイ	23〃	16〃
梁ボーイ	19〃	12〃
階段状鉱石採掘場親方助手	30〃	20〃
停留所ボーイ(白人雇用のある場所)	19〃	12〃
停留所ボーイ(白人雇用のない場所)	30〃	26〃
空圧巻き上げ機操者	26〃	20〃
ポンプ操者助手	26〃	18〃
保線係助手	23〃	16〃
配管工助手	23〃	16〃
地　上		
火夫(12時間)	26〃	26〃
火夫(8時間)	＊	18〃
動力清掃者	19〃	16〃
仕分けボーイ	26〃	20〃
巻き上げ櫓ボーイ(白人雇用のある場所)	20〃	14〃
巻き上げ櫓ボーイ(白人雇用のない場所)	26〃	26〃
採鉱所		
昇降機ボーイ	26〃	20〃
ヴァナーボーイ	20〃	20〃
採鉱所ボーイ(12時間)	20〃	20〃
採鉱所ボーイ(8時間)	＊	14〃
毛布・洗浄ボーイ	26〃	20〃
粉砕機ボーイ	20〃	14〃
地上トロッコ	19〃	19〃
トラクター運転手	26〃	26〃
青化処理		
液剤倉庫ボーイ	＊	14〃
タンク・ボーイ	20〃	＊＊
同上充填・排出	23〃	19〃
ボーイ		
残留物運搬	20〃	14〃
取付工ボーイ	23〃	16〃
鍛冶ボーイ(打鉄)	30〃	26〃
鍛冶ボーイ(助手)	20〃	14〃
大工ボーイ	20〃	12〃
警察官	30〃	26〃
コンパウンド調理師	20〃	20〃
地上削岩運搬人	19〃	10〃
地下削岩運搬人	16〃	
削岩仕分け人	＊	16〃
一般地上労働者	19〃	12〃
特別地上労働者	20〃	
一　般		
亜鉛切断作業員	23〃	16〃
事務・店舗ボーイ	30〃	26〃
純分検査所ボーイ	26〃	26〃
石炭ボーイ(荷下ろし)	26〃	16〃

1896年：雇用されたアフリカ人のうち5％は特別額を支払われる。
1898年：木材で支えている鉱坑で助手を務める梁ボーイは，湿性縦坑ボーイ・乾性縦坑ボーイと同額を支払われる。雇用されたアフリカ人のうち7.05％は特別額を支払われる。1カ月は30日の労働日として計算。
＊　1896年には存在せず，1897年に新設された。
＊＊　1896年には存在したが，1897年に廃止された。
出典：Chamber of Mines(1897)，p. 263：Chamber of Mines(1898)，p. 113 をもとに作成。

リカ北東部から南ローデシア南東部にかけて、牛疫が蔓延していた。ファン・オンセレンによれば、この年の牛疫で牛の九〇%近くが失われたともいわれる。[46] とくに従来の生業において牧畜が重要な位置を占め、牛の保有数が多い集団にとって、牛疫による財の損失は大きかった。一八九七年当時、ソトの居住地域であるフリーステイト政府は、牛疫の拡大を予防するためにアフリカ人が幹線道路や鉄道駅周辺に移動することを禁じていた。鉱山会議所は、この状況を踏まえ、家畜を喪失したソトが、低賃金でも鉱山労働に参入するであろうことを予測し、フリーステイト政府に対してアフリカ人の移動制限を解除するよう求めている。[47]

一方、一八九六年にストライキを起こしたモザンビーク南部出身者の郷里でも牛疫の被害はでていたが、彼らの牧畜に対する依存度はモザンビーク南部出身者のなかでも幅がある。[48] モザンビーク南部出身者は、地下労働者としての労働条件と賃金水準の維持を重視し、ストライキを決行した。同時期に他社の鉱山でもモザンビーク南部出身者はストライキを決行している。鉱山会議所の予測はあたり、ソトは新参者として鉱山労働市場に参入している。すでに移民労働の経験を積んだ半熟練のモザンビーク南部出身者とは異なり、一八九六年から翌九七年の時点で新規参入者であるソトにとって、賃金の額を比較する対象はない。そのために、ソトが賃金引き下げに抵抗してストライキをおこなう動機は弱く、逆に参入したはずの労働市場を機能しない状況におくストライキに抵抗したと考えられる。

なお、表8（一一二頁下）に示すように、鉱山労働者の総数六万七七八二人のうちポルトガル領出身者は四万九四七〇人、約七三%を占める。また、鉱山労働者の比率と出身地の関係をみると、イギリス植民地ナタール出身者のうち、鉱山労働者は約一三%、もっとも比率の高いトランスファール出身者でさえ、約三六%であるのに対して、ポルトガル領出身者は約九〇%にのぼる。イギリス植民地およびトランスファール出身のアフリカ人の多くが鉱山以外に職を得ているのに対して、ポルトガル植民地の出身者の大半が鉱山に職を得ている。

キンバリーの開発以来、相対的に交渉力の弱いモザンビーク南部出身者は鉱山労働のなかでも労働条件がもっとも劣悪な地下労働に割り当てられていた。そしてWNLAによる複数の報告が、イギリス植民地出身のアフリカ人労働者が地下労働を忌避して地上労働を希望するのに対してポルトガル領モザンビーク出身のアフリカ人労働者は地下労働に対する嫌悪感を示さず、躊躇しないことに言及している。[49] その一方で、モザンビーク南部出身の労働者は、遠隔地の出身であるために頻繁には帰郷せず、結果的に長期にわたる契約を結ぶなかで技術を蓄積し、半熟練の電動削岩機の操縦者としてアフリカ人鉱山労働者のあいだでは高い賃金を獲得していた。なお、表6（一〇四頁下）のアフリカ人の平均賃金に示したように、一八八九年の平均賃金と九六年のそれがほぼ同額のおよそ六〇シリングである。それにもかかわらず、ハリエスによれば地下労働者と地上労働者の賃金格差は八九年の月額一シリング六ペンスから九六年には五シリングにまで拡大していた。[50]

ラント鉱山開発におけるモザンビーク南部出身の移民労働者の位置付けについて付け加えておきたい。表6にもみられるように、一八九五年には五万〇六四八人のアフリカ人が雇用され、二〇一万七四四三オンスの金を生産しているが、翌九六年には七万人の雇用に対して二〇二万五五一〇オンスを生産するにとどまっている。これらの年を比較すると、労働者数は三八％増加しているのに対して生産高は〇・四％程度の増加という緩慢な伸びにとどまり、労働者の増員に生産がともなっていない。

その理由の一つとして考えられることは、一八九五年のモザンビーク南部出身者の大量離職がある。この年、ポルトガル軍によるガザ王国の攻撃に際して南部出身者が大量に帰郷した。こうしたモザンビーク南部出身者が地下労働のなかでも電動削岩機の操縦者として採掘を担う半熟練労働者の六割に達していたという事実を想起したい。これらの労働者が一時的に撤退したうえに新規契約も停止していたことに鑑みると、九六年に確保されている七万人の労働者の多くはモザンビーク南部以外の地域から調達されたものと考えられる。開発途上にあって生産に結びついていない鉱山の存在は考慮に入れる必要があるものの、新規に調達された労働者の技術および生産性は、従来の水準を下回ることは十分にありうるだろう。おそらくは、鉱山会議所がモザンビーク南部出身者を「最良の地下労働者」と称する理由はたんに低賃金で長期契約を受け入れるだけではなく、その生産性の高さを評価し、費用対効果の高さを認識していたためであろう。

一八九七年、モザンビーク総督府は、移民労働者の斡旋活動の条件を全四九条にまとめた植民地条例「南アフリカ共和国における就業を目的としたモザンビーク州原住民雇用規制」(以下、「原住民雇用規制」と略記)を公布した。[51] 同条令第一条から第一三条によって、契約・パスポート発効・ビザ発給などにかかる手数料などが設定され、第一条では斡旋人にモザンビーク各行政管区内での一年間の斡旋活動を認める許可証が与えられることが定められた。「原住民雇用規制」の第二部第一四条によって、雇用者は、モザンビーク総督府に対して労働者一〇〇人ごとに一ポンドに相当する四レイス五〇〇センターヴォスを支払うことが決められた。また、第一部第二八条は、年間二万五〇〇〇人以上のモザンビーク出身の移民労働者が滞在する鉱山には、移民労働者の管理・監督をおこなう管財人をモザンビーク総督府から派遣することを定めた。こうしてモザンビーク総督府は、就業先の移民労働者を総督府の「庇護」のもとにおくことを試みた。さらに、第二部第四一条では、労働者が契約に違反した場合にはモザンビークで九〇日間の労働を科せられることが記されている。

これ以降、同条例がモザンビークでの斡旋活動を規制する基礎となった。しかし、この「原住民雇用規制」では移民数の制限や契約期限、帰還に関してはまだ規定はされておらず、斡旋活動地域も明確に制限されていない。一八九九年、モザンビーク総督府は新たな労働法を公布し、アフリカ人に対して換金作物の栽培もしくは賃金労働に従事することを義務づけ、移民労働者を送り出す要因をさらに付け加えた。[52]

2 南アフリカ戦争とポルトガル・南アフリカ政府間協定

戦後復興と一九〇一年暫定協定

モザンビーク総督アルブケルケは年次報告書のなかでつぎのような見解を述べている。

実際のところ、原住民が二年以上ヨハネスブルグに滞在するのは稀であり、平均二〇〜三〇ポンドを持ち帰る。つまり、毎年の帰還者数を二万五〇〇〇人と見積もると、これは年間五〇万から七五万ポンドが持ち込まれ、ただちに流通することになる。なぜなら、黒人はそれを婚姻、家畜の購入、アルコール類あるいはワイン、繊維製品などの購入に充てるからである。[53]

以上は南アフリカ戦争以前の認識であるが、アルブケルケは、移民労働者の持ち帰る外貨によってモザンビーク市場が活性化する可能性を説いている。モザンビーク領内で豊富な労働力を吸収しうる開発がおこなわれない限り、移民労働者数を制限することは不適切だというのが総督府の判断である。また、労働力に関する問題と並んでポルトガルとトランスファール両政府に共通する関心事は、一八九五年に開通し、ラントと外海を南アフリカのどの路線よりも短い距離で繋ぐモザンビークのロレンソ・マルケス鉄道と港湾であった。ヨハネスブルグから外海までの距離はポルトガル領のロレンソ・マルケスまでが約六三〇キロで最短であり、そのほかのイギリス領ではダーバンまでが七七六キロ、イースト・ロンドンまでが一〇七〇キロ、ポート・エリザベスまでが一一四六キロ、ケープ・タウンまでが一六二七キロである。ラントの経済発展にともない、ロレンソ・マルケス鉄道および港湾の重要性が増大することは明白であった。

しかし、ポルトガル政府およびモザンビーク総督府、トランスファール政府、そして鉱山会議所の関係は、第二次南アフリカ戦争（一八九九〜一九〇二年）にともなう政変によって転機を迎えた。モザンビーク総督府は、南アフリカ戦争に敗北してイギリスの直轄植民地となったトランスファール政府が戦前の関税条件を維持し、南アフリカ戦争以前と同様にイギリス領植民地の各路線の利益を削減してまでもロレンソ・マルケス鉄道および港湾を優先的に利用するのかどうか懸念していた。[54]

戦時中は、トランスファール政府から許可を受けた二、三の鉱山を除いて大多数の鉱山が操業を停止した。金の産出量は表6（一〇四頁下）に示されるように、一九〇〇年と〇一年の二年分をあわせても、戦争が勃発する直前の一八九九年の九カ月間の産出量のおよそ六分の一にすぎなかった。この戦争によってラントの鉱業がこうむった損失は、直接的な損害六九〇〇万ポンド、間接的な損失は二五〇〇万ポンドにおよんだと見積もられる。[55] そして一九〇一年六月以降、イギリス軍政下で鉱山が再開された時点でアフリカ人労働者の数は、戦前の五分の一以下、モザンビーク出身労働者に限定すると三分の一程度に落ち込んでいた。[56] 南アフリカ戦争直前の一八九九年十月初頭に鉱山会社四四社を対象とした調査によると、アフリカ人鉱山労働者八〇一三人のうち四六五七人、約五八％がモザンビーク出身者であった。[57] また、ラント全体では九七年三月以降十二月まで一万四五一〇人、九八年の九カ月間で一万五五三八人、九九年の一月から九月までに一万一九七〇人のモザンビーク出身者が新規に就業していた。

南アフリカ戦争によって中断された金鉱業のいち早い復興のために、早くも一九〇〇年十二月二十四日の段階でケープ植民地とイギリス外務省とのあいだで復興計画についての意見がかわされている。さらに〇一年一月十八日付けでケープ植民地総督ミルナーと植民地省とのあいだですでに戦後の体制についての議論が始まっている。[58] そして、モザンビーク総督とケープ植民地総督ミルナーの代理として、ロレンソ・マルケスのイギリス領事とのあいだの公式の協議が四月から開始された。

政府間の協議が開始されてまもない五月初頭、モザンビーク総督府は、一八九七年の「原住民雇用規制」を一九〇一年五月九日の植民地条令第一七七号によって無効にすると同時に、トランスファールへの移民労働を全面的に禁止した。[59]

〇一年五月当時、トランスファールには約八万人から一〇万人のモザンビーク出身労働者が就業していたとされるが、総督府は先の植民地条令第一七七号をもってそのすべてに帰還を命じた[60]。なお、この労働者に対する帰還命令は戦時下におかれるモザンビーク出身者の身を案じるといった類いのものではなく、戦後の鉄道・港湾使用条件に関する協議をポルトガル政府およびモザンビーク総督府にとって有利に運ぶためのものである。

事実、一八九九年から一九〇三年にかけてラントの鉱山が休業に追い込まれるなか、開戦以前にラントで就業していた移民労働者たちの多くは、郷里に帰郷するのではなく、南ローデシア各地の鉱山に流入していた。ファン・オンセレンによれば、南ローデシア南部マタベレランドのグワンダ地域の鉱山労働者の構成は、ポルトガル領モザンビーク南部イニャンバネ周辺出身と思われるニャンバーン七％、地元出身者であるショナおよびンデベレ七％、北ローデシア領のザンベジ一五％、モザンビーク南部の旧ガザ王国地域出身者のポルトガル・シャンガーン二七％、さらにイギリス領ケープおよびナタールからはズールーおよびコーサ六％、ヴェンダ六％、ソト一〇％、トランスファール・シャンガーン二四％となっている[61]。そして、ここでもモザンビーク出身者は、半熟練の電動削岩機操縦者の多くを占め、戦前に賃金が引き下げられたラントよりも高額の月額八〇シリングから一〇〇シリングの賃金を受け取っていた。一九〇二年の時点でマタベレランドの鉱山労働者のうち、およそ五五％がシャンガーンであり、その多くはモザンビーク出身者であったという[62]。

ポルトガル政府とモザンビーク総督府は、明らかに優位な状況で交渉の座に着いた。モザンビーク総督アルブケルケは、移民労働者の斡旋活動をモザンビーク植民地当局の業務の一部とすることを望んでいた[63]。そして、モザンビークの市場を拡大するために、移民労働者の賃金の一部を労働者が出身地へ帰還したあとに支払う「延べ払い」制度の導入を要求した。一方、イギリス軍政下の戦後復興を一任されたミルナーは、今回の合意はあくまでもラント鉱業の再興に必要な労働力を確保するための一時的な措置であることを強調した[64]。そのうえでモザンビーク全域での斡旋許可を要望し、六カ月以上就業する三万人の労働者の提供を要求した。しかし、この要求は、モザンビーク北中部地域を占有する特許会社ごとに交渉されることになった。なお、特許会社領での斡旋に関する交渉には、一九〇〇年にリクルート組織ラント原住民労働協会(RNLA)から再編されたヴィットヴァータースラント原住民労働協会(WNLA)が特許会社ごとに個別にあたることになった。[65]また、ミルナーは労働力問題を鉄道と港湾の使用条件、貿易問題とは別個に議論することも要求していた。[66]しかし、ラント鉱業の復興にとって労働力供給が一義的な問題である以上、労働力供給の鍵を握るポルトガル政府およびモザンビーク総督府は優位な立場にあった。

協議の末に一九〇一年に締結された暫定協定は、労働力の供給と鉄道・港湾の利用、そして関税条件に関する三部構成とされた。暫定協定では、一八九七年の「原住民雇用規制」を再び有効とし、同規制で設けられた管財人制度を存続させることが確認された(第三条)。そして、モザンビーク総督府による移民労働者への通行証の発券・登録などの管理費用として、労働者一人当り一三シリングをトランスファール政府がモザンビーク総督府に対して支払うことを定めた(第六条)。さらに、移民労働に関してはじめて契約労働の期間を一二カ月に制限して移民の環流化をはかり、労働者が就労地で六カ月間の再契約を結ぶ場合には、六シリングを支払うことも定めた(第九条)。また、鉄道・港湾の使用条件については、ロレンソ・マルケス線の使用料をケープ線・ナタール線に対して有利に設定することを約束した(第四・五条)。貿易と関税に関しては、原則的には南アフリカ戦争以前の一八七五年のトランスファールとの相互の免税を認めた(第一一条)。ただし、酒類については個別の条項を設け、モザンビーク産の酒類はトランスファールへの輸出に際して、ケープ、ナタール産のものと同率の関税の対象となることを定めた[67](第一〇条)。そして、同協定を破棄する場合にはモザンビークでおこなわれているラント鉱山労働者の斡旋許可を無効とすることが協定の最終項第一三条に明記された。[68]

WNLAの独占

一九〇一年暫定協定の締結にともない、労働者の斡旋を請け負うWNLAは、トランスファール政府を介してモザンビーク総督府とのあいだで斡旋活動の独占を実現する秘密合意にいたり、戦前の条件を復活させた。合意の内容は、WNLA以外の機関に所属する斡旋人がモザンビーク総督府に対して活動許可証の発行を申請した場合、総督府がこれを拒否することで事実上のWNLAの独占を約束するものであった[69]。

なお、WNLAの組織構造は毎週一回開かれる管理委員会を最高機関とし、管理委員会は、すべての鉱山グループの代表および一定数の選任委員によって構成された。さらにヨハネスブルグに駐在する総支配人が一人、その下に本部員らが配置された。そして南部アフリカ各地の労働力供給地には、地方支配人が代表として配置された。この地方支配人は斡旋活動を委託され、管轄地域内で白人斡旋人を雇い、さらに各地に受け入れ拠点を構えた。この拠点で鉱山労働志望者を現地アフリカ人斡旋人「ランナー」から譲り受け、パスの発行も含めてラントに移送する諸手続をおこなうこととなった。ちなみにこの現地アフリカ人斡旋人の役割は、管見の限りにおいてWNLAによる独占が確立する以前と違いは認められない。また、契約をすませた移民労働者の移送に際しては、食糧および被服が必要な場合には支給することになっていた。

鉱山会議所の報告書によれば、斡旋にあたり、モザンビーク総督府は一九〇三年の時点で直轄地においても沿岸部から八〇キロ以上内陸部にはいるとその権限は効力をもたず、内陸部での斡旋に際して行政的支援は期待できなかったという[70]。一方、WNLAが唯一の斡旋機関となるモザンビーク南部出身者にとって、賃金労働に就く公的な経路に選択肢はなかった。それに対して、モザンビーク南部以外の特許会社領および近隣のイギリス領植民地では、複数の斡旋機関が競合し、限られた範囲ではあるが、労働者はよりよい労働環境を求める選択肢が存在した。WNLAが南部アフリカの他地域で実現できなかった労働力供給の独占をモザンビーク南部において実現させたことは、結果的に当該地域で移民労働契約を結ぶ者たちの交渉力を著しくそこなった。[71]

一九〇一年暫定協定は、ポルトガル政府とモザンビーク総督府、そして鉱山会議所にとって戦前の諸条件を再確認するという意義があった。それにとどまらず、運輸サービス・貿易・労働力の三つの課題を一つの協定に組み込むことで、ポルトガル政府およびモザンビーク総督府は、労働力を提供する見返りとして、ロレンソ・マルケス鉄道の利用について有利な結果を引き出す構造を作り出した。それに対してトランスファール政府は、モザンビークからの労働力を確保するためにケープ植民地およびナタールの経済的利益を削いでまでこの協定を締結した。

なお、トランスファール政府が協議の過程で要求した特許会社領での斡旋許可に関する決定は、最終的に各特許会社に委ねられていた。交渉の末、斡旋活動の許可を求めるWNLAの要求を受け入れたのは、ザンベジア会社とニアサ会社であった。[72]ザンベジア会社は、一九〇二年十月からテテ、ケリマネ行政管区でWNLAが斡旋活動をおこなうことを許可した。[73]その交渉の際、同社領内からの移民労働者の賃金の三分の一は、労働者が帰還後に領内に設置されたWNLA事務所において支払いを受ける「延べ払い」の方法を採用することが約束された。この支払方法は、斡旋された労働者がラントへの移民労働に向かう前に、出身地域の小屋税を支払えるよう、立て替えられた負債をWNLAに確実に返済させることを目的としていた。しばしば移民労働者は、小屋税相当額の前借金をかかえた状態でラントへ向かった。[74]ニアサ会社は、〇三年十月からWNLAによる斡旋活動を積極的に受け入れた。同社は、一三シリングの移民税を課し、最低賃金を月額三五シリングと定め、その賃金の半額は延べ払いされた。[75]同社領からの労働者の高死亡率にもかかわらず、WNLAの活動は〇九年まで続き、一一年以降は、ニアサ会社が独自に斡旋活動をおこなった。[76]

モザンビーク会社は上述した二社とは異なり、その領内でWNLAの活動を許可することはなかった。ただし、同社領内の第一都市ベイラにWNLAの事務所を設置することは許可し、そこではモザンビーク社領よりも北の地域からの移民労働者を受け入れた。[77]しかし、同社領内に敷設され、南アフリカ鉄道の管轄下におかれていたベイラ―マショナランド線はケープ線への配慮からその料金が値上げされた。これは、WNLAの活動を許可した南部地域のロレンソ・マルケス鉄道とは対照的である。なお、特許会社領における鉱山労働者の斡旋数は表10に示すとおりである。また、一九〇六年から翌年にかけての斡旋者数と比較可能な〇八年の鉱山労働者数についてみてみるとモザンビーク出身の鉱山労働者の総数八万一九二〇人のうちの約七%に相当する(付表1〈七八頁〉参照)。

表10　特許会社領における労働者斡旋数(1902〜07年)　　単位：人

年	モザンビーク行政区	ケリマネおよびテテ	ニアサ
1902	504	—	—
1903	1,086	447	—
1904	1,308	1,938	175
1905*	723	282	—
1905〜06	1,389	658	213
1906〜07	3,198	1,781	837

＊　9月から2月までの斡旋期間に限る。
出典：Katzenellenbogen(1982), p. 62.

WNLAはモザンビーク北部および中部にまで活動範囲を拡大し、南部では独占的な斡旋の基盤を着実に築いてきた。しかし、南アフリカ戦争中に多くのモザンビーク出身労働者を獲得した南ローデシアの鉱業界が、戦後、ローデシア原住民労働局(RNLB)に対してWNLA同様にモザンビークの労働力を獲得するよう要請している。[78] この要望を受けて、一九〇一年暫定協定が締結される前年にRNLBもロレンソ・マルケスに赴き、モザンビーク総督に鉱山会議所に準ずる斡旋許可を要請していた。しかし、モザンビーク総督府はWNLAとの競合を回避するためにRNLBの要求を退け、RNLBとのあいだでつぎの二点の譲歩を導き出した。一つは、WNLAがローデシアとモザンビーク中部で斡旋活動をおこなわないこと、そしてもう一つはWNLAがモザンビークもしくはトランスファール北東部で斡旋した労働者数の一二・五%をRNLBに割り当てるというものであった。[79] この割り当てはWNLAによって遵守されなかったため、RNLBは一九〇一年暫定協定によってWNLAに認められた同様の条件で、RNLBによる斡旋活動を許可するよう再度モザンビーク総督府に要請している。この問題はモザンビーク総督府とRNLBとのあいだで審議され、一九一三年にポルトガル政府とイギリス南アフリカ会社(BSAC)とのあいだで結ばれた協定によって解決された。[80]

一九〇九年協定と南アフリカ連邦の成立

一九〇一年暫定協定以降、モザンビーク総督府にとって労働力に関する一つの懸案事項が浮上した。それは、ラントにおける中国人労働者の導入であった。南アフリカ戦争後の鉱山会議所は南部アフリカだけにとどまらず、アジア・アフリカ・中南米地域で活発に労働力の供給を求めた。鉱山会議所の記録に残る限りでも、会議所が労働力供給地の可能性を検討した地域はモザンビークを主要供給地と位置づけながらもイギリス領中央アフリカ、同東アフリカ、コンゴ自由国、ウガンダ、アンゴラ、ドイツ領西南アフリカ、アビシニア、ソマリア、トルコ、日本、満州、朝鮮、イギリス領マラヤと世界各地におよんだ。[81]

最終的に、鉱山会議所は、南アフリカ戦争中および戦後を通じて不足していた労働力を確保するため、また、アフリカ人労働者の賃金の上昇に歯止めをかける効果を期待して一九〇三年初頭から中国人労働者の導入を具体的に検討した。[82]ここで導入されることになる中国人労働者は、その多くが中国東北地方出身者であり、日清戦争(一八九四〜九五年)や、八カ国連合軍としてイギリスも参戦した義和団事件(一九〇〇〜〇一年)によって生活の糧を奪われた農民であった。[83]〇三年九月、鉱山会議所は三年間の労働契約で中国人労働者の導入を決定し、翌〇四年五月から〇六年十一月までに六万三六九五人の中国人労働者が非熟練労働者としてラント金鉱地帯に導入された。ただし、この間に雇用された人数は五万三八二八人で、契約期間中の事故もしくは疾病による死亡者、「離職」者、強制送還された「不適合」者などが多かったことを示している。[84]

ポルトガル政府とモザンビーク総督府は、労働力の供給を条件に一九〇一年暫定協定の協議を有利に進めた。それだけに、鉱山会議所による中国人労働者の導入はポルトガル政府・モザンビーク総督府にとって今後の協定の方向性に関わる懸案事項となった。モザンビーク総督府は中国人労働者の導入によってモザンビークから受け入れられる労働者の数が削減されることを懸念していた。モザンビーク総督府からヨハネスブルグに派遣されていた管財人は中国人労働者を導入した鉱山を一九〇四年九月に視察し、鉱山会議所所長との会談の模様を総督に報告した。その報告のなかで、一九〇一年暫定協定の規定内容を基盤として、これを暫定的なものから決定的なものにすべきだと提言している。[85]

一方、トランスファール側は運輸サービスに関するモザンビークの権益を削減することをめざしていた。それというのも戦後復興の好景気が終わるとまもなく、一九〇一年暫定協定によって認められたモザンビークの特恵関税という権益に関してナタールの製糖業者およびケープの製粉業者から疑問が呈されていたためである。とくに〇三年以降、南アフリカ関税同盟を中心にイギリス植民地の関税の統一化がはかられると、モザンビークの権益に対する不満はいっそう募った。一大市場ラントと外海を結ぶ三路線(ポルトガル領のロレンソ・マルケス線、イギリス領のダーバン線およびケープ線)一帯は「競合地帯」(Competitive Zone)と称された。

一九〇一年暫定協定の関税部門では、第一〇条によってトランスファールとの貿易に関してモザンビーク産品・製品が免税の対象となり、イギリス植民地間の関税同盟参加地域と同等の待遇を受けた。そのなかでも一八九〇年以降にラント市場の拡大とともに発達したモザンビークの製糖業は、ナタールの製糖業者の批判の的となった。モザンビークの製糖業は、七五年にトランスファール政府と二〇年間の期間を設定して結ばれた友好通商条約(第一二条)、そして同条項を再度有効とした一九〇一年暫定協定(第一〇条)によって定められた特恵関税の対象となり、ラント市場に進出して、ナタールの製糖業と競合していた。

これに対してナタールの製糖業者は、ナタール産の砂糖に対する関税を撤廃もしくは削減するように関税同盟の議論のなかで求めていた。また、モザンビークで輸入小麦を原材料として小麦粉を製造する製粉業者は、免税の対象であるうえに、還付金を受け取っていた。その一方、ケープ植民地の同業者もモザンビークの製粉業者同様に輸入小麦を原材料としているにもかかわらず、小麦は関税同盟の特恵関税の対象品目に含まれていなかった。タバコ業者も同様の状況にあった[86]。

協議の結果、ポルトガル政府・モザンビーク総督府とトランスファール側は一九〇四年に一九〇一年暫定協定の関税部門に関して条項を追加し、ケープ、ナタールに対する譲歩がおこなわれた。〇四年の追加条項では、トランスファールおよびモザンビークのあいだで相互に免税となる対象品を、主原料がモザンビークおよびトランスファールの産品である場合に限定した。この条項によって、アメリカから小麦およびトウモロコシを輸入していたモザンビークの製粉業者、そしてモーリシャスから原料を輸入していたモザンビークの製糖業者および酒造業者はラント市場への特恵待遇の対象から除外された[87]。

一九〇四年、トランスファール側は、鉄道ならびに労働力の問題も踏まえた交渉の場を設けるようポルトガル政府に要請した。表11からもわかるように、一九〇一年暫定協定を反映してロレンソ・マルケス鉄道および港湾の利用率は一九〇三年から〇六年までに二〇％以上増加した。また、一九〇二年度の歳入は前年度の一・七倍以上に増加した[88]。そして一九〇四年、ロレンソ・マルケス線の利用率は、ケープ線、ナタール線のいずれをも抜き四二％となり、翌〇五年には五一％にのぼった[89]。

一九〇五年から再開された協議では、トランスファール側がモザンビーク総督府に対してロレンソ・マルケス鉄道および港湾の利用率を三三％にまで引き下げることを要求した。トランスファール側は、運輸サービスに関してラントを中心とした輸出入量をロレンソ・マルケス線、ケープ線、ナタール線の三路線で分けるという論理のもとに三三％という比率を提示していた[90]。

しかし、ポルトガル政府は、ケープ線およびナタール線の利害調整は、ケープならびにナタールとイギリスの直轄植民地となったトランスファールのあいだで解決するべき、いわば国内問題であるとしてトランスファール側の要求を拒

表11　競合地帯における輸出入貨物量(1895～1928年)

年	ケープ線		ダーバン線		ロレンソ・マルケス線		総合貨物量
	利用率	貨物量*	利用率	貨物量*	利用率	貨物量*	
	%	t	%	t	%	t	t
1895	75.0	—	2.0	—	23.0	—	—
1896	44.0	—	32.0	—	24.0	—	—
1897	38.0	—	32.0	—	30.0	—	—
1898	33.0	—	33.0	—	34.0	—	—
1903	26.0	—	44.0	—	30.0	—	—
1904	18.0	—	40.0	—	42.0	—	—
1905	13.0	—	36.0	—	51.0	—	—
1906	15.0	—	33.0	—	53.0	—	—
1907	14.0	—	30.0	—	56.0	—	—
1908	13.0	—	24.0	—	63.0	—	—
1909	12.1	56,264	21.9	101,824	66.0	307,288	465,377
1910	10.1	62,347	23.8	146,956	66.1	407,382	616,685
1911	12.1	66,166	28.0	152,842	59.9	326,467	545,476
1912	13.6	65,672	31.0	150,183	55.4	268,451	484,306
1913	14.6	67,177	34.0	156,333	51.4	236,293	459,804
1914	—	—	—	—	48.8	179,393	367,759
1915	20.2	66,879	43.6	144,452	36.2	119,753	331,084
1916	20.6	68,373	48.2	159,680	31.2	103,371	331,424
1917	20.0	63,878	48.7	155,388	31.3	99,806	319,072
1918	18.7	47,113	45.8	115,305	35.4	89,120	251,537
1919	20.4	38,806	53.7	102,019	25.9	49,288	190,227
1920	20.4	46,149	44.5	100,647	31.1	70,378	226,223
1921	17.9	56,707	43.2	137,075	38.9	123,374	317,156
1922	17.9	41,105	35.4	81,085	46.7	107,188	229,378
1923	14.0	41,646	33.7	100,475	52.4	156,202	298,323
1924	12.9	47,256	39.5	144,771	47.6	174,296	366,323
1925	13.5	53,074	34.1	133,883	52.4	205,892	392,849
1926	—	—	—	—	53.3	232,819	436,645
1927	—	—	—	—	53.2	251,791	473,648
1928	—	—	—	—	52.4	279,394	533,703

＊　各路線の貨物量は，それぞれ総合貨物量と利用率より筆者算出。
出典：Kazenellenbogen(1982)，p. 89 をもとに作成。

んだ。その一方、モザンビーク総督府は、移民労働者の賃金の一部を帰還後に出身地で支払う賃金「延べ払い」の導入を要求した。一九〇四年の関税に関する追加条項以来、ポルトガルおよびモザンビーク製品は特恵関税の恩恵も受けられず、もはやラント市場はポルトガルやモザンビークの製品が進出できる場でなくなりつつあった。そこで、モザンビーク出身の移民労働者の賃金が確実にモザンビーク市場で消費されることを促す延べ払いの意義は大きかった。また、延べ払いは契約の終了した移民労働者の帰還を促し、移民の環流化をはかるためでもあった。だが、トランスファール側はモザンビーク総督府の要求を拒否し、交渉は決裂した。

一九〇六年初頭からモザンビーク総督府は「延べ払い」制度が協定に盛り込めない場合の代替案を検討し始めた。協議にはポルトガル政府を代表して、前年までモザンビーク総督を務めたガルシア・ロザードが参加した。リスボンの海外総務局長は、ガルシア・ロザードへつぎのような提言をおこなっている。まず、ロレンソ・マルケスの鉄道および港湾使用条件については現状を維持すべきとした。そして、モザンビーク中部地域と南ローデシアとのあいだでも、現行のトランスファールとの協定と同様の合意を結ぶ可能性を視野に入れるべきであるともした[91]。ガルシア・ロザードのもとには、リスボンの海外鉄道局からも助言が寄せられ、そこでは交渉手段として再び移民を禁止あるいは抑制することが示唆されていた[92]。

新たな協定に向けて協議が進むなか、ラント鉱業界ではWNLAによる労働力供給の独占を崩す動きがみられた。ラント鉱山の一五分の一を占める鉱山金融商会J・B・ロビンソン商会が、鉱山会議所の関連団体であるWNLAとは別の斡旋会社トランスファール鉱山労働会社を設立し、モザンビーク総督府に活動許可を申請した。ロビンソン商会は、イギリス政府に対してもWNLAの独占を崩すことの利点を説き、イギリス政府からポルトガル政府に圧力をかけるよう請願した。イギリス政府、とくに植民地省は、鉱山会議所の強い政治的影響力を好ましくは思っていなかった。植民地省は、トランスファール政府が中国人労働者の導入を停止することを支持し、WNLAに対抗しようとするロビンソン商会の要請を好意的に受け取っていた[93]。

ポルトガル政府は、ロビンソン商会に斡旋許可を与えることを検討していた。そしてモザンビーク総督府は、当座はこの状況を利用しようとした。モザンビーク総督府は仮に新たな許可がおりるのであれば、その先取権はポルトガル企業にあるべきだと考えていた。反対に許可がおりなければ、ＷＮＬＡを含むすべての許可を取り消し、総督府が組織し、植民地行政官が斡旋人として活動する組織を運営するべきだと考えていた。だが、ポルトガル政府は最終的に、ロビンソン商会が望んでいたＷＮＬＡと同等の法人格の斡旋許可ではなく、個人斡旋の許可を与えるにとどまった[94]。ポルトガル政府は、政府間協定を通じて労働者の斡旋に関してＷＮＬＡの独占を認めることで、鉄道・港湾その他の問題と連動させて議論することに利点を見出していた。

ポルトガル政府とモザンビーク総督府の協定協議担当者たちは、一九〇六年七月上旬には新協定の草案をほぼ完成させ、移民労働者に関してつぎのような条項案を設けた。まず、通行証は毎年の更新を必要とした。当初の労働契約期間を終了したのち、ＷＮＬＡ以外の鉄道・公共事業と労働契約を結ぶ際には、雇用主が延長料を管財人に支払うこととした。また、一九〇六年に成立したトランスファール責任政府は、モザンビーク出身の不法移民に対してラントに滞在するための身分証明書の発給・更新をおこなわないが、モザンビーク出身のアフリカ人移民労働者のための領事として位置づけられている管財人によって許可書が提示される場合は例外とした[95]。

さらに、ヨハネスブルグに駐在する管財人は、鉱山会議所に所属しない鉱山あるいは鉱山以外で就労するモザンビーク出身の移民の存在を指摘したうえで、それらの移民から徴収される税などの総額はおよそ一二〇〇ポンドから一五〇〇ポンドになると試算している。この書簡を受けたロレンソ・マルケスの移民管理局長は、総督府に対し、この試算が正しければ、管財人が徴収する諸手数料および税収が現状の四～五倍に増額する可能性があることを報告している。これらの議論から、移民の管理に携わるモザンビーク総督府が、管理の対象を協定に基づく合法的なアフリカ人労働者に限定せず、非合法に越境した者も含め、トランスファールに滞在するすべてのモザンビーク出身者としようと意図していたことがうかがえる[96]。

ポルトガル政府とトランスファール責任政府は一九〇九年に合意にいたり、新たな協定を締結した。この一九〇九年協定で、ポルトガル政府は、ラント鉱山会議所による労働者の斡旋を許可し、第四条で一八九七年の「原住民雇用規制」を一九〇一年暫定協定から引き続き有効とした。同協定は、第六条で最初の労働契約の期間を一二カ月に定め、一二カ月目以降に再び契約を結ぶ場合は雇用主が契約延長料を管財人におさめることを条件に、再契約を結ぶことを許可した。また、モザンビーク領内の市場の拡大と移民の環流を促すために、〇一年以来モザンビーク総督府が要請していた「延べ払い」制度が部分的に導入されることになり、第九条に盛り込まれた。第九条では、ラントにおける管財人の役割が以下のとおり、よりいっそう細かく規定された点で当時のモザンビーク総督府の要求を色濃く反映している。同条項では、管財人とトランスファール当局との連携の強化、移民労働者に関わる一切の財務管理、旅券の発行と延長手続きならびに労働者の登録、労働者賃金の預金および送金手続き、そして労働者の鉱山への配分といった管財人の業務が明記された[97]。さらにモザンビーク総督府は、第九条で非合法移民に対して現地で有料の旅券を発行することも定めた。総督府はこの規定によって、制度上、非合法移民も総督府の監督下におくことを可能にした。総督府は免税の対象となる移民労働者の手荷物量について上限を三〇キロと定めることを主張していたが、六〇キロという制限に合意した(第一一条)。ただし、モザンビーク市場の発展を阻害する補償として、帰還する移民労働者数に応じてトランスファール責任政府がモザンビーク総督府税関に事実上の補償金を支払うことも定めている。

運輸サービスについては、第二三条でロレンソ・マルケス線の利用率について六〇%以上六五%未満の水準を維持することを定めた。また、貿易・関税については、第三二条でトランスファールとモザンビークのあいだの特恵関税を維持した。そして、とくに酒税に関する項目(第三三条)を設け、モザンビーク産およびトランスファール産の蒸留酒ならびに醸造酒は双方向の輸出入に際して規定の特恵関税の対象であることを定め、他地域からの輸入酒類は通常の関税の対象とされた。さらにトランスファール産およびモザンビーク産の酒類は、それらの主原料が当該領土の産物である場合のみ免税とし、アルコール度数二三度以上の蒸留酒および醸造酒が対象となることを明記した。また、第三七条および第三八条ではロレンソ・マルケスとトランスファールのあいだの輸出入品はケープおよびナタールから輸入される類似品よりも低い関税を課すことが記された。[98] 最後に第四〇条では、南アフリカ連邦が成立し、トランスファールがその連邦の一部に加わる場合は、連邦政府がトランスファール責任政府を代行することを定めた。

同協定が締結された直後、交渉にあたったガルシア・ロザードはリスボン政府宛に交渉の過程をまとめた報告書を送った。そのなかで、今後も同様の交渉がおこなわれる際には、協定の破棄がただちに労働力提供の停止となる条項を加え、鉄道および港湾の使用条件・貿易・労働力の三点をつねに一つのものとして交渉を進めるよう提言している。また、移民労働者の送還を義務化するよう主張した際には、先にラントに導入された中国人契約労働者の送還が約束されていることを引き合いに出している。イギリス本国の世論もこの問題に関しては敏感であることに言及しつつ、モザンビークからの移民に同様の条件が適用されない現状について送還制度の不備を訴える一方で、ポルトガル政府が自国植民地サン・トメへの移民労働者の送還に消極的な態度をとっている点について非難された事実も報告している。[99]

ここまでの二度の協定についてつぎのことがいえるだろう。まず、一九〇一年暫定協定が締結された時点でポルトガル政府に植民地開発をおこなう財政的な余裕はなく、領有権を保持したモザンビークに期待された役割は、ロレンソ・マルケス鉄道および港湾、特許会社からの収益であった。その一方で南アフリカ戦争後のトランスファールにとって労働力の獲得は早急に解決すべき問題であった。ここで両者の利害は一致し、ポルトガル政府は、労働力の供給と引き替えにロレンソ・マルケス鉄道と港湾の発展を約束された。モザンビーク総督府は、同時に移民の管理を通じて徴税の効率をあげ、新たな課税をおこなうことによって財源の枠を広げた。

しかし、一九〇九年協定の締結に際して状況は大きく変化していた。トランスファール責任政府は、南アフリカ連邦の成立を翌年に控え、同政府の優先事項はケープおよびナタール経済への障壁、すなわちラントと各港湾を繋ぐ鉄道における貨物量の割合について、ロレンソ・マルケス線への偏重を是正することであった。一九〇九年協定は、それまでのモザンビークとトランスファールの経済関係から、モザンビークと南アフリカの経済関係への移行を象徴していた。輸送サービスの利用割合は、モザンビークとトランスファールのあいだで六〇~六五%に設定され、貿易に関する条項では、酒類に関する特恵関税が設けられた。これらの点に関して、モザンビークと南アフリカ連邦内の産業との近い将来の対立は温存されたままであった。

ポルトガル政府とモザンビーク総督府は、ともに一九〇一年暫定協定によって戦前の経済関係を復活させ、その維持を確認するだけでなく、これを南アフリカとの経済関係の基盤として強化することを望んだ。そしてモザンビーク総督府は、これまで同様に税収源となる移民労働者を送り出すだけでなく、移動労働を着実に還流的なものとして管理し、その賃金をいかに植民地市場の発展に寄与させるかを、一九〇九年協定のなかで具体化し始めた。

第四章

列強の政治力学と植民地モザンビーク

1　労働力供給地モザンビークと低開発

アフリカ再分割とポルトガル植民地

十九世紀末のアフリカ分割期においてポルトガル植民地は、列強の利害調整のための緩衝地帯としての意義を見出されていた。そして同様の事態は第一次世界大戦にいたる過程で再び発生した。ただし、十九世紀末との明確な違いは、第一次世界大戦前夜の帝国主義的世界において南アフリカがすでに準中心的な役割をはたしていた点であろう。本章では、こうした状況で展開されたアフリカ再分割案を背景に、モザンビークにおける植民地支配がどのように規定されていったのかに焦点をあてる。

以下では、第1節で第一次世界大戦前夜のアフリカ再分割の展開を整理する。つぎに、ポルトガルの植民地統治に対する批判が、支配領域の拡張を公言する南アフリカ政府とイギリスの反奴隷制運動との連動によって戦略的に展開された点を明らかにする。さらに、第1節で論じるアフリカ再分割案と植民地統治に対する批判が、ラント金鉱業と労働力供給地として位置づけられたモザンビークにもたらした影響についても考察する。第2節では、同時期に進められた政府間協定の争点を整理し、一九二三年および二八年に政府間協定が締結されるまでの過程を検討する。最後に第3節では、一連の政府間協定がもつ財政的意義を明らかにする。

世紀転換期以降、列強の勢力関係を反映してアフリカ大陸の再分割が課題とされるが、そのなかでポルトガルが主体的に立ち回ることのできる余地は極めて少なく、ポルトガル植民地は、列強による再分割の対象であった。一九〇四年には英仏協商が結ばれ、さらに同年、イギリスとポルトガルは一八九九年ウィンザー秘密条約の内容を更新した第二次ウィンザー条約を締結し、ドイツ帝国のアフリカ進出に備えた。しかし、同時にイギリスとドイツは、ベルギー領中央アフリカを中心としたアフリカ植民地の再分割に両国の関係回復の可能性を探ってもいた。一九一一年十二月二十日にイギリス外相グレイと在英ドイツ大使メッテルニヒがこの件に関して会談をおこなったが、その会談において譲渡あるいは交換可能な植民地としてイギリス植民地省があげたのがポルトガル領アフリカであった。[1]

一方、前年の一九一〇年五月三十一日にはケープ植民地、ナタール、トランスファール、オレンジ自由国によって構成される南アフリカ連邦が成立した。同年の総選挙ではボータとスマッツの率いる南アフリカ党が勝利した。くしくも同年十月五日にポルトガルでは共和革命によって立憲王制が崩れ、旧体制時代の君主はイギリスへ亡命した。ポルトガル共和政権が誕生する契機となった革命は、一八九〇年にイギリスによって発せられた最後通牒以降高まりをみせていたナショナリズムを背景としていた。それだけに、共和政権は、支持基盤となる国内世論への配慮から、ポルトガル植民地における他国の顕在を示すような外国資本の導入や対外借款を受け入れない姿勢を貫いていた。何より、対外借款が返済不能となった場合にはポルトガル植民地が再分割される可能性があり、それはポルトガル政府に一八九八年の英独協定および秘密協定による植民地喪失の危機を思い起こさせた。ヴィンセント・スミスによれば、一九一二年からアンゴラ総督として赴任したマトス(在任一九一二〜一五)は、アンゴラ北部のベンゲラ鉄道に大量のドイツ資本が流入していたことを警戒していたという。[2]

イギリス外務省は、まさにその一九一二年にドイツ外務省と接触し、英独共同借款の検討をもちかけていたのである。ただし、イギリス外務省内部には、ポルトガルの対英感情の悪化が極限に達すればポルトガルはドイツへ接近することが懸念されるため、英葡同盟の重要性を主張する声があり、英独協定に対する反発もあったという。こうした懸念を背景に、イギリス政府は、南部アフリカで険悪になりつつあるモザンビークと南アフリカの関係について、のちに南アフリカ連邦首相となるスマッツ(在任一九一九〜二四)に、彼の露骨な拡張主義が国際的に深刻な問題を招きかねないと警告を発している。[3]

イギリスとドイツは、一九一二年四月二十九日までにポルトガル植民地の再分割に関する草案を作成した。その内容は、サン・トメとプリンシペ、アンゴラ北部をドイツに委譲し、ケリマネ行政管区を除くザンベジ川以北のモザンビーク北部をニアサランドに併合し、モザンビーク南部とアンゴラ南東部は南アフリカに併合するというかたちでイギリスに委譲するというものであった。[4] この草案は、一八九八年にポルトガルに対して提示された英独共同借款と、それに付随したポルトガル植民地の分割案を下敷きとしている。[5]

一九一二年五月のイギリスの『スペクテイター』誌上に、ポルトガルの植民地支配を保証している英葡同盟を解消するべきだという主張が掲載された。[6] まず、ポルトガルの植民地支配をイギリスが保証しているという世論が存在し、ここではその解消が求められている。しかし、イギリス外務省としては、勢力地図のうえでポルトガル領部分に突如空白地帯が生じた場合に介入が予想される、列強との関係を考慮する必要があった。

なお、イギリス外務省は、ドイツとの共同借款計画の草案のなかでオーストラリアやニュージーランドといった帝国自治領に配慮し、ティモールを交渉の対象からはずしている。一九一二年十一月以降の交渉では、アンゴラおよびモザンビークを担保としたポルトガルへの共同借款、ポルトガルが借款の返済不能に陥った場合のアンゴラとモザンビークの接収区画の確定に加え、一八九八年の英独秘密協定同様に、両地域への借款供与・買収・租借を通じた第三国の介入を阻止することを暫定的に決定した。[7] 同年十二月、イギリス議会は、大西洋上のポルトガル領諸島が対立する列強の支配下にはいらない限り、英葡同盟は戦略的な重要性に欠けると判断し、九九年のウィンザー秘密条約および一九〇四年の第二次ウィンザー条約の更新を否決した。[8]

そして、一九一三年八月十三日、英独協定は仮調印にいたった。その内容は、モザンビークはニアサ行政区およびカボ・デルガド行政区をドイツ領として残す以外は排他的にイギリス領とし、アンゴラはコンゴ川河口北部に位置する飛び地のカビンダを含めて、東経二〇度以東をイギリスに残してドイツ領とするとした。また極東では、オランダおよびオーストラリアに配慮し、ドイツはティモールへの進出を諦め、その代償としてサン・トメの優先権を得るとされた。[9]

一九一三年に仮調印された英独協定が公表されないまま、第一次世界大戦が始まった。英独協定は公表されなかったにもかかわらず、戦前、イギリス・ドイツ間のアフリカ再分割に関する情報は南部アフリカのポルトガル領で事業を展開していたイギリス人資本家のあいだで共有されていたものと思われる。モザンビーク北部を占有していた特許会社ニアサ会社が、一三年にドイツ銀行家グループに売却されたのは、再分割に備えた一例であった。[10] 売却以前、ニアサ会社は、フランス、ドイツ、イギリス資本によって構成されていた。しかし、〇三年からWNLAによるラントへの労働者斡旋がおこなわれ、さらに〇八年頃より南アフリカ金鉱業への再投資というかたちでイギリス資本の影響力が強まっていた。[11] それが一転してドイツ資本に売却されたことは、経済的要請によるものとは理解しがたい。一八九八年の英独秘密協定当時から再分割によりザンベジ川左岸に位置するブランタイヤがドイツ領となることについて合意があったことからも、一九一〇年代の再分割案でも、ニアサ会社領は、ドイツ領東アフリカに併合される可能性のある地域として認識されていたと考えて差し支えないだろう。

第一次世界大戦が始まると、アンゴラ南部およびモザンビーク北部で一九一四年にドイツ軍とポルトガル軍が衝突し、一六年にはポルトガルがヨーロッパ戦線に参戦した。さらにモザンビークではドイツ軍がドイツ領東アフリカとモザンビーク北部境界のロヴマ川を越えて侵攻した。ポルトガルがドイツ軍のロヴマ戦線突破を許したという事実は、ポルトガルによるニアサ地域に対する領有権の主張の根拠が崩れることに繋がった。[12] しかし、逆に戦況が連合国側に好転すれば、ポルトガルはモザンビーク北部で隣接するドイツ領東アフリカの南部地域の領有を要求することが考えられ、この点をイギリス外務省は理解していた。[13] しかし、このポルトガルの要求は、勢力圏の拡大を志向する南アフリカ連邦首相スマッツに拒絶されることは明らかであった。

スマッツは、南アフリカ連邦の成立以来、内務相および国防相を歴任したのちに首相となり、一貫して拡張主義をとっていた。彼は、大戦末期の一九一七年初頭、イギリス帝国戦時内閣で南アフリカ国防相として閣僚に名を連ね、ポルトガル植民地の開発の遅れを指摘しつつ、ロレンソ・マルケスを含むデラゴア湾一帯を獲得するためにポルトガルに対して圧力をかけるよう提案している。[14]

さらにスマッツは、第一次世界大戦後にはイギリス代表として国際連盟の創設に奔走し、委任統治制度を提案した。彼は、中央アフリカの国際管理化が南アフリカによるドイツ領西南アフリカへの進出だけでなく、いずれポルトガル領およびベルギー領植民地への進出に弾みをつけるだろうと考えていた。[15] そのため彼は、パリ講和会議(一九一九年)でポルトガル領を国際連盟の委任統治領とすること、もしくはイギリス植民地との交換を提案した。その内容は、ポルトガル領アンゴラを南アフリカ連邦に組み込み、モザンビークに関してはいっさいの行政権を南アフリカ連邦に委譲する補償として帝国政府がおよそ一二〇〇万ポンドをポルトガル政府に対して支払い、南アフリカ政府もそれに五〇〇万ポンドを加えるというものであった。さらに、ポルトガルの面目を保つために、トーゴランドとカメルーンの一部をポルトガルに割譲することも提言した。[16] これらのポルトガル領に関する提案は却下されたが、大英帝国とその傘下の南部アフリカ地域において南アフリカの存在は多大な影響をもたらしていた。

ポルトガルへの国際的批判

一九〇四年から翌年にかけて、イギリス人ジャーナリスト、ネヴィンソンがアンゴラからサン・トメへのアフリカ人の移送の現状を告発したことを機に、イギリスに基盤をおく反奴隷制協会や先住民保護協会は、アンゴラやモザンビークからアソーレスやサン・トメのサトウキビ・プランテーション、あるいはカカオ・プランテーションへ送り出される「労働者」が奴隷貿易同様の状態にあると非難した。問題となったサン・トメ産のカカオは重要な輸出品であり、その生産量は一八九一年から一九〇一年のあいだに五倍近くに増加し、エクアドル、ブラジルにつぐ世界第三位の有力産業に成長していた。この増産を支えた労働力はおもにアンゴラから供給されていた。一八九〇年代にアンゴラからサン・トメおよびプリンシペに輸送された「労働者」の数は、年平均二〇〇〇人で、一九〇〇年から翌年にかけてその数はおよそ五〇〇〇人にのぼった。[17]

ネヴィンソンが新聞各紙に掲載した関連記事や一九〇六年に出版した著作『近代奴隷制』は、具体的にはサン・トメとアンゴラについて言及しており、モザンビークの状況にまで目配りしていたわけではなかった。しかし、イギリスの反奴隷制協会や先住民保護協会は、この機会を逃さず、モザンビーク北部のニアサ行政区においてもポルトガル政府と「ラントの代理人」が協力し、アンゴラ同様の強制労働をおこなっていると告発した。[18] 反奴隷制協会の機関誌『反奴隷制報告』は、『ウェストミンスター・ガゼット』紙や、ユニバーシティーズ・ミッションの機関誌『中央アフリカ』の記事を転載した。一九〇四年の『反奴隷制報告』は、モザンビーク北部のニアサ行政区に関してつぎのような内容を掲載している。

ポルトガル行政官が〔アフリカ人住民に対して〕四シリングの小屋税をおさめるか、ムテングラでの公共事業に従事することを要求する。そのかたわらでは、言葉巧みなラントの代理人が四シリングといくばくかの現金と、妻もしくは母親を慰めるための布を提供していた。……たとえ不確かな期間の不在という代価をもってしても、〔小屋税未納の〕罰則として家屋が焼き払われるのをみるよりは、誰もが税をおさめるほうを好むだろう。[19]

『反奴隷制報告』のなかで批判されたニアサ行政区は、ニアサ会社領を指す。ニアサ会社は、同社に出資する南アフリカ鉱山金融商会ルイス・アンド・マークスの影響が強まる一九〇三年から、WNLAによる斡旋活動を受け入れている。イギリス世論の矛先は、ポルトガル植民地だけでなく、いまやポルトガル植民地から労働力を調達するラントにも向けられていた。この批判に敏感な反応を示したのは、ポルトガル政府でもモザンビーク総督府でもなく、当時中国人労働者の導入のために奔走していた鉱山会議所であった。鉱山会議所の対応については後述するとして、ここでは奴隷貿易と批判されたサン・トメへのアフリカ人の輸送をめぐる問題について取り上げる。

サン・トメ産のカカオの主要輸入国であったイギリスでは、奴隷貿易禁止および奴隷制廃止運動の一環として、イギリス随一のチョコレート製造業者であるキャドベリーが一九〇七年十二月にサン・トメ産カカオの購入を停止した。しかし、ポルトガル政府がアンゴラからサン・トメへの労働力供給を停止したのはそれから一年以上も経過した〇九年七月のことであった。しかもこの措置は、労働力供給地をすげ替えることで国際的な非難をかわすための詭弁にすぎなかった。サン・トメ最大のカカオ生産会社プリンシペ島会社は、ポルトガル政府がアンゴラからの労働力供給の停止を公表する以前に、代替的な労働力供給地として、モザンビーク中部で活動するザンベジア会社と労働力供給の契約を結んでいた。

ザンベジア会社は、一九〇二年からWNLAの斡旋活動も受け入れており、追加的にサン・トメへ「労働者」を送り出している。〇八年には、最初の「契約労働者」一五〇人がモザンビーク中部ザンベジア会社領からサン・トメへと送られた。翌年にポルトガル政府がアンゴラからサン・トメへの労働力供給を停止すると、モザンビーク中部から送り出される「契約労働者」の数は一二〇〇人にのぼった。さらに〇九年から一九一〇年代初頭にかけてザンベジア会社からは女性も含めて一万人から一万五〇〇〇人のアフリカ人がサン・トメへ送られたと見積もられている。[20] それ以降、一五年から二二年にかけて移送されたアフリカ人の数は付表2(八〇頁)に示すとおりである。
モザンビーク総督アンドラーデ(在任一九〇六〜一〇)は、この「労働力輸出」は、たとえザンベジア地域の農業発展を害しても、サン・トメが「ポルトガルにとって価値ある植民地」[21]である限り正当化されると考えていた。サン・トメのカカオは、ポルトガルの貿易赤字を改善するために重要な輸出品であった。そしてアンゴラからサン・トメへの労働者供給の停止も一時的な措置にすぎず、ポルトガル政府は「適切な法整備」をしたのちに一九一〇年以降、アンゴラからサン・トメへ労働力の供給を再開した。[22]
国際的に非難の的となったサン・トメの労働力供給地がアンゴラからモザンビークに転換されたという報告を受け、イギリス外相グレイは、ロレンソ・マルケスに駐在する領事モーガンに実態調査を命じ、モーガンは三週間にわたる独自調査をおこなった。一九一〇年から一一年にグレイへ送られたモーガンの報告では、現地住民に対する聞き取り調査によれば、サン・トメがどこなのかも知らずにおよそ六万五〇〇〇人が内陸部から送り出され、そのうち帰還した者は一〇〇〇人ほどであることが伝えられている。モーガンによれば、特許会社領では強制労働は合法であり、小屋税は現地の住民を件の「移民労働」に就かせるのに十分なほど高額に設定されていた。[23]また、モーガンは、ザンベジア行政区には外国資本による開発が必要であることを主張した。[24]
ところで、このイギリス領事の調査および報告内容は、モザンビーク中部のザンベジア行政区と北部ケリマネ行政区に限定されており、前掲の『反奴隷制報告』のなかで告発された北部ニアサ行政区の特許会社領をはじめとして、ラント鉱山業界との繋がりの強い資本が投入された地域は、非難の対象から巧妙にはずされている。批判の対象は、あくまでもポルトガルの植民地統治のあり方へとすり替えられているのである。
ポルトガル植民地におけるアフリカ人の労働をめぐる批判は、第一次世界大戦をはさんでさらに活発化する。戦前より運動を展開していた反奴隷制協会および先住民保護協会は、戦後に国際連盟が結成されると、その国際的な影響力に期待を寄せ、ただちに国際連盟に働きかけた。一九二二年に『ウェストミンスター・ガゼット』紙は紅海やペルシア湾岸地域で戦後に奴隷貿易が再発していることを報じた。その記事は、奴隷貿易が再発した原因が、終戦後、エチオピアでアメリカやフランスの武器業者が余剰の武器を「処分」するために現地で販売したためだと伝えていた。この機を逃すまいと、反奴隷制協会および先住民保護協会は、イギリス議会や国際連盟に対してこの事実に関する調査を求め、イギリス外務省にも協力を要請した。

反奴隷制協会および先住民保護協会の要請に対してイギリス外務省は、他国政府に対する非難に繋がることを理由に非協力的であり、同協会の要請に応えたのは国際連盟であった。[25] 一九二二年、国際連盟は、奴隷制の実情に関する調査に乗り出したが、ポルトガル領アフリカについては情報を欠き、二三年から二四年にかけてはもっぱらエチオピアとネパールについての議論に終始していた。しかし、二四年、国際連盟内に臨時奴隷制委員会が立ち上げられると、アンゴラとモザンビークでの調査に基づいた『ポルトガル領アフリカにおける先住民労働者の雇用に関する報告書』が同委員会に提出された。[26] そして同年、一八八九年以来、モザンビークで宣教活動をおこなってきたスイスのロマンデ宣教師団の宣教師ジュノッドが、先住民保護国際事務局の局長として臨時奴隷制委員会で報告をおこない、ポルトガル代表であった元モザンビーク総督アンドラーデは終始弁明に追われた。[27]

ラント鉱山労働者にみられる高死亡率の諸要因

反奴隷制協会の機関誌『反奴隷制報告』のなかで批判された「ラントの代理人」という記述に対して、敏感に反応したのは前述のように鉱山会議所であった。ニアサ行政区における労働力調達方法が「奴隷貿易」であると批判されると、鉱山会議所は、ニアサ行政区においてＷＮＬＡの代理機関となっているウェルナー・ベイト商会が現地の事情に精通したリクルーターを雇っている状況を説明し、同商会の斡旋活動への直接的な関与を否定している。[28]

ラント金鉱地帯には、こうした国際的批判がうずまくなか、中国人労働者が導入されている。近い将来にイギリス植民地へ併合される地域への中国人移民の導入は、イギリス帝国支配に関わる問題でもあった[29]。そのため鉱山会議所は、中国人労働者の導入の検討段階から、労働力の調達方法に関して批判を受けることを想定し、その批判を回避するために労働・住環境についての指針をまとめてきた。ところが、そのなかでアフリカ人鉱山労働者の死亡率の高さが新たな問題として認識された。

表12に示すように、おもな死因となっていた結核は、二十世紀初頭の南アフリカの都市部および産業地域で働くアフリカ人のあいだで最大の罹病率を記録していた[30]。南アフリカ金鉱業は、同国の経済発展を主導する産業であったため、関連産業も含めた白人労働者およびその家族からなる入植者の健康への配慮も求められ、南アフリカ政府もそうした観点から公衆衛生には最大の関心をはらっていた[31]。なにより、鉱山会社が費用をかけて獲得した労働力を契約期間満了前に失うこと、つまり労働者が働くことができない状態になって送還されるか死亡することは、鉱山の利潤率を上げるどころか徴募の経費の回収すら不可能にしかねない損失だったからである。

鉱山会議所は、一九〇三年以降三年間の契約で一時的に導入していた中国人労働者の帰還に対応して、モザンビーク北部から新規の移民労働者を導入していた。この「熱帯地域」出身の労働者数が増加するのと同時期に、死亡率の高さが問題視され始めたのであった[32]。そもそも鉱山労働者の死亡率の高さが問題になったのには、複数の要因がある。一つは、労働者の死亡記録それ自体が〇二年以降に記録され始めたためである。そして、もう一つは、中国人労働者の導入に際して労働者の就業期間中の生活空間であるコンパウンド(一四五頁参照)が、アフリカ人と中国人とで別に設けられ、その諸経費を仔細に記録するなかで、両者の健康状態が人種別に比較されるようになったためであった。

パッカードによると、中国人労働者との比較においてアフリカ人鉱山労働者にみられた結核の高い罹病率が注目された[33]。肺結核、髄膜炎、珪肺がアフリカ人の地下労働者のおもな死因であった。鉱山労働者の死亡率は、一九〇三年冬期の最大値で一一・二三%、年平均七・九八%であった。[34] 〇三年以降一四年までにラントで雇用されたモザンビーク南部出身の労働者の数は、累計七四万三三七八人だが、〇二年以降一四年までに四万三四八四人、およそ六%が就労地で病気あるいは事故で死亡している。[35] この数値も含めて鉱山会議所が示す死亡率は、あくまでも就労地における記録であり、罹病者が帰郷後に死亡した場合の追跡調査は存在せず、鉱山会議所の統計はもとより、モザンビーク植民地当局の統計にも明確な数値が記録されることはなかった。

「熱帯地域」から導入される労働者の数は、一九〇五年以降のWNLA年次報告書に記録されている。その数は、導入当初の三・二%から一三年に禁止されるまでに年々増加し、一一年が最大でアフリカ人労働者の九・六%を占めるまでになった。それと同調するように、肺炎と肺結核による死亡者数および出身地への送還数は一・五倍に増加した。[36]「熱帯地域」出身のアフリカ人移民労働者の死亡率は、鉱山によっても大きな差がある。鉱山会議所は、「熱帯地域」出身者を雇用した主要鉱山会社八社を対象に調査をおこなった。そのうちの対称的な例をあげると、ニュー・モッダーフォウンテン社では、〇四年に九六人の「熱帯地域」出身者を雇用し、最初の二カ月間に一〇人、約一〇%が死亡し、三二人が罹病、一九人が事故で送還されており、さらなる導入については否定的見解を示している。その一方、ロビンソン・セントラル・ディープ鉱山では、〇五年に一〇八人の「熱帯地域」出身者を受け入れ、そのうち半年以内に二五人、約二三%が死亡し、八人が病気のために送還された。しかし雇用から半年以降の死亡者・送還者はなく、残った者は全員一二カ月の契約終了後に契約を延長した。同鉱山における死亡率は、前述の〇三年冬期の最大値一一・二三%

表12　アフリカ人労働者の死亡率（1902年11月〜1903年4月）

死　因	年死亡率
	%
肺炎，肺結核，その他呼吸器系疾患	41.7
髄膜炎	7.9
腸チフス，赤痢，その他下痢症	21.4
壊血病	12.1
マラリア	2.3
その他の病気	9.0
事故	5.6

アフリカ人労働者は，月平均雇用数5万3364人につき，年間1,000人当り57.7人（疾病が原因のものは54.5人）死亡した。
出典：大西（1983），p. 122.

の二倍以上である。ロビンソン・セントラル・ディープ鉱山は、高い死亡率を記録しているにもかかわらず、その後も「熱帯地域」出身者の受け入れに前向きな回答を寄せている。[37]

ロビンソン・セントラル・ディープ鉱山における労働者の高い死亡率と、同社が「熱帯地域」出身者を積極的に受け入れる姿勢は、同鉱山の経営状態と関連する。モザンビーク南部と南アフリカ連邦などのイギリス植民地出身者との交渉力を比較して、前者が弱い立場におかれることからもわかるように、移民送り出しの後発地域あるいは遠隔地域から導入される労働者は、労働条件が劣悪な地下労働に割り当てられる。つまり、資本と労働力の不足する鉱山ほど「熱帯地域」出身者を積極的に受け入れる傾向にあった。「熱帯地域」出身者がより劣悪な労働環境と生活環境におかれた結果、死亡率が高まったと考えられる。

さらに、非白人労働者専用の居住空間でありコンパウンドと呼ばれる飯場の住環境は、結核の感染を誘発した。[38] 中国人およびアフリカ人鉱山労働者の健康については、トランスファール責任政府が一九〇五年にカラード労働者健康条例を公布している。同条例は、中国人労働者の導入に際して設けられた条例であったが、それ以降もトランスファール責任政府と南アフリカ連邦政府の原住民問題局の依拠する指針となった。同政府は、この条例によって労働者の住空間となるコンパウンドの最低限の容積率と換気口の規格、放水によって容易に洗浄できるコンクリートの寝棚と床の設置、そして供給すべき最低限の食事などを定めた。この条例に基づいて、ラント鉱山には「近代的な」コンパウンドが導入された。

一方、ジェーヴズは、カラード労働者健康条例の設けた基準がアフリカ人労働者の住環境を悪化させたと指摘している。[39] 鉱山会議所が同条例の規定に従い、換気のためにコンパウンドの両端に開口部を設けた結果、労働者たちは、積雪が観測されることもあるラントの寒風に、吹き曝しの状態で生活することを強いられた。労働者の居住空間は、コンパウンド・マネージャーが詰める管理事務所を囲むように建てられた。各コンパウンドには、およそ三〇〇〇人の労働者

鉱山労働者（上）とコンパウンドの外観（中）・内部（下）　コンパウンドは，アフリカ人鉱山労働者用の宿舎で，就業時以外の外出は厳しく管理された。
出典：Callinicos（1985），p. 21, 44, 102.

が居住し、居住空間の開口部は、すべて管理上の利便性を考慮して管理事務所の視界におさめられた。[40] これが数十万人もの単身男性からなるアフリカ人移民労働者を安価に管理する便宜上、導入されたコンパウンドの構造であった。

ラントの鉱山開発で論じられるアフリカ人鉱山労働者の罹病率や死亡率の高さに関する議論は、労働者のおかれた労働環境や住環境を考慮することなく、アフリカ人労働者の「文明的な生活経験の不足」や「生理学的な免疫の欠如」に原因を求めるのが一九三〇年代までの潮流であった。[41] 大多数の鉱山労働者を管理する鉱山会議所は、罹病率を引き下げるためにアフリカ人労働者の住環境の改善をはかるのではなく、「感染を防ぐため」という公衆衛生上の名目を掲げ、住空間の人種的分離をおこなった。これはケープ植民地で一八九四年に公布されたグレン・グレイ法[42]を引き継ぎ、南アフリカ連邦の一九一三年土地法[43]の立法化を公衆衛生の側面から後押しする議論となった。

こうした議論の流れのなかで、ＷＮＬＡは新規の労働者よりもすでに数世代にわたってラント鉱山への移民労働を繰り返してきたモザンビーク南部出身者の「適性」を強調した。[44] また、鉱山会議所は、産業の発達した都市部の厳しい環境に適応することが困難な「脆弱なアフリカ人の保護」を掲げ、一定期間、都市部の生活から離れた「居留地の開放的な環境で休養と療養」することを奨励した。[45] 鉱山会議所は、この議論を労働環境や生活環境の改善ではなく、移民労働者の導入の正当化へと繋げたのであった。そしてアフリカ人鉱山労働者の高死亡率の問題はモザンビーク総督府と南アフリカ連邦政府間の合意を受け、最終的にモザンビーク総督府が一九一三年五月二十七日の植民地条例第七五七号によって南緯二二度以北の「熱帯地域」におけるＷＮＬＡによる斡旋活動を禁止するにいたった。

労働力供給地の分割とアフリカ再分割の交差

モザンビーク総督府が「熱帯地域」における移民労働者の斡旋を禁止した理由の一つは、死亡率の高さにあった。しかし、それが唯一の理由ではなかった。そもそも鉱山会議所が「熱帯地域」を区分するにあたり「南緯二二度」を境界と定めた根拠は南緯二二度以北に労働力供給をめぐって競合する特許会社が存在したからにほかならない。両者のあいだで起こる労働力の獲得競争を回避するという要素が大きく作用していた。[46] それに加えて、ニアサ会社の事例に顕著なように、WNLAの活動を受け入れた特許会社も、ポルトガル植民地が再分割される場合にはドイツ領に併合される可能性があったことは看過できない要素である。

WNLAは、労働者の斡旋活動を独占することを求めていたが、それが達成されたのはモザンビーク南部のみであり、南部アフリカの他地域では他の企業あるいは斡旋組織と競合していた。そして、モザンビーク北部および中部での労働者斡旋をめぐって競合していた相手の一つが、ローデシア原住民労働局(RNLB)であった。一九〇一年暫定協定を締結するにあたって、WNLAは、モザンビーク南部の斡旋活動にRNLBが参入することを防ぐため、RNLBに対してトランスファール北東部およびモザンビークで契約した労働者の一二・五%を譲渡することを約束していた。しかし、のちにWNLAは、RNLBの活動もあわせて斡旋組織をWNLAに一本化すべきだと考え、この約束を反故にしていた。[47] さらに〇七年五月には、ローデシア領内でのWNLAの活動を許可しない限り、南緯二二度以南のモザンビークで契約を結んだ労働者をRNLBに分与する意志がないことを表明した。[48]

RNLBによる進出の可能性があったのは、テテ行政区とケリマネ行政区であった。一九一一年の時点でWNLAは両行政区の一部で斡旋活動を認められていたが、それは南部地域において認められた排他的な活動許可ではなかった。一九一三年一月、RNLBは、モザンビーク総督府に対してポルトガル・南アフリカ政府間協定を例として斡旋活動の許可を求めた。これに対してポルトガル政府は、RNLBにテテおよびケリマネ行政区の双方あるいはテテ行政区のみにおいて斡旋活動を許可するという協定案を提示した。やはりここでも、ドイツ領に併合される可能性のあるニアサ行政区は活動地域の対象からはずされている。そして、一九一三年五月に南緯二二度以北における鉱山労働者の斡旋活動を禁止したことを受けて、同年八月二十八日、ポルトガル政府は、RNLBがテテ行政区で活動することを許可した。この合意によって、ＲＮＬＢはＷＮＬＡと競合することなく労働力供給地を確保することが可能となった。

ＷＮＬＡを通じてラントに労働者を送り出していたニアサ会社は、すでにラントに代わる労働市場を開拓し、継続的に労働者を送り出していた。例えば、一九一二年の時点でモザンビーク内のザンベジ川下流のサトウキビ・プランテーションや、イギリス領東アフリカのモンバサでの港湾開発へ労働者を送り出している。続く一三年にはドイツ資本が投資されているベンゲラ鉄道とカタンガ鉱山への労働力供給を約束している。[49] そしてニアサ会社は同年にドイツ資本に売却され、前述のとおりニアサ会社領を含むモザンビーク北部におけるＷＮＬＡの斡旋活動は禁止されている。

一方、独占を求めるＷＮＬＡは、自らの斡旋活動の障害となるような開発利権が新規に付与されることを防ぐため、ポルトガル政府とのあいだで一九一二年九月一日の時点で有効な開発利権を除いて、新規の特許あるいは開発利権を認めないという合意を取り付けた。その補償として、ＷＮＬＡの母体である鉱山会議所は、年間六〇〇〇ポンドをポルトガル政府に支払うことに同意した。[50] 鉱山会議所とＷＮＬＡにとって、労働力供給地は労働力を再生産する空間であり、雇用の創出をともなういかなる投資や開発も認められるべきではなかった。

鉱山会議所に関していえば、一九一二年、つまり「熱帯地域」における鉱山労働者の斡旋が禁止される前年に、南アフリカ連邦内を活動範囲とする原住民労働斡旋会社（ＮＲＣ）を設立している。ＮＲＣの設立によって、ＷＮＬＡとＮＲＣという「鉱山会議所の立脚する二本柱」[51]が確立した。さらに南アフリカ連邦政府は、ＮＲＣの活動地域である連邦内において一九一三年土地法を施行し、アフリカ人住民を賃金労働へ向かわせる圧力を加えた。また一三年にポルトガル政府とＢＳＡＣとのあいだに結ばれた協定により、ローデシアへの労働力供給を担うＲＮＬＢにモザンビーク中部地域での斡旋活動が許可された。この協定によって、ＷＮＬＡはＲＮＬＢと活動地域を分け、ＷＮＬＡは南緯二二度以南のモザンビーク南部を独占的な活動地域とした。南アフリカ連邦内で活動するＮＲＣ、そして南ローデシアおよびモザンビーク中部で活動するＲＮＬＢとＷＮＬＡの活動地域は明確に区分され、ＷＮＬＡとＲＮＬＢによる競争は回避された。

こうして一九一三年を境に、労働力の需要と供給の双方の事情は大きく変化していった。一二年のNRCの設立による労働力の代替供給地の開拓と一三年の「熱帯地域」におけるWNLAの撤退も、ローデシアとの労働力供給地域の分割と労働者の高い死亡率への対策の結果であると結論づける前に、列強によるアフリカ植民地の再分割の議論とあわせて理解すべき事象である。以上、みてきたとおり、モザンビークにおける開発の遅れは、ことあるごとに国際的に非難されてきた。しかし、北部はドイツ領東アフリカへの併合の可能性があるという可変的な状況のために、そして他の地域では労働力の獲得のために資本集約的な開発は促進されず、むしろ人間をも労働力資源としてとらえた資源収奪がおこなわれたと考えられるだろう。その状況は、開発の遅れというよりはむしろ際限のない低開発というべきである。

2　ポルトガル・南アフリカ政府間協定の変遷

一九〇九年協定の破棄と一九二三年合意の成立

モザンビーク南部では、モザンビーク総督府が旧ガザ王国版図のアフリカ人住民による抵抗を一九〇七年に軍事的に排除し、農業入植が開始された。これにともない農業労働力の不足が顕在化し、入植者はモザンビーク南部で移民労働を推進してきた本国政府とモザンビーク総督府に対して協定の改正を求めていた。入植者が労働力の不足を訴えるほど、モザンビークからの成人男性の労働力流出は著しかった。南部の人口は二十世紀初頭で五〇万人から七五万人と推定されるが、常時五万人ないし六万人の健康な成人男性が合法的にトランスファールの鉱山で就業していた。しかも〇五年から一二年までのあいだ、そのうちの約八万七〇〇〇人、つまり、年平均一万人を超える労働者の帰還が確認されていないのであった。[52] そのうえ、モザンビーク領内の雇用者である入植者たちからは、南アフリカ鉱山から帰還した労働者は就業先での労働運動を経験し、「従順ではない」という声があがっていた。[53]

一九二一年に駐モザンビーク高等弁務官に就任したカマーショ（在任一九二一〜二三）には、上記の状況を改善することが求められていた。[54]また、ポルトガル政府も、つぎの二点において南アフリカとの経済関係の現状に不満をかかえていた。第一は、ロレンソ・マルケス―スワジランド間の鉄道建設が未着工であることであった。同路線については、ミルナーがイギリス保護領スワジランド国境まで鉄道を敷設することを約束し、それを前提にポルトガルが鉄道を敷設する予定であった。第二は、ロレンソ・マルケス線を利用する貨物量の割合が一九〇九年協定で保障された五〇〜五五％という値を大幅に下回り、ときには三〇％にも満たないという点であった。[55]

ポルトガル政府・モザンビーク総督府と南アフリカ連邦政府は、一九二二年、新協定のための協議を開始した。この協議の進行とあわせ、モザンビーク総督であると同時に植民地経営のための財源確保という任務を託されたカマーショとモザンビーク・ポルトガル代表団の長として協議に参加したアンドラーデのあいだで意見交換がおこなわれた。[56]カマーショは、労働力の供給について南緯二二度以北の特許会社領ではすでに鉄道が敷設されており、今後も増設の予定があるため、調達可能な労働力をすべて吸収することが見込まれると認識していた。しかし、直轄地の南部ではガザ行政区を中心として徐々に入植が進んだとはいえ、南部地域の農業は立ち遅れていた。カマーショは、年間七万〜七万五〇〇〇人程度の上限を設けたうえで、南部にはラントへの移民労働者を継続して送り出す余地があるという判断をくだした。カマーショは、直轄地領において植民地行政組織よりもWNLAが影響力をもっているという印象をアフリカ人に与えていることを憂慮してはいるが、「根本的な問題は〔南アフリカ〕連邦がわれわれの労働力を必要とし、われわれはそのポンドを必要としているということだ[57]」と認識していた。

さらにモザンビーク総督府の関心は、モザンビーク領内の市場に向けられていた。総督府は、移民労働者が賃金として受け取るポンドが南アフリカ領内で消費されることなく確実にモザンビークにもたらされるよう、南アフリカ政府に賃金の七五％を延べ払いとするよう要求し、さらに一九〇九年協定で規定されていた帰還労働者の免税手荷物量の制限を六〇キロから三〇キロへ削減することを求め、アンドラーデもこれらの制度化を進めることを助言している。[58] また、アンドラーデは移民の環流をはかるために賃金「延べ払い」のほかにも、再契約の条件として、一定期間モザンビーク領内に滞在することを義務づけるよう助言し、これは奴隷貿易と批判される労働条件を改善する結果にもなりうるとした。さらに彼は、南アフリカ政府、鉱山会議所とそれぞれ個別に協議し、協議の最終局面にいたっても両者の意見が一致していないことを総督府に伝えた。[59] 政府間の協議ではスマッツの強硬な姿勢が目立つが、並行して南アフリカ連邦側では慎重な協議が重ねられていた。議題のなかでも労働力の供給に関しては、南アフリカ政府と鉱山会議所の利害が必ずしも一致しておらず、鉱山会議所は、スマッツの圧力が原因となり、モザンビーク総督府がＷＮＬＡによる斡旋活動への規制を強めることを懸念していた。[60]

一九二三年合意にいたるまでの協議が進む一方で、カマーショは、高等弁務官に求められた自主財源の確保にも奔走していた。一九二一年末には、モザンビーク中部で活動するセナ砂糖会社とのあいだで労働力の提供を条件とする借款計画を立案した。[61] その計画は、南部地域から労働力を引き出すことを意味しており、ＷＮＬＡの独占を崩す可能性があった。スマッツは、この借款計画の情報を得て、モザンビーク総督府はもとよりポルトガル政府がイギリスもしくは南アフリカ以外から借款をおこなうことを妨害した。そのうえで、南アフリカ政府は、ロレンソ・マルケス鉄道と港湾を担保にモザンビークへの借款をおこなう用意があると申し出た。[62]

南アフリカ政府は、鉄道に関する協議において、スワジランド線の敷設を議題として取り上げることすらなかった。スマッツは、南アフリカ政府のロレンソ・マルケス線に対する影響力を強めようと、同路線の設備管理の状況を改善するために、南アフリカとモザンビークによる合同委員会を設立することが望ましいと提案する一方で、ズールーランドの新たな港湾建設の計画を引き合いに出し、ロレンソ・マルケス線の利用率が大幅に減少する可能性があることを示した。[63] モザンビークがイギリスあるいは南アフリカに経済的に従属した状況にあるべきだと明言するスマッツの強硬な姿勢は協議を硬直化させた。

スマッツは、鉄道・港湾の優先的利用に関する協議で優位に立つため、モザンビークの労働力への依存を解消することを決めていた。この戦略の一翼を担うため、南アフリカ連邦内で労働者の斡旋組織として、一九一二年に設立されたNRCの機能強化をはかったが成果はあがらず、第一次世界大戦後のインフレーションもあいまって金鉱業がかかえる労働コストの問題は深刻化していた。労働者のなかでもストライキ権の認められていた白人労働者の賃金は、一九二〇年代初頭にアフリカ人労働者の賃金の一五倍もの額に達し、この賃金をいかに削減するかが鉱山会議所の懸案事項となっていた。[61]

一九二一年十二月、鉱山会議所は、白人労働者が占めていた作業をアフリカ人によって賄うことを決定した。鉱山会議所の決定に従うと、約二〇〇〇人の非熟練白人労働者が削減されると見込まれていた。[65]これに対して白人労働者は、翌年初頭から大規模なストライキを起こし、二一年に結成されてまもない南アフリカ共産党を中心とする行動委員会が指導権を握った。ストライキは終盤、武装闘争にまで発展し、連邦政府が第一次世界大戦時にイギリス軍から譲り受けた爆撃機を用いて鎮圧するという事態にいたった。[66]

労働力問題は南アフリカ連邦内の政治的な争点にもなっていた。スマッツ率いる南アフリカ党に対し、鉱山会議所と利害の調整をはかろうとする国民党のヘルツォークは、南アフリカ内部の労働者の雇用を優先することには賛同していたが、同時に鉱山労働者の賃金を下げるためにモザンビークからの移民労働者の導入を続けるべきであると主張した。しかし、スマッツは、鉱山会議所に圧力をかけ、一九二二年七月には旱魃《かんばつ》の影響によって移民労働者が増加していたにもかかわらず、WNLAに移民労働者の契約人数を制限させた。[67]

鉱山会議所は、スマッツの圧力に対して、モザンビーク総督府がWNLAの斡旋活動に規制をかけることを懸念していた。この懸念は現実のものとなり、一九二二年七月の南アフリカ連邦政府による雇用人数の制限に対して応酬するかのように、同年十一月にはモザンビーク総督府がＷＮＬＡによる労働者の斡旋人数を週当り三五〇人に制限し、圧力をかけた。[68] 仮に週当り三五〇人の斡旋制限が続けば、年間の労働者数は二万人にもおよばず、当時年間八万〜九万人のモザンビーク出身労働者を雇用するラントにとって大きな打撃となることは明らかであった。

翌二三年三月二十三日、ポルトガルと南アフリカ連邦両政府は、一九〇九年協定の労働力に関する第一部のみを有効とすることに合意して、一九〇九年協定を破棄した。[69] しかし、二三年の協定調印の場にカマーショの姿はなかった。ポルトガル政府は、カマーショの自主財源を確保するための試みと協定交渉の決裂を理由に前年末にカマーショを罷免していた。[70] ともあれ、両政府は、この部分的合意を一九二三年合意とし、鉄道と港湾の使用条件に関する問題を先送りした。同年八月、南アフリカ連邦政府は、連邦内のアフリカ人労働者をもって代えがたい場合は、六万七〇〇〇人程度を上限としてモザンビークからの移民労働者を受け入れる方針を発表した。[71] 同政府は、モザンビークからの移民労働者の受け入れに関して強硬な姿勢をとっていたが、実際に連邦内でモザンビークからの移民労働者に代わるだけの労働力が確保できていたわけではなかった。[72] 一九二三年合意で持ち越された鉄道・港湾に関する問題は引き続き審議されていたが、同年十月のスマッツとポルトガル代表による直接交渉でも進展はみられずに終わった。

一九二八年協定の成立

労働力の問題を解決できなかったスマッツに対する最終的な評価は、一九二四年の総選挙での敗北というかたちでくだされることになる。総選挙では、スマッツの対抗馬であったヘルツォーク率いる国民党が勝利した。強硬派スマッツの退陣による政権交代を受け、ポルトガル・モザンビーク側は、先送りとなっていた鉄道と港湾の使用条件も含め、協定の改定を検討し始めた。新たな論点は移民労働者数の制限であった。この交渉にあたり、モザンビーク総督府は、ポルトガル政府が同年に打ち出したモザンビーク南部直轄地の農業開発計画を考慮して、同地域で労働力を確保するという課題をかかえた。翌二五年、モザンビーク総督府内務局長は、労働力の主要送り出し地域である南部各地の行政官に、労働人口、ラントへの移民労働者数、農業および鉱業就業者数、出生率の変動などの調査を要請した[73]。この調査を通じ、植民地行政の末端にいる行政官たちは移民労働者数の制限と賃金「延べ払い」の導入、移民労働者の出入国管理の徹底を一様に求めた[74]。

同じく一九二五年に南アフリカ連邦政府内に設置された労働局は、モザンビークから調達される労働者に代わり、連邦内のアフリカ人労働者を積極的に調達すべきであり、モザンビークでの斡旋は四年から六年のあいだに終了すべきであるという見解を示した。この主張に対して鉱山会議所は、南アフリカ連邦政府がモザンビークからの労働力の供給状況を維持するため、モザンビークに対する現行の権益を認めるべきだと主張した[75]。南アフリカ連邦政府と鉱山会議所の利害の相違は明確であった。

一九二五年十月にはモザンビークから新たな高等弁務官とポルトガル代表団、南アフリカからは財務大臣、鉄道・港湾大臣、国防大臣が出席して協議が進められた。南アフリカ連邦政府は、労働力問題に関する条項として、斡旋の際の「労働者の健康と福祉に関する提案」を掲げ、身体検査を導入することを求めた。これは二四年に国際連盟の臨時奴隷制委員会におけるポルトガル植民地の労働条件に対する批判を考慮したものである。ただしこの身体検査は、字義通りの目的をはたすと同時に、労働者数を需要に応じて調節する調整弁の役割を兼ねるものでもあった。移民労働者の人数制限に関して、この案は両政府に妥協を促すものとなった[76]。

一九二七年十一月、ポルトガル政府は、一九二三年合意の破棄を南アフリカ連邦政府に通告し、二八年九月十一日、両政府は協定の締結にいたった。両政府は、この一九二八年協定で段階的に移民労働者数を削減することを決め、件の身体検査を義務づけた。そのほかにも再契約を結ぶ際には最低六カ月間モザンビーク内に滞在することを義務づけ、鉱山労働者の契約期間のうち、後半の九カ月目以降の賃金の半額は労働者本人がモザンビークに帰還したのちに支払われる「延べ払い」を義務化した[77]。さらに同協定によって規定された税・手数料・延べ払いされる賃金などは、南アフリカ連邦政府がポルトガル政府に金で支払うことを定めた[78]。この規定によってポルトガル政府は、南アフリカ連邦政府から受け取る金を市場で販売し、モザンビーク総督府が延べ払いされる労働者の賃金を公的な交換比率に基づき現金(エスクード)で帰還した労働者に支払うことになった。金の公的な価格と自由市場での価格の差額は、ポルトガル政府の歳入となった。

運輸サービスについては、一九〇九年協定以来の改変となった。一九二八年協定では、ロレンソ・マルケス線の利用率はトランスファールの輸出入量の五〇%以上五五%未満とすることが決まり、それを下回る現状を改善することが規定された。関税および貿易についてみてみると、モザンビーク・南アフリカ間ではつぎの条件に基づいて特恵関税が設けられた。まず、一九二八年協定の対象は、ポルトガル領モザンビークおよび南アフリカ連邦のみであり、本国および他の植民地に関しては有効ではないことが定められた。さらに、それぞれの領内の産業を保護する目的で設定されるダンピング防止税は本協定の規定と矛盾しないことが定められた[79]。そして、一次産品を中心とする免税対象品が記載されたが、一九〇九年協定で特恵関税の対象であったモザンビーク産およびトランスファール産の酒類についての項目はすべて削除され、ポルトガルおよびモザンビーク産の酒類は、ラント市場への進出にあたって特恵待遇を失った。

一九二八年協定は、多少の改訂をともないながらも六三年に鉄道・港湾使用条件、関税問題、労働力問題のそれぞれが独立した協定として協議されるまで三五年間にわたりモザンビークと南アフリカの経済関係の基盤であり続けた。そして移民労働者の賃金「延べ払い」制度は、モザンビークが独立したのちの七七年まで継続された[80]。

3　ポルトガル・南アフリカ政府間協定の財政的意義

ラントをめぐる運輸サービスの競合

一九〇一年暫定協定以降の一連の政府間協定は、ポルトガル政府にとって植民地モザンビークを、イギリス帝国の一部分をなす南部アフリカ地域の経済構造に必要不可欠な一部として組み込ませる意義をもっていた。同協定は、ロレンソ・マルケス線の利用を約束させ、モザンビーク総督府が鉄道収益と関税収入という直接的な財源を得ているように、植民地経営に直接関わる財政的な重要性をもっていたことは明らかである。しかし、協定を締結する当事者が同協定を通じて得た具体的な実益が、実際の植民地統治あるいは植民地経営にどのような重要性をもっていたかという点は、先行研究では検討されてこなかった。そこで、本節では、ポルトガル・南アフリカ政府間協定に、モザンビーク総督府が植民地財政という見地からどのような意義を見出していたかを検討する。

初めにモザンビーク総督府の歳入細目のなかから協定と直接的に結びつく項目を抜粋する。細目は、協定の内容に沿っておおまかに二つに分けられる。一つは、ロレンソ・マルケス線の収益とその輸送サービスにかかる関税であり、関税には、輸出・輸入・再輸出・通過貨物に対する諸関税が含まれる。もう一つは、移民に関する移民関連収益である。続いて、総督府の歳入の重要な一部を構成している小屋税も関連する細目として、小屋税収入と協定の関連性について検討する。

付表3（八一頁）に示すとおり、関税、通過貨物税、ロレンソ・マルケス線からの収益は、植民地歳入の大部分を占め、その合計値は、一九〇九年から翌年にかけて全体の五〇％にものぼった。ロレンソ・マルケス線の収益は、ポルトガル・南アフリカ政府間協定の影響を直接的に受けやすい項目であった。運輸サービスに関連する収益の増減については、ラントとの輸出入貨物をめぐって三路線が競合するロレンソ・マルケス、ケープ、ダーバンの輸出入貨物の割合の変動にいくつかの原因をみることができる。
一八九五年に開通したロレンソ・マルケス線の割合は二三％、ケープ線が七五％、ダーバン線が二％を占めていた。それに対して、第二次南アフリカ戦争が勃発する直前の九八年までに、従来ケープ線が大半を占めていた輸送貨物量をダーバン線、ロレンソ・マルケス線に引きつけ、ダーバン線の割合は三三％、ロレンソ・マルケス線は三四％にまで伸びている。[81]
しかし、この構成は、第二次南アフリカ戦争を境に大きな変化を遂げる。一九〇一年暫定協定の内容を受け、戦後にはケープ線が占める割合が著しく減少する一方で、ロレンソ・マルケス線は一九〇九年協定が効力を発揮する一九一〇年まで、六六％以上にまで割合を伸ばし、ケープ線、ダーバン線を大きく引き離していた。ただし、モザンビーク総督府の財政収支報告書によれば、〇二年から〇九年までは関税率の引き下げがおこなわれていないにもかかわらず、関税収入の実数が減少していることから、輸送貨物の全体量が減少していたと推察される。[82]
一九〇九年協定は、ロレンソ・マルケス線の利用率が五〇〜五五％の範囲内におさまるように定めた。[83] ロレンソ・マルケス線の占める割合は一九一〇年に六六％に達してはいるが貨物量の実数をみると前年から約一二％減少していることがわかる。表11（一二七頁）に示したとおり、同年は三路線の貨物輸送の総量も〇九年から二八年までの期間において最大の六一万六六八五トンを記録した。そのため、〇九年の政府間協定の翌一〇年にもロレンソ・マルケス線が六六％の利用率を維持したことは、協定の効力の問題ではなく、輸出入貨物の全体量が前年比で約三三％増加していることが影響しているものと考えられる。それ以降、「競合地帯」の全体貨物量は減少傾向にあり、ロレンソ・マルケス線の利用率は減少している。
また、第一次世界大戦中および一九二二年を例外として、輸送貨物の総量は年々減少し、貨物輸送量をめぐって三路線のあいだでの競争がいっそう熾烈になった。そうした状況において貨物輸送量の減少率がもっとも大きかったのはロレンソ・マルケス線であった。貨物量の実数をみても明らかなように、ケープ線およびダーバン線はロレンソ・マルケス線と比べ、貨物量の変動の幅が小さい。ただし、第一次世界大戦中を除き、二二年にも実数および比率とも変則的に減少している。これについては、政府間協定とは関連のない要因として、二二年から二三年初頭にかけてラント金鉱業を中心に繰り広げられた大規模なストライキが影響したものと考えられる。

政府間協定の協議とあわせてみると、ロレンソ・マルケス線が高い利用率を占める一方で、「競合地帯」にかかる輸出入貨物の全体量が減少するとき、三路線のなかで削減を求められるのはロレンソ・マルケス線であったといえよう。ロレンソ・マルケス線の利用率そのものが政府間協定の議題となり、直接的に影響を受ける対象であっただけでなく、輸送貨物の全体量が減少した場合にその影響をもっとも受けやすかったことがわかる。鉄道収益とそれに連動する関税収入は、モザンビーク総督府の財政基盤となる重要な一要素でありながら、輸送貨物量の全体量については政府間協定の効力のおよぶ範囲の問題ではないため、必ずしも安定した財源ではなかった。そこで、変動性の高い鉄道収益とは独立して、鉄道収益および関税収入の減少を補う要素として、その他の主要な財源について考慮する必要がある。残る主要な財源は小屋税と移民労働に関するものである。

「労働力輸出」としての労働者斡旋

移民労働に関して、本項で用いる史料の限界性についてまず、言及しておきたい。ここで用いる政府統計は、公的機関に属する資料の性質上、とくに現地のアフリカ人住民に関する記録としてはつねに制約をともなう。政府統計の移民収入や小屋税収入が実情をつぶさに反映しているというわけではなく、統計資料にあらわれない要素も多分に存在する。現地のアフリカ人住民らは、植民地行政側の想定した枠を越え、結果的に「非合法」に活動を展開した。そのために、多くの場合、植民地当局に属する記録者に対して不可視化された活動はとらえようがなかった。例えば、一九〇五年から一二年のあいだ、およそ八万七〇〇〇人の移民労働者、つまり毎年一万人の動向が把握不可能となっていた。[84] さらには、移民労働者用の旅券の闇市の存在、小屋税の支払いからの逃避など、政府統計にあらわれることのない事例は枚挙に暇がない。[85]

ラント鉱山業では二十世紀初頭、あらゆる術をつくした労働力調達の結果、南アフリカ戦争後の八万人程度から、一九一〇年頃にはつねに二〇万人程度のアフリカ人労働者を確保するまでになった。アフリカ人鉱山労働者の全体数が増加するに従って、鉱山労働者全体に対するモザンビーク出身者の割合は、〇三年の約七割から一九一〇年代には約四割へと減少しているが、モザンビーク出身の移民労働者数はこの間、継続的に増加し、〇三年の約五万二〇〇〇人から一〇年には約七万七〇〇〇人にまで増加しつづけた。同じ時期、ロレンソ・マルケス線の鉄道収益と関税収入は減少していたが、移民労働者の数は順調に伸び、また小屋税収入も同様に増加傾向にあった。ここで注意を喚起したいのは、移民関連の増減が小屋税の増減と連動している点である。

移民関連収入は、移民労働者の数にほぼ比例して増加する。この収益は歳入の細目としては「移民」とのみ記載されているが、政府間協定の規定によれば、その具体的な内容は、移民労働を希望するアフリカ人成人男性に対する移民許可証・登録税・パスと称される旅券・労働免除金、管財人経由でラント鉱山会社から支払われる再契約手数料といった移民労働者の数に比例して増加する税収と、WNLAの下請けとして現地で斡旋業務を担う斡旋人に対する斡旋許可証、契約手続きをおこなう移民労働者をモザンビーク内で一時的に収容するためのWNLAのコンパウンドに対する借地料、その他罰則金などが含まれる。

こうした特徴をもつ移民関連収入が小屋税収入とほぼ連動して増減することは、小屋税の大半が移民労働者の賃金によって支払われていることを意味している。この連動性は、モザンビークにおける移民労働者の斡旋の手順と深く関係している。モザンビークの農村で実際に鉱山労働者の斡旋に携わるのは、現地の事情に通じたＷＮＬＡの下請けの斡旋人であった。これらの斡旋人はしばしばアフリカ人住民の小屋税を肩代わりし、前借金を負わせて移民労働契約を結ぶという斡旋の手法が記録されている。[86] こうして徴収された小屋税は植民地歳入の根幹的な項目の一つであった。

また、付表1（七八頁）に示すとおり、第一次世界大戦中の移民労働者の増減については、影響を与えたと思われるいくつかの要素がある。まず、モザンビーク総督府が戦時の徴用として、モザンビーク北部と境界を接するドイツ領東アフリカ戦線への武器その他の物資を運ぶ荷役を必要としていたことがあげられる。植民地行政当局が荷役として成人男性を徴用したことは、直接的には移民労働者数の減少の原因となった。しかし、同時に、荷役として戦線へ送られることを回避するためにアフリカ人住民が移民労働を選択したことは、その後、移民労働者数を増加させる要因となったのである。

さらに、輸送サービスをめぐる協定の協議との関連でみると、一九一九年前後には、ロレンソ・マルケス線の貨物輸送量が激減したために、鉄道収益および関税収入は著しく減少した。その一方で、移民関連収入と小屋税収入が実数のうえでも増加している。移民労働者による労働力の供給を「労働力輸出」と認識する総督府が、全体として一定の財源を確保するために、鉄道収益および関税収入の減少を「労働力輸出」に付随して生じる移民関連収入および小屋税収入によって補うという政策的な判断がおこなわれた可能性も十分に考えられる。

最後に特筆すべき点は、移民労働の賃金の一部を労働者の帰還後に出身地で支払う「延べ払い」制度についてである。ポルトガル政府はその金を国際市場で販売し、売り上げのうち、延べ払いの相当額をポルトガル海外銀行（ＢＮＵ）を通じてポルトガル通貨でモザンビーク総督府に支払った。そして同金融機関を通じ、総督府管轄下の原住民問題局が、帰還した移民労働者に延べ払い分の賃金をポルトガル通貨で支払うことになっていた。だが、一九〇九年の一部導入後、さらに二八年の全面的な導入のあとも、モザンビーク総督府の歳入には「延べ払い」制度にかかる歳入項目は設けられていない。つまり、「延べ払い」制度を通じて、鉱山会議所から受け取る金とその市場での販売価格との差額は、モザンビーク総督府を介さず、直接ポルトガル政府の歳入になっている可能性が非常に高い。

本章第2節および本節で考察の対象とした政府間協定は、一九二八年以降も三四年、四〇年、五二年、六四年に繰り返し改定され、港湾および鉄道利用条件・関税・労働力の三部構成を維持してきた。そして協定に反映される利害関係は、たんなる労働力の需要と供給、運輸サービスの発展という経済的な関係にとどまらず、南部アフリカをめぐる政治的利害とも深く結びついてきた。一九六〇年代、マラウイやザンビアがあいついで独立する一方、南アフリカは、一九六一年にイギリス連邦から脱退する。政治的に孤立した南アフリカは、ポルトガル植民地との関係を強化し、それを反映して長年にわたる政府間協定にも大きな変化がみられた。一九二八年協定で導入された鉱山労働者の賃金の一部を金で「延べ払い」するという規定は一時中断されていたが、一九六四年、植民地期最後のポルトガル・南アフリカ政府間協定では再度導入された。この条項により、南アフリカはポルトガル政府に対して延べ払い部分を金で支払うことを再度約束したのである。[87]

この金による「延べ払い」制度は、ポルトガル政府に大きな利益をもたらすものであった。モザンビークからの移民労働者の賃金を換算するにあたって、金の公定価格は一オンス三五ドルと固定されており、ポルトガルは、その金を市場で、高い価格で販売することによって外貨を得ることができたからである。通常一二カ月から一八カ月の鉱山労働者の契約期間のうち、最初の六カ月分の賃金は全額が就労地で支払われるが、七カ月目以降の賃金の六〇％は一オンス三五ドルという安価な設定で、金でポルトガルに支払われ、労働者には帰還後にポルトガル通貨エスクードで支払われた。残る四〇％は契約終了時に支払われた。ポルトガルは、モザンビークの独立までこの条項によって金を市場価格で販売することができたのである。[88] そして独立後のモザンビーク政府は、七八年までこの「延べ払い」制度を維持していた。六八年から市場での金の価格は上昇し、七二年から七三年にかけて一オンス当り一二〇ドル、七四年には一八七ドルにも達していた。[89]

独立以前、モザンビークの独立解放闘争を率いていたモザンビーク解放戦線（FRELIMO）は、南アフリカへの経済従属を象徴するこの政策に終止符を打つことを公約として掲げていた。一九七六年、独立後のFRELIMO政権はモザンビーク内にあったWNLA事務所二一カ所のうち、一七カ所を閉鎖した。[90] しかし、FRELIMO政権でさえ、この政府間協定に基づく関係を完全に解消することはなかった。南アフリカ金鉱業によって提供される雇用機会も含めて、同協定によってモザンビークにもたらされる利益は大きかった。ところが、七八年、南アフリカはモザンビークに対して金による支払いを停止し、モザンビークに代わって金を市場価格で販売し始めた。これは、南アフリカがIMF（国際通貨基金）との合意のもと、自国の金保有高を再評価したことを契機としていた。[91] 南アフリカによるこの方針転換は、モザンビークの経済状況をさらに悪化させた。この措置によってモザンビークが当時失った外貨収入は年間一億六〇〇〇万ラントと見積もられている。[92]

序章で述べたファーストによる研究は、こうした状況のなかで、独立後のモザンビークおよび新興諸国が、依然としてアパルトヘイト体制下にある近隣諸国へ移民労働者を送り出すことの是非を問うものであった。

第五章　移民送り出しとその社会的影響

1　モザンビーク南部社会へのムフェカネの余波

農村社会へのアプローチ

モザンビーク南部農村社会は十九世紀末以来、年平均約九万人の労働者をラント金鉱地帯へ送り出し、植民地期を通じて最大の労働力供給地であった。[1]これまで述べたように、この労働者の大半は宗主国であるポルトガルと受け入れ国の政府による一連の協定を通じ、単身男性による環流型の移民労働者として管理されてきた。本章では、植民地支配のもとでモザンビーク南部社会が具体的にどのように変容したのかを明らかにするため、移民労働者を送り出してきたモザンビーク南部の農村社会に焦点をあてる。

移民を送り出す社会は、植民地支配という外圧とそれに付随する資本主義社会との接合という変化を経験しながらも、自らの社会のあり方を可能な限り維持しようとする抵抗力を発揮する。つまり、一見すると静態的にみえる社会においても、植民地支配下で存続するための柔軟かつ不断の営みがあり、その営為は極めて動態的である。そうした社会の動態をとらえ、この移民労働が送り出し地域社会におよぼした影響を細部にわたって明らかにすることは、植民地支配下における資本主義の発展とアフリカ農村社会の変容を理解するうえで極めて重要である。

この課題に関する先行研究はおもにつぎの二つのアプローチに大別できる。第一に、送り出し社会における農民の階層化の度合いによって移民労働の影響を直接的にとらえようとする研究であり、第二に、間接的にではあるが、当該地域における植民地市場の形成という点で移民労働の影響を示すものである。

第一のアプローチに該当するファーストは、イニャンバネ州の農民世帯にとって移民労働による賃金は社会的に上昇するための手段であるが、その階層化も固定的ではなく、世帯主の年齢によって流動的であると結論づけている。[2] 後継のコヴァネは、同じく南部のガザ州における農民世帯間の階層化の一面を移民労働によって得た賃金を蓄積して経済的に上昇した成功例としてとらえ、これをアフリカ人農民の主体性の発露として肯定的に評価している。[3]

ファーストは調査当時、東西冷戦の代理戦争という性格をもつ内戦によって制約を受け、治安上の問題からイニャンバネ州を調査対象地としたが、植民地経済に起因する南部三州の地域的差異を認識し、比較の必要性を指摘していた。一方、コヴァネは移民労働者の送り出し数とその影響がもっとも大きいといわれるガザ州を調査対象地域としたが、歴史的にみるならばガザ州は必ずしも最大の送り出し地域であったわけではない。両研究において南部地域内部の差異は認識されながらも調査対象地域の位置付けは明確にされぬまま、移民労働の影響は送り出し地域である南部一帯に共通するものとして論じられてきた。

また、これらの研究で農村社会の変容について実証をおこなう時期は、政策的にポルトガル人の農業入植がおこなわれた一九四〇年代から五〇年代以降に設定されているが、この時期の農村世帯の階層化は移民労働のみならずポルトガル人入植者による営農および入植者社会の形成との関連で論じるべき問題であろう。[4] むしろ、十九世紀末以降一九五〇年代以前、つまり実効支配にともない、より広域に導入された小屋税と、それが一つの押し出し要因となって生じた移民労働によって、農村社会が貨幣経済に組み込まれた時期に焦点をあてることは極めて重要であると思われる。

さらに、先行研究は農村の世帯間で階層化が生じることを前提として議論を展開し、世帯を分析単位として社会変容をとらえようと試みている。その反面、世帯間の階層化として顕在化しない社会変容が生じた場合には、それを捕捉しかねるという制約をともなっている。ここで重要な示唆を与えると思われるのが、移民労働の影響に対する第二のアプローチであるアルコール飲料市場(以下、アルコール市場)の形成についての研究である。南部アフリカという広域の視角において、男性の賃金労働と対比させて、女性によるアルコールの生産・販売という経済活動がしばしば注目される。その理由は、賃金労働を通じて得られた現金の流れを、一定規模の地域社会を分析単位として捉え得るからである。[5]そうした研究のなかでも本章で扱う事例の特徴は、農村部における市場形成の過程で農民女性生産者が入植者およびポルトガル本国の産業と競合するという点にある。これに関してロフォルテやカペラがイニャンバネ州における移民労働者の賃金の用途とその財政的かつ商業的重要性を指摘し、移民労働者がもたらす現金をめぐる本国酒造業と植民地の新興産業との競合について検討してきた。[6]しかし、当該地域を本国と植民地産業の市場としてとらえるにとどまり、実際のところ競合していた第三の生産者であるアフリカ人農民女性の存在を看過してきたという点で課題が残されている。

以上の点を踏まえ、ここでは送り出し社会の地域的な特殊性とイニャンバネ州における市場形成の特徴の相互の関連について考察を深める。まず本節では、第一章第1節で言及したムフェカネをモザンビーク南部地域史の文脈で捉え直し、従来同質的に扱われてきた南部送り出し社会内部の地域的な特殊性を明らかにする。第2節以降では移民労働者によって獲得された現金の用途について検討する。具体的には、本国産業と入植者のみならず、アフリカ人農民女性が市場形成に参入し、移民労働者がもたらす現金をめぐって三者のあいだで競合と排除が繰り広げられた末に、アフリカ人農民女性が市場のおもな担い手となったイニャンバネ州のアルコール市場に注目する。

ポルトガル植民地行政への組み込みとイニャンバネ州の特徴

十九世紀半ば、モザンビーク南部の大半はムフェカネ以来ガザ・ングニが支配し、その支配に抗うツワ、トンガ、ショピは、ガザ王国と沿岸部に位置するポルトガルの名目上の国有地「王領地」との境界地域に集住していた。ツワ、トンガ、ショピはポルトガル地方行政機関に小屋税をおさめる代わりにングニの侵攻を受けると避難民として王領地に流入し、ポルトガル軍に庇護を求める間柄にあった（第一章第1節「ムフェカネへのポルトガルの対応」）。そうした関係を反映し、表13（一六九頁）に示すように、十九世紀末の時点でツワ、トンガ、ショピの集住地域であるイニャンバネ州の徴税率が南部三州のなかでもっとも高い。この事実は、他州に先駆けてイニャンバネ州が植民地行政に組み込まれていたことを示していると同時に、その納税を可能にした現金収入源が存在したことを意味している。その一方で、一九二〇年代から三〇年代を通じてイニャンバネ州への入植者数は南部三州全体数の五分の一にすぎず、農業入植にかかる投資は最高額に達した一九三九年でさえ、モザンビーク全体額の七％にすぎなかった。これに対し、ガザ州についてみてみると、一八九五年にポルトガル軍がガザ国王グングニャーナを捕らえたのち、ガザ王国の勢力を最終的に一掃して南部全域を行政地区として組み込んだのは一九〇七年のことであった。

こうした入植と農業開発の規模に照らし合わせると、イニャンバネ州では一定の現金が流入したが、入植者が担い手となる経済活動は小規模であったと特徴づけることができる。

「富」を規定する社会関係

モザンビーク南部一帯において課税と移民労働にともなって農村社会に貨幣経済が浸透する過程は、富の象徴とみなされる婚資の変化に顕著にあらわれる。しかし、その変化をみる前に特筆しておくべきは、婚資とされる「富」の地域的な差異である。婚資に現金が用いられる以前、ガザ州およびロレンソ・マルケス州では牛が用いられたのに対して、

モザンビーク南部行政区分(1907年以降)
出典：Penvenne, Jeanne Marie(1995), p. 21 をもとに作成。

イニャンバネ州では牛が用いられることは極めて稀であり、薬草やタバコの葉などの奢侈品のほか、山羊などの小型の家畜が用いられていた。この差異からイニャンバネ州ではなんらかの理由により、ガザ州およびロレンソ・マルケス州よりも牛を保有することに対して人びとが消極的であるか、牛の数そのものが極端に少ないことが考えられる。

十九世紀後半のイニャンバネ州の家畜に関する複数の記録が家禽や山羊を列挙しながらも牛について言及していないか、牛を所有していないことを明記している。[7] また、一八七八年の記録は「〔イニャンバネ州の北部の〕サヴェ川下流沿岸では良質の米が栽培されているが、トンガの人びとはガザ・ングニの関心を引いて略奪の対象となることをつねに恐れているために大量には生産しない」[8]と余剰生産を抑制する事情を説明している。平時には牛も含めた財の保有や余剰生産が奨励されるが、断続的に戦闘状態に陥る時世にはそれらが略奪の標的となることを避けるため、選択的に財を保有していないことがうかがえる。

さらに、一九三〇年代にいたってもガザ王の再来説が信じられていることは注目に値する。例えば、相互交流のない複数のインフォーマントが、一様に、ガザ王グングニャーナがポルトガル軍に拘束され、リスボンに連行された一八九五年以降も、グングニャーナがいずれ帰還するという説を述べている。こうした記憶は、インフォーマント自身も、ガザ王の再来に備えるためにングニに服従し、その文化を受容することを示す印として青年期にピアス風の穴をあけるという風習を通じて身体に刻んでいる。[9]

ングニに対する警戒が継続していたことを考慮すると、意図的に財を保有しないという慣行も継続された可能性がある。一九二〇年代初頭の記録をみても、牛の数はガザ州よりイニャンバネ州のほうが圧倒的に少ない。ガザ州では一九二二年当時人口五万七九五四を擁するシブト一区のみで一万六一四七頭の牛が記録されているが、イニャンバネ州では同年の州人口二五万八一四三に対して牛の数は州全体でも六一五四頭が記録されているにすぎない。[10] 大型の家畜という蓄財の手段が限定されたイニャンバネ州では、移民労働者の賃金がどのように消費されたのか。この点については第2

表13　モザンビーク南部３州小屋税収（1897～1926年）　　単位：エスクード

総督府歳入項目 / 年	ロレンソ・マルケス州		ガザ州		イニャンバネ州	
	金*	通貨	金*	通貨	金*	通貨
1897～98	—	34,290	—	29,147	—	297,106
1898～99	—	38,526	—	77,674	—	278,193
1899～1900	—	57,136	—	95,150	—	300,361
1900～01	—	28,054	—	44,760	—	184,016
1901～02		66,953		7,734		196,921
1902～03	—	68,937	—	1,329	—	286,327
1903～04	—	77,577	—	100,232	—	344,248
1904～05	—	176,066	—	117,280	—	368,586
1905～06	—	143,206	—	190,932	—	355,560
1906～07	—	161,297	—	308,622	—	373,638
1907～08	—	168,745	—	433,856	—	644,919
1908～09	—	431,336	—	—	—	653,194
1909～10	—	462,340	—	—	—	535,352
1910～11	—	611,391	—	323,841	—	160,866
1911～12	—	195,050	—	525,297	—	573,301
1912～13	—	269,026	—	237,949	—	554,718
1913～14	—	464,932	—	—	—	437,529
1914～15	—	756,306	—	—	—	565,506
1915～16	—	685,431	—	—	—	570,736
1916～17	—	852,037	—	—	—	527,924
1917～18	—	684,359	—	—	—	726,616
1918～19	—	713,072	—	—	—	598,745
1919～20	36,444	271,414	90,886	101,984	126,658	132,674
1920～21	42,647	429,338	88,684	37,350	138,959	151,842
1921～22	40,464	255,863	91,274	477	105,347	162,167
1922～23	47,156	550,599	66,879	1,050	71,054	91,204
1923～24	49,244	685,132	90,630	1,195	65,024	112,137
1924～25	79,810	209,820	64,603	390	59,181	36,041
1925～26	101,068	562,825	65,463	9,005	78,324	258,287

*　「金」は政府間協定に基づく金による延べ払いと思われる。

出典：1897～1905年はCapela, José(1977), p. 100 をもとに作成。

1905～26年はRepública Portuguesa(1930) をもとに作成。

節以降で考察する。

婚資の変化と貨幣経済の浸透

婚資の内容物には十九世紀半ば以降に一様の変化が生じている。婚資は物品から段階的に貨幣へと変化を遂げるが、その変化はモザンビーク南部が一部をなす広域の経済活動と有機的に関係している。そこでまず、モザンビーク南部地域と域外の経済的繋がりを概観したい。一八六〇年代末から七〇年代には、イニャンバネおよびロレンソ・マルケス両港からヨーロッパへ、ガザ・ングニが交易を独占する象牙、犀角《さいかく》、皮革などの希少資源に加えて、蜜蠟、カシュー・ナッツ、さらに植物油の原料となるヒマ、ゴマ、マフラ、コプラ、ラッカセイなどの油糧種子、そしてワニスの原料となるコパール樹脂、紫色染料の原料となる地衣類オーケルが輸出されていた。[11]

これらの産品がヨーロッパ市場へ輸出されたが、とくにフランス随一の植物油の生産地であるマルセイユ市場向けの油糧種子の需要が高まっていた。それというのもフランスではクリミア戦争(一八五三〜五六年)によって従来ロシア方面から供給されていた動物性油脂の流通が途絶え、代替原料となるコプラ、ゴマ、ラッカセイなどの油糧種子が求められていたのである。[12] こうしたヨーロッパ市場における原料の需要を反映し、モザンビーク産の油糧種子は一八五五年にパリで開催された万国博覧会に出品され、蠟燭《ろうそく》、石鹼、食用油、機械油の原料として注目を浴びた。[13] マルセイユの主要商社はアフリカ大陸東岸に進出し、イニャンバネには一八六七年に商館を設けている。さらに一八六九年にスエズ運河が開通すると同年のうちにロレンソ・マルケスにも商館を設けた。商社の買い付けにより、イニャンバネから輸出されるラッカセイの量は急激に増加した。その量はイニャンバネ沿岸部で使用されていた「パンジャ」と呼ばれる容量約三〇リットルの缶で一八六〇年代に八二五杯であったが、一八六八年には三万一〇一〇杯、七〇年から七一年には一一万六〇六一杯、そして七一年から翌年にかけては一六万四九八〇杯へと増加している。[14]

油糧種子のなかでもラッカセイはアフリカ人の副食でもあることから、生産と販売を担うアフリカ人農民女性にとってその増産は合理的であった。代価となった輸入品は綿布・ビーズ・蒸留酒、ヨーロッパで大量生産された鉄製の鍬などであった。この取引を通じて流通した鍬は、イニャンバネ周辺では一八七〇年代半ばから八〇年代に婚資として用いられている。[15]

つぎに、婚資は以下の複合的な要因によって現金へと変化した。リーズガングによれば、一八八〇年代半ば頃までに鍬は供給過剰に陥り、婚資としての価値を失った。また、八〇年代に頻発した旱魃《かんばつ》や蝗害《こうがい》などの非常時にはラッカセイが自家消費に回されるだけでなく、食糧難に陥った農民がラッカセイを仲買人から購入するという平常時とは逆の流れを生んだ。この非常時の取引で交換不可能であることが明らかになった鍬は婚資としての価値をさらに失い、九〇年代の牛疫によって交換可能な財産である牛が失われると現金の価値はいっそう高まった。[16]また、小屋税が一八七〇年代から一九一〇年代にかけておよそ四倍に増額され、ポルトガル軍によるガザ王国制圧を契機に小屋税の課税対象地域が拡大されると、婚資の現金化にはいっそう拍車がかかった。[17]

男性の婚姻状況は、婚資の現金化による社会的影響の一面を示している。一九一〇年代には婚姻可能であるとみなされる年齢は女性が十二歳、男性は十四歳から十五歳であったが、婚資を払うためには現金が必要であり、さらに婚姻後に独立世帯を構えた場合は小屋税を支払う義務が生じる。こうした経済的事情を反映し、イニャンバネ州マシーシェ郡では二十歳前後ですでに一人の女性と結婚している男性はその世代の半分程度にすぎないが、三十代から四十代の男性はほぼ全員が二人の女性と婚姻関係にあった。[18]ただし、旧来の慣習に従えば、それぞれの女性に独立した家屋を提供するはずであるが、家屋の数に応じて支払額が増加する小屋税を避けるために、婚姻関係にある複数の女性がしばしば同一の家屋に住むことを余儀なくされている。その一方で、同時期の五十代から六十代の男性についてみると、すべてが三人以上の女性と婚姻関係にあった。この記録者である地方行政官は、五十代から六十代の婚姻状況について、彼らが結婚したであろう一八八〇年代から九〇年代には小屋税額は一ポンド二〇セントで一九一〇年代よりも低額であったことを理由にあげている。[19] あるいは実効支配以前の時期であって小屋税の対象にすらなっていなかったことも考えられる。

小屋税をおさめるために現金を調達する方法は、男性世帯主自身が移民労働をおこなうだけではなかった。男性世帯主に娘がある場合、その娘の婚姻に際して婿から義理の親に贈られる婚資として現金を獲得しうる。植民地支配にともなって発生した現金の需要は婚資の現金化を加速させ、それとの関連で婚姻を控えた青年男性が婚資を準備するために移民労働へと向かった。イニャンバネ州地方政府長官の一九一五年の報告書によれば、オモイネ郡における十五歳以上の女性人口が一万〇五七二である一方で、同じ年齢層の男性人口は五八二二である。経済活動年齢にあたる成人人口が男女別に大きく異なる理由は、ラントへの移民労働に起因する成人男性の不在である。一九二〇年代には同地区オモイネから年間およそ二三〇〇人の男性がラントへ移民労働に出かけている。その規模は同地区の十八歳以上の成人男性人口の四分の一以上に相当するが、十八歳以上四十歳未満の男性に限定するとさらに不在の割合は高く、五分の三が不在となっている。[20]

こうした移民労働がイニャンバネの農村社会の成員によってどのようにとらえられていたかを示す事例がある。トンガ語やツワ語ではすでに移民労働に出かけたことのある者を指して「リジーリ」と呼び、それに対して一度も移民労働に出かけたことのない者を指して、愚か者、怠け者を意味する「ムバラ」あるいは「マンパラ」と呼ぶ。[21] それとは対照的に、移民労働から帰ってきた者を「マガイッサ」――「外の世界」を知る者――と呼ぶ。[22] ロレンソ・マルケス駐在のWNLA職員は、鉱山会議所への一九〇六年の報告のなかで、モザンビーク南部のアフリカ人住民がWNLAと契約を結ぶ動機として、不作の年への備え、モザンビーク植民地当局による強制労働の忌避、そして移民労働の経験を成人男性として認められるための「第二の通過儀礼」とする社会規範をあげている。[23]

2　アルコール市場をめぐる入植者とアフリカ人農民女性の競合

潜在的市場としての移民送り出し地域

金鉱地帯への移民労働は政府間協定によって単身の成人男性に限定され、WNLAによって一元的に管理された。それにのっとって移民労働者の大半はWNLAによって管理される。しかし、健康上の理由やあるいは納税拒否といった犯罪歴のために合法的な契約を結べないものは非合法の手段によって陸路でラントへ向かい、鉱山地帯で「現地採用」され、やはり管理の枠組みに組み込まれていく。[24]一回の契約期間は一二カ月もしくは一八カ月であり、契約が終了するたびに少なくとも六カ月は出身地域に帰郷することが義務づけられ、多くがこのサイクルを複数回繰り返した。すでに述べた蓄財手段の限定性を踏まえ(一六八頁)、以下では移民労働者が共通した条件のもとで出身地域にもたらす現金の用途について検証するため、移民労働者の出身地域と就業地のあいだの具体的な移動経路とその経路上に位置する市場について概観したい。

WNLAを介した合法の移民経路に従えば、イニャンバネ州出身者はイニャンバネ港から蒸気船を利用してロレンソ・マルケス港へ移送された。ただし、同州出身者の二割から三割に相当する同州南部のザヴァラ区およびイニャリメ区の出身者については最寄り港がガザ州のシャイシャイ港となるため、同港からロレンソ・マルケス港へ向かった。[25]モザンビーク領内のWNLAの拠点では身体検査を通過した者が移民労働契約を結び、ロレンソ・マルケスへ向かう蒸気船の待合場所へと案内される。その際、契約をすませた移民労働者である彼らには、代理組織から毛布と食事が支給された。[26]移民労働者はロレンソ・マルケスに到着したのち、鉄道に乗り換えてラントにいたる。そしてラントからの復路の要所である国境レサノ・ガルシア、ロレンソ・マルケス、シャイシャイ、そして終着港イニャンバネに市場が形成された。

市場の規模と移民労働者の賃金の送金率との相関関係についても注意を払いたい。移民労働者の賃金の一部はWNLAの管理のもとで固定換算レートに基づき金でポルトガル政府に支払われ、労働者に対しては帰国後に出身地域のWNLA支所においてポルトガル通貨で支払われた。「延べ払い」と呼ばれたこの送金制度は一九〇九年に選択制として導入され、二八年に義務化された。[27]

ロレンソ・マルケスに駐在するWNLA職員は、一九〇五年当時の賃金の基本的な用途は婚資、小屋税や家畜に代表される生産財、繊維製品や生活雑貨を中心とした消費財、アルコールの購入であると記録している。[28] また、イニャンバネ州地方政府長官によれば農村の収入は移民労働者の賃金(七八%)、農産物販売による収入(一六%)、その他の収入(六%)であり、支出は小屋税(四四%)、繊維製品(二二%)、「植民地ワイン(vinho colonial)」(一一%)という内訳で、残金が二三%である。[29]

この支出と入植者を担い手とする市場規模の関係については、付表4(八四頁)に示すイニャンバネ州人口のうち、とくにインド系入植者人口の分布が目安となる。なぜなら、「モニェ」あるいは「バニヤン」と呼ばれるインド系入植者らは油糧種子取引の増加した一八六〇年代以来、換金作物の仲買と雑貨の小売を兼業し、ヨーロッパ系入植者を圧倒して農村部でおこなわれる商取引の大半を担っていたからである。[30] それに対してポルトガル人が構えた雑貨店はイニャンバネ半島部のヴィラを除いては極めて限られており、一九一七年の時点でヴィランクロスに一軒、そしてイニャリメとクンバナに二軒ないしは三軒あるのみであった。[31]

つまり、インド系入植者人口の多い地域に現金を持ち帰るか送金することにより、移民労働者は前掲の物品を郷里で調達することが可能であった。その際、現金を自ら持ち帰ることにともなう紛失や窃盗の危険性を考慮すると送金を選択することが考えられる。表14(一七七頁)に示すように、送金が選択制である一九一六年から一七年当時の送金率は移民労働者が自主的に出身地域の市場を選択するか否かという傾向を反映しているといえるだろう。

ただし、付表4に示した市場規模の指標となる入植者の分布と、表14に示す送金率とのあいだに相関関係は見出せず、出身地の近隣に商業施設が存在する場合でも送金率が高いわけではない。その理由としては、送金制度に対する不信感、ラント市場の豊富な品揃え、さらに「白人の街」ラントで購入した品々を持ち帰ることによって高まる付加価値などが考えられる[32]。

参考までに、一九〇七年に国境レサノ・ガルシアで無作為に調査された帰還移民労働者の手荷物の内容を記してみよう。生地、綿ショール、ウール・ショール、シャツ、ベスト、石鹼バー、香水瓶、髭剃り、ハサミ、髭剃り用ブラシ、ベルト、櫛、毛布、鏡、ベッドカバー、石鹼箱、鞄、白綿布、小型ナイフ、斧、聖書、包丁、針、ゲートル、大工用墨壺、ビーズ、笛といった品々である[33]。以上の帰還移民労働者の手荷物の平均総額は一人当り四三レイス五七〇センターヴォスであった。一九一一年当時、ラントにおけるアフリカ人労働者一カ月の賃金は二・九ポンドであり、一九一〇年以前においてモザンビーク南部での為替レートは一ポンド＝四レイスであるから、平均総額は一〇・八九ポンド、三・七カ月分の賃金に相当した[34]。

前掲の品々のなかでもっとも多いのは繊維製品である。繊維産業は酒造業につぐポルトガルの主要産業であるが、移民労働者がラントで購入した繊維製品を大量に持ち込んでいたために本国産業が参入する余地は少なく、二十世紀初頭における繊維製品の輸入量は年平均二一二トンにとどまっていた[35]。このために一九〇九年協定では免税対象となる繊維製品の上限を移民労働者一人当り六〇キロに制限し、モザンビークの繊維製品市場の発達を阻害する補償として、トランスファール責任政府が帰還者一人当り七シリング六ペンスをモザンビーク税関に支払うことを定めたほどである[36]。

イニャンバネ地方政府の行政官は、帰還する移民労働者数を年間一万二〇〇〇人、手荷物の重量を免税対象となる一人当り六〇キロと仮定すると、持ち込まれる繊維製品は七二〇トンにのぼると見積もり、輸入量を大きく上回ることを懸念していた。[37] こうした植民地経済への直接的影響を憂慮する行政官に加え、当時の植民地総督は生活雑貨や装飾品とは別に鉛筆、インク壺、複数の封筒、筆記用の石板、そして聖書などを一人の移民労働者が複数点持ち帰っていることに注目している。[38] なお、これらの荷物は、ＷＮＬＡの手配する交通機関の終着地で荷運びを臨時の収入源とするために帰還者を待ち受ける、「ポーター」と呼ばれた女性たちによって帰還者の出身地まで運ばれた。[39] 荷役をおこなうのは、寡婦や配偶者が移民労働に出かけている女性であったという。[40]

入植者による蒸留酒生産

移民労働者の賃金の用途として繊維製品につぐものがアルコールであるが、とくに蒸留酒は奴隷貿易では火器と並び、油糧種子の取引では綿布・ビーズ・鉄製の鍬と並ぶ輸入品であり、旅行記にアフリカ人との交渉にあたり必須の携行品として記されるほどの需要があった。[41] この実態を把握していたモザンビーク総督府は、糖業を興す資本を蓄積するために初期投資が少額でありながら利幅の大きい蒸留酒の生産と販売を奨励している。[42] 何より、蒸留酒は上記の輸入品のうち唯一、入植者の技術によって輸入代替が可能な品であった。

一九一四年から一五年にかけてはイニャンバネ州への男性入植者七九三人のうち五三九人が内陸部に入植し、二二年には同州で農業開発にかかる土地利権所有者として三二八人が登録されている[43]（付表4〈八四頁〉参照）。農業入植者は大半がサトウキビ栽培とあわせて蒸留酒の製造・販売をおこなっていたが、資本の蓄積に成功し、糖業を起こしたのはわずか二例のみであり、そのうちの一社は二二年にイギリス資本に買収された。[44] 結局のところ、農業入植者の大半は蒸留酒の販売によって資本を蓄積し、糖業を起こすという当初の目標を達成できずに終わった。

表14　イニャンバネ州の移民労働者による送金(1916〜17年)

項目／地区	WNLA移民労働者数	受付				支払		預かり		返金**	
		件数	総額*	送金率	平均額*	件数	総額*	件数	総額*	件数	総額*
イニャンバネ	人 448	74	394	% 16.5	5.32	74	394	—	—	—	—
ヴィランクロス	2,001	54	310	2.7	5.74	46	280	5	21	3	—
マスィンガ	1,884	210	1,286	11.1	6.12	197	1,205	3	31	10	—
モコドエネ	1,019	323	2,354	31.7	7.29	299	2,123	24	231	—	—
モルンベネ	1,796	227	1,417	12.6	6.24	216	1,353	5	27	6	—
オモイネ	2,416	443	2,562	18.3	5.78	423	2,479	—	—	20	—
マシーシェ	930	578	3,032	62.2	5.25	573	3,014	—	—	5	—
パンダ	1,397	244	1,533	17.5	6.28	241	1,506	3	27	—	—
クンバナ	2,558	307	1,810	12.0	5.9	238	1,282	69	529	—	—
イニャリメ	3,729	133	1,233	3.6	9.27	123	1,043	21	190	—	—
ザヴァラ	5,645	118	3,024	2.1	25.63	106	2,893	8	104	4	—
合計	23,823	2,711	18,955	11.4	6.99	2,536	17,572	138	1,160	48	1,796

送金は1917年の記録を，移民労働者数は1916年の記録を使用。平均額は，労働者１人当りの送金回数を１回(１件)として計算した。

*　金額の単位はポンド。小数点以下略。

**　地区別の返金額については記載されていない。

出典：Distrito de Inhambane(1920), p. 107, 111 をもとに作成。

国境レサノ・ガルシアにおける税関検査
出典：Rufino, José dos Santos(1929), p. 109.

アフリカ人農民による蒸留酒生産

入植者によってイニャンバネに蒸留法が導入されたのは一八六〇年代であるが、まもなくアフリカ人農民によって模倣され、広く普及した[45]。イニャンバネ州全体では一八九八年の時点で蒸留酒の製造認可数は八六四七件にのぼっていた[46]。アフリカ人農民による蒸留酒の製造は入植者が原料としたサトウキビにとどまらず、メイズ、キャッサバ、柑橘類など、多種多様の原料を用いた。また、蒸留は素焼きの壺と木管・竹管あるいは近隣の鉄道施設などから「調達」した金属管を組み合わせて自作した蒸留釜と冷却装置を使っておこなわれた[47](一八〇頁参照)。なお、蒸留酒の生産は生産者である農民の住居近くの雑木林でおこなわれ、販売は住居の軒先でおこなわれる。

表15(一八〇頁下)に示す密造の摘発例からもわかるように、蒸留酒の生産および販売に携わるのは、農産物の加工・取引にかかる性別分業の延長上、おもに女性であった。農村社会では男性労働力を募る際にアルコール飲料をふるまう慣例があり、とくに移民労働者を送り出す農村地域では不足がちになった男性労働力を集める一手段として、従来生産されていた醸造酒と女性が自ら生産した蒸留酒を活用したのであった。さらにこれらの生産者は、醸造酒よりも長期間にわたり保存が可能である蒸留酒の特質を活かし、保存していた蒸留酒を移民労働者の帰還に合わせて放出するなどして商品化を進めた[48]。

蒸留酒の普及にともない、植民地行政文書には酩酊に起因する傷害事件や窃盗事件の増加についての記録が目立つようになる。一八九九年にはオモイネ区の「伝統的権威」とされるレグロ、マシャベラの管轄区で、酒造にかかる事業税の納税状況を監査していた植民地警察の末端官吏であるアフリカ人警察官シパイに対して二つの集落が武装し、監査活動を妨害した。その際にシパイに同行していたアフリカ人郡長が槍で殺害されるという事件が発生している。この事件について地方政府長官は、被害者の未亡人に対する見舞金として各集落に五日以内に罰金三〇ポンドの支払いと加害者の引き渡しを命じた。これが履行されなかったために騎兵隊が派遣されたが、住民はすでに住居と耕作地を捨て、逃亡していたという。[49] この事件から、蒸留酒の製造に対する課税が住民に武装させるほどまでに重要な問題であったことが読み取れる。

イニャンバネ州地方政府長官によれば、一九〇七年の州内のアルコールの販売は一三〇件、密造の摘発の末に破壊された蒸留器の数は二四九六個であった。そのほか無数の壺や大瓶が押収された。また翌〇八年には同州ザヴァラ区の行政官が密造の深刻さを示すために、押収した一五〇本もの金属管をロレンソ・マルケスの総督府に送っている。〇七年から〇九年のあいだに徴収された罰金は一万〇〇二五レイス三〇〇センターヴォスにのぼり、取締りにかかった費用は二六九〇レイスであった。[50] また、一七年に違法酒造の摘発の末にアフリカ人住民から押収された蒸留器の管の数はおよそ一万六〇〇〇本にものぼった。[51] その後もアフリカ人農民による蒸留酒の生産は絶えず、一七年には把握されるだけでも蒸留は二三七カ所、販売は一〇八五カ所でおこなわれている。[52] また、二二年にはイニャンバネ港に二〇万三六四〇リットルのポルトガル産醸造酒が輸入されているが、興味深いことに同時に容量約五リットルの大瓶入りのポルトガル産醸造酒が一万〇〇二四本、同じ大瓶が空の状態で八四〇〇本輸入されている。[53] これらの大瓶は、樽職人のいないイニャンバネの入植者によって生産される蒸留酒の保存に用いられていた。その一方で、大瓶それ自体が流通した末にアフリカ人生産者によっても用いられていることは、蒸留酒の密造摘発の際の押収品に大瓶が含まれることからも明らかである(表15)。

ここで農村社会における経済活動の担い手の変化をたどりたい。油糧種子貿易の最盛期の担い手は輸出品の生産・販売を担う農民女性であった。しかし、油糧種子貿易が縮小する一方で、新たに財としての価値を見出された現金を獲得する賃金労働の機会は男性による移民労働に限定されていた。植民地支配のもとで鉱山という特定の労働市場へ参入できるか否かは、性差によって決定され、男女の経済的地位は著しく変化したといえよう。この変化のなかで一度は財を得る機会を失ったアフリカ人農民女性は、蒸留酒の販売を通じて入植者と競合しつつも現金収入を得る機会を再度獲得

「植民地ワイン」の大瓶
大瓶の右にあるペットボトルの容量は500ml。(イニャンバネ州ザヴァラ地区にて。2004年，筆者撮影)

アフリカ人による蒸留酒の製造
アフリカ人はヨーロッパ人の蒸留法を模倣し，地元で調達可能な道具を用いて蒸留器とした。左側の蒸留釜は，現地でアフリカ人女性が作る陶器の壺を組み合わせたものである。中央部分は丸太をくり抜き，蒸留されたアルコールが通過するための管を通し，その周りには水を溜めて冷却した。
出典：Cabral(1910), p. 21.

表15　蒸留酒密造の摘発例

逮捕者性別	逮捕者数
	人
男	54
女	168

押収品	件数
大瓶	66
蒸留器	58
ヒョウタン製容器	45
瓶	6
壺	12
樽	14

イニャンバネ州ザヴァラ地区，1906年1月から9月30日までの逮捕者例。

大瓶は左上，蒸留器は右上の写真を参照。

出典：AHM, FGG, Governo do Districto de Inhambane, Repartição Civil, Secretaria do Governo, no. 240, Inhambane, 8 de Novembro de 1906, do Governador do Districto de Inhambane ao Governador Geral.

した。次節では、この過程に参入するポルトガル酒造業とアフリカ人農民女性の競合について考察する。

3　捕捉されないアフリカ人農民女性

ブリュッセル合意と通商環境の変化

奴隷貿易禁止に関する一八九〇年のブリュッセル合意は、大西洋からインド洋間の諸島を含む沿岸およそ一六〇キロ、北緯二〇度から南緯二二度のあいだの「熱帯地域」において奴隷貿易の交易品であった火器とアルコール度数二三度以上のアルコールの輸入販売を禁止し、その他の地域についても関税を設定した。[54] この国際的な潮流のなかで、ポルトガル政府はモザンビーク南部へのアルコールの輸入関税をアルコール度数一五度未満では一リットル当り八レイス、一五度以上一七度未満では一〇レイス、一七度以上では二〇レイスと定めている。[55] 市場の拡大をめざしていたポルトガル酒造業界は低関税の対象となる規定度数一杯一六度の合成酒を造り出し、「黒人用ワイン」あるいは「植民地ワイン」と呼んだ。

ところで、ポルトガル本国およびその植民地産のアルコールは一八七五年のポルトガル・トランスファール通商友好条約の特恵関税の対象としてラント市場に参入していた。[56] 同条約の締結前年、ロレンソ・マルケス港におけるポルトガル産醸造酒の輸入量はラントへ再輸出するものも含めて二万九〇〇〇リットルであったが、条約締結後の八四年にその量は一一万三〇〇〇リットル、八七年には一九万一〇〇〇リットルまで増加した。[57]

南部市場についてみてみると、一八九一年、ガザ王国には大瓶で年間およそ四万本から五万本のポルトガル産醸造酒が輸入され、同国との関係においてポルトガル酒造業が販路を得ていた。[58] さらに同年、ポルトガル政府はガザ王国のアルコール市場の独占を目論んで通商条約を結んだが、ガザ王国はポルトガルの意向を確認することなくＢＳＡＣに土地の利用を許可し、九三年には先のポルトガル産醸造酒をめぐる通商条約を反故にしたという。[59] これが九五年のポルトガルによるガザ王国制圧に繋がる契機の一つとなっている。

また、先のトランスファールとの通商条約はポルトガル産アルコールを特恵関税の対象としていたが、南アフリカ戦争後の通商関係を定めた一九〇一年暫定協定の関税部門ではポルトガル産アルコールが特恵関税の対象から除外され、本国の酒造業者がラント市場へ参入するための関税障壁は高まった。[60] そこで代替市場を確保するために、モザンビーク総督府は一九〇二年に南部へのポルトガル産以外のアルコールの輸入および酒造とその販売を禁止した。[61]

アルコール市場における競合と排除

一九〇二年の規制強化の結果、表16(一八四頁)に示すように翌年以降に南部地域に輸入されるポルトガル産醸造酒の量は急増した。ロレンソ・マルケス一港のみでポルトガル産のアフリカ向け醸造酒のおよそ四割を輸入し、その小売店カンティーナがガザ州だけで二〇〇〇軒余り存在した。[62]

しかし、南部地域内各地の市場をみると他州の輸入量が大幅に増加するなかでイニャンバネ州の輸入量は格段に少ない。第2節で述べた移民の経路同様に物流経路についてみると、イニャンバネ州南部のイニャリメ区およびザヴァラ区の最寄り港はシャイシャイ港であるため、同港で陸揚げされたポルトガル産醸造酒がイニャンバネ州内の上記の二区で流通した可能性がある。しかし、表17(一八五頁)の各区における酒造および酒類の販売許可数をみる限り、イニャリメ区およびザヴァラ区における許可数が他区と比べて少ないわけではない。したがって、同州南部のアルコール市場においてシャイシャイ港で陸揚げされたポルトガル産醸造酒が地元産のアルコールを凌駕するほどに流通していたとは考えにくいことから、イニャンバネ州へのポルトガル産醸造酒の輸入量は伸び悩んでいたといえるだろう。

イニャンバネ州でアルコール生産をおこなう入植者の大半は、現金獲得のために酒造・販売をおこなっている農業入植者にすぎなかった。入植者が生産・販売するのは、サトウキビを原料とする蒸留酒ソペとヤシ樹液を原料とする醸造酒スーラである。総督府が一九〇二年にこれらの酒造とその販売を禁じた結果、入植者は現金収入源を失う事態に直面した。[63]一二年には本国植民地省が上記のような入植者の事情に理解を示し、イニャンバネ州に限り、蒸留酒・醸造酒の製造および販売を許可制とした。[64]この規制緩和を受け、一四年から一五年については許可数が増加している[65](表17参照)。

しかし、総督府は一九一六年には同州における酒造および販売許可を一〇年間に限定し、そのわずか四年後の二〇年には一六年の条例を無効にし、イニャンバネ州における蒸留酒・醸造酒の製造と販売を全面的に禁止した。[66]この期限の設定とその繰り上げの理由は明らかでない。表18(一八六頁)は二四年のアルコール小売店の地域別の登録数であるが、二〇年に蒸留酒の製造が禁じられたのちにアルコールの販売が許可された小売店であるから、そこで販売されるのはモザンビーク産蒸留酒ではなく、ポルトガル産醸造酒である。小売店はロレンソ・マルケス州とガザ州に九七%が集中し、イニャンバネ州はわずか三%にとどまっている。

イニャンバネ州における酒造と販売についての規制方針が二転三転するなかで、一九一七年当時のモザンビーク総督はイニャンバネ州の状況について、民間資本に産業振興を期待した末の失敗であるという認識を示し、新規に開発をおこなうガザ州では国家主導の産業振興と開発計画が必要であると説いている。[67]イニャンバネ州における糖業興業の失敗と本国産醸造酒の市場開拓の失敗という二重の失策について総督府が諦観する一方で、植民地行政組織の末端部は植民地の行政力を凌駕しておこなわれるアフリカ人の酒造を摘発するために奔走し続けた。

ロレンソ・マルケス州およびガザ州では交易を独占するガザ王国内のアルコール市場にポルトガル本国酒造業が進出し、ガザ王国の制圧後は植民地支配を通じて直接的に本国酒造業が同市場を独占した。このため両州では移民労働者のもたらす現金のうち、アルコールの購入に充てられる現金は本国産業を潤す結果となっている。

一方、被支配民の集住地域であるイニャンバネ州では、住民は希少資源を扱う交易の担い手にはなりえず、蓄財には

表16　モザンビーク南部におけるポルトガル産醸造酒輸入量(1897～1914年)

税関所在地 ＼ 年	イニャンバネ			ロレンソ・マルケス(シャイシャイ向け通関手続き分)		ロレンソ・マルケス**	
年	輸入量*		価格	輸入量	価格	輸入量	価格
	ℓ	ℓ		ℓ		ℓ	
1897						3,400,000	386,000
1899						2,650,000	294,000
1900						4,033,000	389,000
1901	78,145	—	—	—	—	2,849,000	289,000
1902	91,572	—	—	—	—	4,518,000	472,000
1903	255,365	164,004	22,990.734	758,982	84,218	6,171,000	754,000
1904	500,996	492,553	70,450.969	1,770,777	202,931	8,040,000	1,048,000
1905	557,108	548,817	66,928.257	4,046,102	411,729	9,761,000	1,001,000
1906	719,360	656,280	70,160.233	1,913,066	178,602	8,881,000	831,000
1907	522,187	—	—	—	—	7,497,000	680,000
1908	257,401	—	—	—	—	6,764,000	564,000
1909	—	—	—	—	—	6,956,000	520,000
1910	—	—	—	—	—	7,208,000	528,000
1911	—	—	—	—	—	5,917,000	643,000
1912	—	—	—	—	—	7,437,000	765,000
1913	—	—	—	—	—	6,483,000	634,000
1914	—	—	—	—	—	5,629,000	567,000

価格の単位：レアル(1909～10年まで)，エスクード(1911年以降)

*　イニャンバネにおける輸入量の左欄はDistrito de Inhambane(1909), pp. 40～41 をもとに作成。

**　Liesegang(1986), pp. 505～506 をもとに作成。

上記以外はAHM, FDSAC, Secção A; Administração, Cota 70, Alfândega de Inhambane, série de 1906 をもとに作成。

表17　イニャンバネ州各区における酒造および酒類販売許可(1913～15年)

許認可状況／地区	1913年					1914年				
	ソペ製造許可	ソペ製造許可証収益	販売許可		販売許可収益	ソペ製造許可	ソペ製造許可証収益	販売許可		販売許可収益
			ソペ	スーラ				ソペ	スーラ	
		エスクード			エスクード		エスクード			エスクード
ヴィランクロス	—	—	—	—	—	2	20.00	7	—	35.00
マスィンガ	9	706.00	19	—	135.00	25	800.00	103	—	540.00
モコドエネ	9	380.00	109	—	745.00	30	1,290.00	533	—	3,060.00
モルンベネ	12	530.00	74	—	460.00	62	983.00	396	76	2,488.00
オモイネ	20	1,761.65	109	—	705.00	61	2,155.00	1,044	—	5,495.00
マシーシェ	3	130.00	62	—	400.00	25	740.00	332	246	2,122.75
パンダ	4	630.00	20	—	265.00	14	530.00	157	—	860.00
クンバナ	10	1,032.00	195	—	995.00	38	2,910.00	799	32	4,038.00
イニャリメ	4	270.00	28	—	140.00	40	1,540.00	465	—	2,325.00
ザヴァラ	2	260.00	47	—	440.00	3	130.00	333	—	2,645.00
合　計	73	5,699.65	663	—	4,285.00	300	11,098.00	4,169	354	23,608.75

許認可状況／地区	1915年				
	ソペ製造許可	ソペ製造許可証収益	販売許可		販売許可収益
			ソペ	スーラ	
		エスクード			エスクード
ヴィランクロス	4	40.00	11	—	55.00
マスィンガ	16	800.00	133	—	715.00
モコドエネ	14	750.00	188	—	—
モルンベネ	53	1,790.00	170	44	1,098.00
オモイネ	49	4,227.00	599	2	3,288.00
マシーシェ	13	400.00	135	237	1,087.50
パンダ	10	331.25	130	—	670.00
クンバナ	33	2,175.00	262	45	2,208.50
イニャリメ	30	1,160.00	174	—	870.00
ザヴァラ	3	535.00	137	—	1,015.00
合　計	225	12,208.25	1,939	328	11,007.00

出典：Distrtito de Inhambane(1916) pp. 44-47 をもとに作成。

表18　南部の醸造酒小売店の分布（1924年）

ロレンソ・マルケス州	市街地	120
	マラクエネ	46
	マニサ	36
	サビエ	27
	マグデ	37
	マプト	45
	ナマアシャ	27
ガザ州	ビレネ	71
	マンジャカゼ	88
	シブト	82
	ギジャ	28
	ヴィラ・ノヴァ・デ・ガザ	78
	シャイシャイ	142
ロレンソ・マルケス州およびガザ州合計		827
イニャンバネ州	市街地	15
	モルンベネ	2
	クンバナ	4
	イニャリメ	3
イニャンバネ州合計		24
南部地域合計		851
ケリマネ州	シンデ	11
	モザンビーク	9
ケリマネ州合計		20

出典：AHM, FDSAC, Secção Fomento, Cota No. 60, (1924)をもとに作成。

制約がともなった。その半面、本国酒造業に先行し、アフリカ人農民女性が中心的担い手となって入植者と競合するアルコール市場を形成した。さらに、のちに酒造が非合法化され、入植者による酒造は駆逐されたのに対してアフリカ人農民女性は酒造を継続し、本国酒造業の進出にとっては障害となった。

農村社会における経済活動の担い手という点からつぎのことにも留意する必要がある。油糧種子貿易の担い手であったアフリカ人農民女性は従来の経済活動の規模が縮小する一方でラント金鉱業を中心とした労働市場から排除され、財の獲得手段を一度は失った。しかし、アルコールの製造・販売はアフリカ人農民女性が再びその手段を獲得したことを意味している。

アフリカ人農民女性がアルコール市場の中心的担い手となったイニャンバネ州では、他州との比較において移民労働者のもたらす現金がより多く、農村社会内部で世帯の枠を超えて流通した。さらに、本章第1節「「富」を規定する社会関係」で述べた蓄財にかかる制約と抑制の慣行が消費を動機づけることから、財が当該社会内部で平準化される傾向が強いという結果をもたらしている。従来、同質的に理解されてきた移民労働者の送り出し地域内の社会的差異は、市場形成の多様性という経済的差異としてあらわれた。

この結果は総じて、モザンビーク南部イニャンバネ州の農村社会において移民労働者を送り出すこと、あるいは移民労働者となることが必ずしも否定的にとらえられてはこなかった事実に結びつく。移民送り出し社会の人びとは、植民地支配下で選択肢の極めて限られた社会において移民労働者を送り出すこと、あるいは自らが移民労働者となることを積極的にとらえ、正当化する価値規範を創出し、移民労働を通じて得た資源を最大限に活用してきた。しかし、それは同時に植民地支配との関連で培われた価値観を内面化し、移民労働者を送り出し続ける社会構造を再生産することでもあった。

終章

植民地主義の構造的遺産

1 南部アフリカ地域における支配構造の構築

帝国主義的世界におけるモザンビーク

本書では、モザンビークから南アフリカへの移民労働をめぐる問題に焦点をあて、南アフリカの鉱山開発に必要とされる移民労働者の供給を実現するための構造が、国際的な植民地支配の体制のなかで構築されてきた過程を検討してきた。終章では、分析の対象とした一九二〇年代から現在にいたる状況をたどることで、モザンビーク社会と南アフリカ、そして南部アフリカ地域にとっての植民地主義の意味について検討したい。第1節では、国際的に展開された植民地支配の体制という外圧との関わりから、モザンビークにおける植民地統治のあり方を整理する。第2節では、植民地統治のあり方を、ときに内面化しつつ変容したモザンビーク社会について考察する。

南部アフリカ地域における植民地支配の構造と経済開発を考えるにあたって、ポルトガル植民地に注目すると、以下の二つの特徴が際立つ。第一に、この国の植民地であるという領域的枠組みの存続可能性そのものがつねに問題となるため、おのずと、そこに持ち込まれる列強間の政治力学を逆照射するという特徴がある。第二に、財政的資源の限られたポルトガル植民地のなかでも、宗主国にとっての優先度が低く設定されたモザンビークの構造をみることは、ポルトガルによる植民地統治の特徴を際立たせることになる。

まず、第一の、ポルトガル植民地という領域的枠組みの不確実性という点についてみてみると、モザンビークがポルトガルの植民地支配下におかれたということは、列強の利害調整に起因する再分割の可能性をつねにはらんでいるということである。モザンビークを含むポルトガル植民地は、南アフリカ戦争が勃発する直前と、第一次世界大戦が勃発する直前の二度にわたり、イギリスとドイツによる再分割案の具体的な検討対象となっている。

ポルトガル本国の実情に照らしてみると、もとより財政的許容量の限界を超えた複数の植民地のあいだで、モザンビークは、本国議会において売却の可能性すら議論される植民地であった。宗主国であるポルトガル自体が、対外債務と流入した外国資本によって自国の近代化を進めるなかで、その宗主国によって実践される植民地モザンビークの経済開発は、外国資本の流入といった点で類似しつつも、より極端なものとなった。また、モザンビークの植民地経済は、従来の列強植民地にみられる宗主国と植民地の垂直的な関係に基づくのではなく、南部アフリカ地域の経済の中心である南アフリカ経済との繫がりを基盤としていた。ヨーロッパにおけるポルトガルの周辺性は、南部アフリカ地域において帝国主義が展開される過程で再現されたのである。

ポルトガル植民地であるがゆえの領域的な不確実性という問題は、第二の、植民地統治のあり方と直接的に結びつく。この問題を背景に外国資本からなる特許会社は、経済活動の前提条件である領土の保全が国際情勢によって崩れる可能性のある地域としてモザンビークを認識することになった。その結果、企業の活動を、長期にわたる投資回収よりも、短期的な資源収奪へと方向づける。モザンビークで実践された植民地経営のあり方には、モザンビーク領内で地域的に異なる経緯をたどりながらも一定の傾向が認められる。外国資本からなる特許会社の導入された北中部と、ポルトガルの直轄地域となった南部とでは、植民地経営の論理は異なるものの、いずれも人的資源を含めた資源収奪的な植民地経営がおこなわれた点は共通している。

モザンビークが他のポルトガル領とあわせて、イギリスとドイツによる再分割の検討対象となっているという国際政治上の事実は、モザンビークの開発への資本投資を遠ざけた。ドイツ領東アフリカと隣接するモザンビーク北部において、回収不能となりうる資本投資をともなう植民地開発がおこなわれず、換金作物栽培の強制と労働力の収奪が促進されたことは、同地の農村社会をことさら疲弊させる要因となった。北中部では、外国資本によって構成される特許会社が導入され、アフリカ人住民に換金作物の栽培を強制する一方、ポルトガルの他の植民地あるいは近隣の他国植民地の労働市場への「労働力輸出」をおこなった。それに対してモザンビーク南部がラント金鉱業の独占的な労働力供給地であり続けるために、モザンビーク南部に労働力市場を創出しうる開発は、ラント金鉱業の意向を受けた南アフリカ政府の圧力によって阻止された。

さらに、モザンビークでおこなわれていた強制労働は、労働者の斡旋を排他的におこなうＷＮＬＡの労働力調達と競合するかのようにみえるが、ＷＮＬＡにとって排除すべきものではなかったことを付け加えておきたい。ＷＮＬＡは、ポルトガルの植民地支配のもとで小屋税の未納や成人男性に課せられた労働義務を果たしていないといった理由で科される過酷な強制労働の存在が、アフリカ人男性を移民労働者として押し出す一要因として機能していたことを明確に認識していた。この強制労働は劣悪な条件のもとで道路建設や鉄道敷設、あるいは入植者農場での労働を強制され、賃金が支払われるわけでもなく、未納の税金を帳消しにするだけのものであり、アフリカ人住民に忌み嫌われていた。そのために強制労働と比較すればよりよい労働条件の労働市場、つまりは南アフリカ鉱山業へと移民労働者を送り出す要因となった。この強制労働の存在は、しばしばポルトガルの植民地支配が国際社会から非難される根拠となっている。一方、イギリスや南アフリカにしてみれば、モザンビーク南部が、南アフリカのアフリカ人居留地ホームランドと同様に労働力供給地としての社会経済的な機能をはたしながらも、イギリスもしくは南アフリカ自らの統治責任の対象領域の外にあることは好都合であった。モザンビーク南部地域は、こうして、北中部の特許会社領よりも、さらに直接的なかたちで南アフリカ経済に組み込まれ、アフリカ人住民の生存戦略として重要性の高まった経済活動が、一元的に移民労働に傾斜していく構造が作り上げられた。

十九世紀末から二十世紀初頭の南アフリカ戦争によって経済的利益を追求するための政治的障害が排除されたことは、近い将来に成立する南アフリカ連邦を核として、南部アフリカ地域の経済的秩序が編成されることを示していた。その編成のなかで、ポルトガル政府およびモザンビーク総督府は、労働力の供給を条件に、鉄道・港湾使用条件および関税に関する協議を有利に展開させる。この協議の枠組みにおいてモザンビーク南部は、ラント金鉱業が唯一獲得した排他的な労働力供給地であり続けることを前提条件としていた。

南アフリカ連邦政府および金鉱業との合意のうえで、ポルトガル政府がモザンビーク総督府に求めた役割は、つぎの点に集約される。それは、実効支配に先行して生じていた既存の移民労働の流れを組み込むかたちで法制度を整え、移民労働というアフリカ人住民の経済活動を捕捉することである。同時に、移民の流れに介入し、ポルトガルの植民地経営にとって最大限の利益をもたらすような枠組みを作り出すことであった。

ポルトガルでは、一八九〇年代以来の国民の反英感情の高まりを背景に、一九一〇年に共和政権が樹立され、共和制政府は、植民地の自治を促進する方向性を公に示していた。第一次世界大戦後には、モザンビーク総督府も共和制政府の方針に従い、植民地領内の開発を指向する。しかし、ポルトガル政府が掲げた植民地の自治の促進が、南アフリカとの従来の経済関係を覆すものではないことは、一九二三年合意にいたる協議の過程で明らかになった。これによって、対英従属への批判を支持基盤とするポルトガル内政と、すでに南部アフリカ地域で構造化された植民地間の関係を解消することは不可能となった。植民地外交の乖離が明白となったのである。

移民労働者の「庇護」という名目のもとで明文化されていく法制度には、ポルトガル・南アフリカ政府間協定の締結に乗じて、移民管理の手法を具体化するモザンビーク総督府の姿勢があらわれている。モザンビーク総督府が政府間協定の内容に付随・便乗するかたちで整えていった諸制度は、運輸サービスと関税の各部門の歳入と合わせ、最終的にモザンビーク総督府の財政に多大な実益をもたらしていた。そして、ポルトガル政府は、モザンビークの植民地支配を通じて、イギリス、南アフリカ、そして同国金鉱業との共益的な関係を構築していった。上述の諸関係を具現化した植民地政策として、本書で検討したポルトガル・南アフリカ政府間協定を位置づけることができるだろう。

ポルトガル・南アフリカ政府間協定の変遷と支配体制の延命

労働力の供給をめぐるポルトガルと南アフリカ両政府間の協定は、本書で検討した対象時期ののち、一九三四年に改訂されている。直近の一九二八年協定とのおもだった変更点は、移民労働者数の上限の設定と、金による賃金の「延べ払い」の全面的導入であった。モザンビーク総督府が植民地領内の労働力の確保を要望したことを反映し、ポルトガル政府は二七年当時八万二〇〇〇人余りに達していた移民労働者の雇用上限を八万人と定めることを求めた。これは南アフリカ政府に受け入れられたが、その翌年には、世界恐慌によって労働力供給をめぐる状況は著しく変化した。

南アフリカ金鉱業は、世界恐慌によって恩恵を受けたといえるだろう。それは金生産という特殊性による直接的な影響だけでなく、労働力供給の費用対効果の向上という間接的な影響もあった。それというのも、南アフリカおよび近隣のイギリス保護領の諸産業が、世界恐慌の影響を受け労働者を解雇したために、その労働力が金鉱業に流入したのである。

世界恐慌以降、先の協定に関するつぎの二点は、ポルトガル側の予期せぬ展開となった。一つは、ポルトガル政府が長年にわたり切望し、交渉を重ねた末に一九二八年協定で導入された金による「延べ払い」を、南アフリカ政府が自国の金保有高を維持するために停止した点である。もう一つは、ＷＮＬＡが労働者斡旋を差し控えたのである。これは南アフリカおよびイギリス保護領からの労働力の調達が容易になったことを反映している。一九二八年に協定が改定された時点では、モザンビークからの移民労働者は増加傾向にあり、そのためポルトガル側は労働者数の上限を八万人と設定することを要望したわけだが、その下限を定める必要性については考慮していなかった。モザンビークからの移民労働者数は二八年の九万〇九四一人を最多に、それ以降は減少しつづけ、三三年には四万八五二一人に半減した。[1]

こうした経済状況の変化を受け、一九三四年に両政府間で改めて協定が結ばれた。この協定では、「延べ払い」の決済方法が金から南アフリカ通貨に切り替えられることが決定された。その一方で、南アフリカ金鉱業は、ポルトガル・モザンビーク側の要求に応じて、常時、年平均最高八万人、最低六万五〇〇〇人のモザンビーク人移民労働者を雇用することを約束した。[2] おそらくは、この下限の数が、総督府の歳入を安定化させる最低数であったと思われる。

続いて、第二次世界大戦との関連で、モザンビークにおけるポルトガル植民地支配の二つの側面をとらえることができる。第一に、戦時中の南アフリカにおける産業の多角化という社会経済上の転機である。第二に、南部アフリカ地域における戦後のポルトガルによる植民地保有という側面である。

まず、第二次世界大戦中の南アフリカにおける産業の多角化という社会経済上の転機についてみてみよう。戦時中に外部からの物資調達が困難となり、内需を満たすため、さらには戦時下のヨーロッパへの供給を担うために、戦前は鉱業一辺倒であった産業は多角化した。こうした南アフリカ産業の多角化は、第二次世界大戦中および戦後の移民労働の動向に大きく影響している。

戦争が全世界的に拡大した一九四一年から、南アフリカでアパルトヘイト体制が確立される四八年まで、アフリカ人鉱山労働者における南アフリカ人の数は、四一年の一九万二七三〇人から四八年の一〇万七〇四三人まで四五%も減少した。そして、この間、南アフリカ金鉱業における労働力不足は、モザンビークをはじめとする近隣の保護領や植民地からの移民労働者によって補われ、アフリカ人労働者の総数は三〇万人程度を維持している。この時期にはモザンビーク、ベチュアナランド、レソト、スワジランドといった旧来の供給地に加え、マラウイ、南ローデシアおよび北ローデシア、さらにはポルトガル領アンゴラも新たな供給地として加えられた。

モザンビークについては、ポルトガル政府およびモザンビーク総督府は、一九四〇年協定において南アフリカ政府による移民労働者の供給数の上限引き上げに関する要求に応じ、一九三四年協定に定められた最大八万人という上限を一〇万人にまで引き上げた。その代わりにポルトガル政府は前回の協定で撤回されていた金による「延べ払い」を南アフリカ政府に再度導入させることに成功した。[3] この改定を受け、モザンビークからの移民労働者は戦中および戦後を通じて増加しつづけ、一九五〇年代半ばにははじめて一〇万人に達し、その規模は一九六〇年代まで維持された。

第二次世界大戦中の軍需と戦後の復興景気の恩恵に与り、南アフリカは経済的基盤を確立し、この状況は、戦後も依然としてポルトガルによる植民地支配下におかれたモザンビークとの繋がりを深める結果となった。南アフリカは、一定の経済的自立を成し遂げたのち、一九六一年にイギリス連邦から脱退した。六四年にはポルトガルおよび南アフリカ政府は政府間協定を改定したが、これについて特筆すべきは、金による「延べ払い」について、南アフリカ政府がその換算にあたって安価な固定レートを設定したことである。それは市場価格の動向にかかわらず、一トロイオンス三五ドルという固定レートであった。金の市場価格は、六八年に四三ドル、七二年に六五ドル、そしてモザンビークが独立を達成した七五年には、一五〇ドルにまで達していた。[4] 植民地支配の末期、ポルトガル政府は、金の市場と政府間協定による固定レートの差額を歳入として手に入れることができた。

つぎに、戦後のポルトガルによる植民地の保持について言及しておきたい。第二次世界大戦当時、ポルトガルは、サラザール独裁政権下で中立を保った。第二次世界大戦以降、東西冷戦のあいだも地政学的な重要性からサラザール独裁政権の存続が西側諸国によって容認され、ポルトガル政府は植民地を保持することができた。ポルトガルは、一九四三年にイギリスに、四四年にはアメリカ合衆国にアソーレス基地の使用を認めている。さらにポルトガルは、四九年に設立されたNATO（北大西洋条約機構）原加盟国のうち、唯一、非民主主義国として名を連ねている。[5] こうした政治体制にもかかわらず、ポルトガルが原加盟国として組み入れられたのは、アメリカ合衆国の軍事戦略上の関心を反映した要請による。それというのも、大西洋上のポルトガル領アソーレス諸島は、アメリカから中東への航空機の燃料補給の拠点であった。これをNATO基地としてアメリカが使用するために、ポルトガルのNATO入りが要請されたのである。[6] 西側諸国の反共戦略の一環として、結果的にポルトガルの独裁政権と植民地支配の継続も暗黙のうちに「承認」されることになった。

同時期の南部アフリカ地域では、南アフリカが一九四八年にアパルトヘイト体制を確立し、ポルトガルは植民地の保持に対する国際社会からの批判をかわすため、五一年に名目上、植民地を「海外領」と変更した。さらに南アフリカは、六一年にイギリス連邦を脱退した。この時点で、独裁政権下のポルトガルとアパルトヘイト体制下の南アフリカは、南部アフリカ地域における植民地主義と反共産主義という政治イデオロギーを共有するという点で親和性をもっていた。

2　植民地主義の構造的遺産と南部アフリカ社会の変容

モザンビーク南部社会と移民労働

モザンビーク南部地域では、十九世紀初頭から半ばにかけて生じたムフェカネに起因するアフリカ人の民族集団間の対立や、経済的困窮によって生み出された奴隷が、大西洋およびインド洋において売買されていた。こうした奴隷売買が禁止されるに従い、アフリカ大陸外への奴隷の供給は滞り、代わって大陸内部にとどめおかれることになる。滞留する奴隷労働力は、既存の首長との社会関係のなかで近隣の労働市場へ「移民労働者」として送り出されている。近隣の労働市場の中心地は、一八六〇年代以降のナタールのサトウキビ・プランテーション、キンバリーのダイヤモンド鉱山、そしてトランスファールのラント金鉱地帯へと移行した。

これらの労働市場へ繋がる移民の経路が、ポルトガルあるいはイギリスによる実効支配に先行して開かれ、モザンビーク南部社会から「移民労働者」が送り出されていた点は看過すべきではない。この時点では、植民地支配を通じた介入と強制よりも、アフリカ人社会内部の政治経済的な要因と労働市場の利害の一致によって「移民労働者」が送り出されていた。その様子は、新たな労働市場の出現や賃金の増減に際して、労働市場に参入あるいは撤退するアフリカ人の集団的反応にあらわれている。

モザンビーク南部では、ムフェカネの末に支配的民族集団となったガザ・ングニに対し、ツワ、トンガ、ショピといった被支配集団は、ポルトガル勢力に庇護を求める関係を構築していった。しかし、「実効支配」にともない、アフリカ人社会内部の関係性と対外的関係は、変化を余儀なくされた。支配集団であるングニと被支配集団の関係は、ポルトガルによるガザ王国に対する軍事侵攻によって逆転しつつ、ともに植民地支配に組み込まれていくことになった。

同時期に進められる奴隷貿易の禁止および奴隷制の廃止と、実効支配にともなう課税は、奴隷を解放する過程で賃金労働者を創出した。宗主国は、植民地において労働力を確保するための「合法的」手段を整える過程で、奴隷貿易の禁止および奴隷制の段階的な廃止から途切れさせることなく、植民地支配下で拡大する労働市場へ労働力を供給する経路を形成していった。モザンビーク総督府をはじめとして、隣接するイギリス領ナタール総督府やインド洋上のフランス領レユニオンの植民地行政機関とのあいだでは、モザンビークからの労働力調達のために、宗主国の異なる複数の植民地が相互に労働力政策を参照しつつ、ときには連携することさえあった。

移民労働者を受け入れる南アフリカ社会の変容に対して、送り出し社会であるモザンビーク南部の農村社会も著しい変容を遂げた。本書では、南部の移民送り出し社会のなかでも、これまでの研究が対象としてきたガザ州やマニカ州を、植民地支配の歴史のなかでも二十世紀にはいり白人の入植が政策的に進められた比較的新しい支配地域としてとらえてきた。白人入植の規模は、移民労働者の送り出しと同様に、資本主義経済の浸透の度合いをはかる一つの尺度であった。そして、ガザ州やマニカ州と比較して、植民地支配の歴史は古いが、白人の入植は小規模であったイニャンバネ州を分析の対象とした。

結論として、従来の研究と共通するのは、男性が植民地の労働市場に組み込まれていくのに対して、女性はその労働市場から排除され、移民送り出し社会にとどめられたという点である。その一方で、対象地域はつぎのような特徴をもつことが明らかとなった。従来の研究は、移民自体に焦点をあて、移民労働によって引き起こされる社会的上昇を肯定的にとらえて評価した。たしかに、多くの男性は、移民労働というかたちで組み込まれた植民地社会秩序のなかで上昇することを志向した。これに対して、本書では、移民送り出し社会に残る人びとの経済活動に注目し、社会的な階層化とは対照的に、富の平準化が進むという側面を浮き彫りにした。農村社会を経済活動の場とした女性たちは、植民地支配者が想定していなかった活動の選択肢を作り出した。それは、アルコール飲料という一商品の市場の担い手が、ガザ州ではポルトガルの酒造業者であるのに対して、イニャンバネ州では現地のアフリカ人農民女性であるという点で異なり、後者において富の平準化を促す経路が築かれていたことによって示された。

この点はまさに、移民送り出し社会が植民地支配という外圧のもとで確実に変化を経験しながらも、自らの社会のあり方を維持しようとする力を示している。さらに、この経済活動の中心的担い手が、賃金労働市場から排除された人びとであったことは特筆に値する。こうした人びとの営為は、南部アフリカ地域の経済構造を下支えする結果となっているとしても、それとは別に評価すべき対象である。

第五章で検討した事例は、ポルトガル植民地の特徴とも関連するが、帝国主義時代以前の入植者の経済活動と、帝国主義時代以降の植民地統治のあり方に齟齬《そご》が生じる場面である。一国の同一植民地内部の、いわば旧体制と新体制とのあいだに生じた齟齬は、宗主国自体が迫られた変容を映し出しているといえるだろう。第五章で扱った農村社会の事例は、翻って、そうした統治者側の齟齬の狭間に位置する社会であるからこそ、現地住民の経済的な主体性が、従来とは異なるかたちで顕在化した事例として特徴づけられるだろう。

移民を送り出す構造がいかに社会に内在化され、維持されるのか。それを理解するために移民を送り出す農村社会の分析は不可欠であった。この点についてこれまでの研究の結論は、現金収入が直接的に移民労働者を送り出す世帯の貧困の解消に繋がるという方向性で論じられていた。それに対置するならば、第五章の結論は、現金収入は移民労働者の送り出しの有無を問わず、世帯の枠を越えて消費され、結果的に平準化されることで、農村経済全体が活性化されると特徴づけられる。これまでの研究と本書とでは、結論とそこにいたる経緯は大きく異なる。それにもかかわらず、いずれの移民送り出し社会においても、移民労働自体は肯定的にとらえられている。

移民送り出し社会の人びとは、植民地支配下で選択肢の極めて限られた社会状況において、移民労働者を送り出すことあるいは自らが移民労働者となることを積極的にとらえ、正当化する価値規範を創り出してきた。しかし、それは同時に植民地支配と分かちがたい価値観を内面化し、移民労働者を送り出し続ける社会構造を維持することでもあった。この移民送り出し社会がおかれた状況を、送り出される移民労働者とあわせて、再度、南部アフリカ地域という広域の枠組みにあてはめるとどのようにとらえられるだろうか。

ラント金鉱地帯の移民労働者たち

労働力調達の組織化と、南部アフリカ地域における植民地支配の体制の確立は、ほぼ一体化していたといっても過言ではない。開発地域のなかでも、新規に開発されたラント金鉱地帯では、先行して開発されたナタール、キンバリーにおける労働力の調達と管理の手法が踏襲されてきた。植民地開発に関わるこれらの手法は、その後の南アフリカ社会において、アパルトヘイトというかたちで再現されることになる。南部アフリカ地域一帯で労働力の調達と管理が組織化され、とくにモザンビーク南部では、移民労働の公的な経路がWNLAに一元化されていたために、人びとの交渉力は減退させられた。

こうした変化と同時に、移民労働者として地域を移動するアフリカ人には、その管理者となる鉱業界と政府機関によって特定植民地の出身者であるという属性が刻まれていく。労働者となるアフリカ人は、労働市場において競合する他者との差別化をはかることで自らが帰属する集団を消極的に肯定する。雇用者が安価な労働力を求めて導入する移民労働者が、早くも十九世紀末の時点で集団間の対立を引き起こしていたことは、第三章第1節「アフリカ人労働者のあいだの競合と対立」でも取り上げた。企業あるいは政府側が「部族抗争」と一蹴する対立は、移民労働システムそのものによって引き起こされていた。そうした対立は、後述するとおり、その後も散見される。南アフリカで就業する内外のアフリカ人労働者のあいだでは、労働条件だけでなく、内面化された意識のうえでもヒエラルキーが形成されてきた。それは、就業空間における分割統治の実践の結果にほかならなかった。

本書の分析対象とする時期よりも後年になるが、つぎにあげる二つの「部族抗争」の事例は、いずれもストライキへの参加や協力を拒むモザンビーク人に言及している[7]。まず、一九四六年にハンガーストライキへの協力を拒んだモザンビーク人に対して向けられた暴力である。そして、さらに時代はくだるが、一九八二年におこなわれたストライキに対しても、モザンビーク人が協力を拒んだことがきっかけとなり、「複数のエスニック・グループがモザンビーク人を襲撃」[8]した。この事例では、モザンビーク人が襲撃された理由は、モザンビーク人がストライキへの参加を拒否したことにある。加えて、現場監督官（ボス・ボーイズ）の多くがモザンビーク人であり、労働現場の階層性と「部族対立」が関係することが指摘されている。襲撃の際に放火されたモザンビーク人の部屋は、モザンビーク人労働者のなかでも現場監督官の居室に限定されており、他のモザンビーク人労働者は襲撃をまぬがれていたのである。

南アフリカにおけるアフリカ人のあいだの対立を分析した研究によると、これらの集団間の対立は、一次史料である南アフリカ政府原住民問題局の文書では、「部族抗争」と記録されている。しかし、先行研究が指摘するように、実際には対立する集団の属性は、必ずしも民族的な属性ではなく、労働現場の階層と強く結びついていた。[9]対立の内実は、就業空間の配置や役職、あるいは新規の労働力が特定地域から集団的に導入されることによる就業空間の再編にともない、既得権益の喪失に直面した集団の抵抗を契機として発生している。

こうした理解に基づけば、一九四六年と八二年のストライキが非日常的なできごととして認識され、記録として残されていることの背景が浮かび上がる。これらのストライキは何を契機としていたのか。この点は、先行研究が説明を欠いている部分でもあるが、あえて、この時期のストライキが取り上げられる理由が存在する。それというのも、一九四六年と八二年の鉱山労働者のおかれた状況には、共通性がみられるためである。当時、最大規模であった南アフリカ出身労働者の数が四二年および八二年の両年ともに頭打ちとなり、それ以降に急激に減少している。ストライキの結果なのか、労働環境の変化を強いられたことによってストライキが決行されたのか、といった点の検討は別の機会に譲るとして、これらのストライキの参加を拒むモザンビーク人の論理は、つぎのように理解できる。

その理由は、彼らの出身地の状況を考慮すると明らかである。リーズガングによれば、南アフリカの金鉱地帯でストライキが決行された翌一九四七年、モザンビーク中部から南部にかけては旱魃とそれに起因する飢餓が発生している。[10]旱魃に起因する飢餓の発生は、実際には前年の四六年から予測が可能な現象である。なぜならば、飢餓は、厳密にいえば不作の年に発生するのではなく、前年の収穫物を食べつくしたときに発生する。言い換えれば、飢餓が発生するのは、不作の翌年である。これを、四七年のストライキへの参加を拒否するというモザンビーク人の反応とあわせて考える必要がある。

一九四七年の時点においてラントで就業しているモザンビーク人の大半は、四六年に郷里で一二カ月から一八カ月間の移民労働契約を結んでいる。当然ながら彼らは、四六年のモザンビーク南部における農作物の不作という状況を認識したうえで、移民労働に赴いている。南アフリカ金鉱業へ移民労働に出る者は、旱魃と飢餓という農村社会の危機に対応して、現金収入を獲得し、それと同時に自らが移民労働に赴くことで口減らしの役割をはたしたのである。

さらに、ストライキへの参加を拒否して襲撃の対象とされたのが、現場監督官であったという点は重要である。現場監督官の役職に就く者は、鉱山労働の経験が豊かな者に限られる。モザンビーク人が現場監督官の役職に就くことが多いのは、相対的に契約期間の長い移民労働を繰り返し、半熟練の労働者としての地位を築きつつあったためである。その一方で、労働者のなかでも経験の豊富な男性が、郷里においてどのような社会的な立場にあるかという点を考えたい。すでに移民労働を繰り返し、ラント鉱山で現場監督官となる男性は、婚資を稼ぐために身一つで移民労働に就いたばかりの若年層ではなく、多くが既婚者である。彼らは養うべき大家族をかかえ、郷里の社会において期待される役割も異なるのである。

移民労働者として郷里を離れる男性たちの行動や、送り出し社会に残ることとなった女性たちの営為を含め、社会的属性の異なる個々人が、おかれた状況に応じた経験の総体は、その状況を作り出す体制そのものを物語る。

東西冷戦期のモザンビークの矛盾と葛藤

一九七五年の独立後は、モザンビーク解放戦線（ＦＲＥＬＩＭＯ）とモザンビーク民族抵抗（ＲＥＮＡＭＯ）の武力対立に加え、アパルトヘイト体制下の南アフリカ政府による「不安定化工作」が事態を悪化させた。冷戦期の代理戦争と化した紛争は一六年間続き、この間に、モザンビーク国内の経済活動は危機的状況に陥った。植民地経済の中心を担っていた白人入植者が大挙して本国へ帰還したために、国内生産量は減少した。国家の重要な財源であった輸送サービスは、インフラ設備が破壊されたために貨物輸送量が激減し、打撃を受けた。

モザンビーク政府は、モザンビーク経済の要である運輸サービスと移民労働の動向について、独立直後から極めて高い関心をもっていたが、それは隣国との関係に直接左右されていた。植民地期を通じて運輸サービスと移民労働は、モザンビークが外貨を獲得するうえで重要な役割をはたしてきた。また、移民労働は、何よりも国民の暮らしにただちに深刻な打撃を与えうる問題であった。モザンビークから南アフリカ鉱山業への移民労働者の数は、独立直後から激減する。一九七五年には約一一万八〇〇〇人の移民労働者が南アフリカ鉱山業に受け入れられていたが、翌七六年には四万四一〇〇人にまで落ち込んでいる。同年以降、南アフリカ鉱山業界は、労働者の全体数を維持するために、モザンビーク以外の地域からの移民労働者受入数を大幅に増やした。

独立以前、FRELIMOは、南アフリカへの経済従属を象徴するこの政策に終止符を打つことを公約として掲げていた。一九七六年、同政権は、モザンビーク内にあったWNLA事務所二一カ所のうち、一七カ所を閉鎖し、移民労働者数は四万人程度にまで削減された。[11] しかし、独立後のFRELIMO政権でさえ、この政府間協定に基づく関係を完全に解消することはなかった。南アフリカの鉱山業によって提供される雇用機会も含めて、同協定によってモザンビークにもたらされる利益は大きかった。

一方、南アフリカ政府は、IMFとの合意のもと、自国の外貨準備高のうち金保有分を再評価したことを契機に、移民労働者への金による「延べ払い」を一九七八年に停止した。[12] これによってモザンビークが当時失った外貨収入は年間一億六〇〇〇万ラントと見積もられている。[13] しかし、金による「延べ払い」が撤回されたとはいえ、移民労働者がモザンビークにもたらす外貨は、新興国家の政府のみならず、何より国民にとっても重要な収入であり、移民労働者が絶えることはなかった。

モザンビーク政府は、マラウイ、ザンビア、レソト、そしてスワジランド各国政府とともに、南アフリカへの移民労働者送り出し国として、また、アパルトヘイト体制下の南アフリカと国境を接するフロント・ライン諸国として、一九八〇年に南アフリカへの移民労働者の送り出しを停止することの実現可能性について協議している。しかし、代替可能な政策を立案することはできず、南アフリカ企業によるモザンビーク国内での鉱山労働者の斡旋を容認せざるをえなかった。モザンビーク政府は、国内に労働市場を創出すると同時に、白人農業従事者が本国へ帰還したために生じた生産性の低下を回復しようと農業の集団化をはかった。しかし、この政策によって創り出された集団農場の経営が軌道に乗ることはなかった。

一九四六年のストライキへの参加を拒否したモザンビーク人移民に対する襲撃の状況は、八二年の襲撃にもあてはまる。一九八〇年代初頭のモザンビークは旱魃と飢餓に襲われていただけでなく、東西冷戦の代理戦争といわれる紛争状態にあった。一九八三年から八四年の初頭に東アフリカ一帯を襲った旱魃によって生じた飢饉に際して、東西冷戦下の戦略的援助の方針に基づいて、社会主義政権下にあるモザンビークに対する西側諸国の援助はいたずらに引き延ばされた。この間、モザンビークでは、一〇万人もの人びとが犠牲となった[14]。モザンビーク出身の鉱山労働者は、こうした過酷な状況から脱するため、南アフリカの鉱山で就業した。そのモザンビーク人男性たちが、鉱山の操業に支障をきたしかねないストライキへの参加を拒むのは、相応の理由があると思われる。

鉱山労働者となったモザンビーク人がこうした行動にでる一方で、鉱山労働市場に参入することが不可能な人びとが存在した。一九八五年から九二年のあいだには、三五万人が紛争避難民として南アフリカに流入したと見積もられている。アパルトヘイト体制の末期、南アフリカ政府は、これらの人びとを難民として受け入れたわけではない[15]。その多くは、国境近くに非正規に住居を構えて農場労働者となるか、ヨハネスブルグ近郊のタウンシップに流入し、都市雑業や日雇い労働者となって生計を立てた。

一九八〇年代半ば、アパルトヘイト体制下の南アフリカ政府は、南アフリカ鉱山業に受け入れる移民労働者の数を大幅に削減することを決定した。この決定は、あくまでも南アフリカ国内の失業対策の一環であったが、移民労働者送り出し国への影響が大きかったことはいうまでもない。一九八四年のモザンビーク・南アフリカ間の相互不可侵友好協定を締結するにあたり、モザンビーク政府は南アフリカ政府の受け入れ労働者数を増加するよう要求していた。独立後にマルクス・レーニン主義を掲げていたモザンビーク政府は、政治的には対立する南アフリカに対して経済的に依存するという矛盾をかかえた。それは、外貨獲得の手段として南アフリカへ移民労働者を送り出しつづけたことからも明らかである。

東西冷戦が終盤となった一九八〇年代にいたり、モザンビークにおける戦局に変化をもたらした要因の一つに経済的問題がある。冷戦期の東西両陣営による戦略的援助はアフリカに残存する植民地経済の脆弱性を覆い隠しつづけた。しかし、東西冷戦の末期にはそうした戦略的援助が途絶え、モザンビークをはじめとするアフリカ諸国の債務問題が露呈し、のちの世界銀行とIMFによる構造調整政策という介入を招くことになる。最終的にモザンビークは、西側諸国からの経済的援助を求めるために社会主義国としては最初の一九八四年にIMFとの合意にいたり、資金援助を取りつけ、八九年にFRELIMO政権はマルクス・レーニン主義を全面的に放棄することを宣言した。しかし、債務問題の解決策として採用された構造調整政策は、必ずしも植民地経済の構造を改めるものではなかった。[16]

南部アフリカ地域と今日的課題

南部アフリカ地域では、東西冷戦の終結とアパルトヘイト体制の崩壊という環境の変化をへて、民主的な政治制度の導入と経済的な統合が進んだ。モザンビークと南アフリカの関係も、東西冷戦時代の政治思想の対立と経済的な依存という矛盾は解消された。しかし、そこで解消されたものは、矛盾した両者の関係のみであり、植民地期以来、存続する経済構造の本質に変化はない。その一方で、国家の枠組みを超えた地域のレベルで、抑圧的性質をもつ経済構造を克服しようという契機も存在してきた。ただし、地域に埋め込まれた構造を克服しようという試みは、必ずしも成功してはいない。

南アフリカにおけるモザンビーク移民のおかれた状況についてみてみると、アパルトヘイト後の南アフリカ政府は、一九九五年から九九年のあいだに南部アフリカ開発共同体（SADC）市民である移民に対して三度、市民権を供与する機会を提供しており、これにはモザンビーク人も含まれる。その対象者は、第一に鉱山労働者、第二にSADC加盟諸国からの非正規移民、そして第三に紛争中に南アフリカ国内にやってきたために第二の機会に申請できなかった者、あるいはその資格を認められなかったモザンビーク人である。これらの機会の提供は、アパルトヘイト期の排他的な移民政策の対象であった非南アフリカ人が、南アフリカの経済発展に寄与してきたという事実に対する、民主化後の南アフリカ政府の認識の変化を示している。

第一の事例は、南アフリカのANC政権が、近隣諸国からの移民労働者に対して一定の条件で南アフリカにおける永住権を付与することによって、アパルトヘイト体制への布石とみなされてきた移民労働システムを改革しようとした試みであった。しかし、申請資格に該当する鉱山労働者の数から当初見積もられていた一〇万四〇〇〇人に対して、五万一五〇四人が南アフリカ政府へ申請するにとどまった。

第二の事例は、一九九〇年以前に南アフリカへ非正規に入国したSADC市民または南アフリカ市民と婚姻関係にあるSADC諸国出身の非正規移民に対するものである。この機会は一回限りの免責措置という条件付きではありながらも二〇万一六〇二人が申請し、一二万四〇七三人が認可された。

第三の事例は、元難民のモザンビーク人に対する市民権の付与である。これは一九九二年にモザンビークおよび南アフリカ政府、そしてUNHCR（国連難民高等弁務官事務所）によって、八五年一月から九二年十二月までに南アフリカに流入したモザンビーク人に対する難民の地位についての合意が形成されたうえで九六年十二月に決定され、九九年八月から二〇〇〇年二月にかけて施行された。

南アフリカに流入したモザンビーク人難民は、およそ三五万人と見積もられる。そして、一九九〇年代初頭にUNHCRの主導で進められた自主帰還プログラムを通じておよそ七万人が自主的に帰還した[17]。難民の規模に対して、申請したのは一三万〇七四八人、二〇〇一年半ばまでに認可されたのは八万二九六九人であった。申請条件は、上述の期間にモザンビークとの国境を接する南アフリカ各州に居住する者に限定され、他地域に居住する者は該当者とはみなされなかった。流入した難民が都市雑業に従事する可能性は十分にありながらも、申請条件を満たす条件として一大都市ヨハネスブルグを擁するハウテン州が含まれていなかったことは、申請者および認可対象者の数を引き下げる一つの要因となっていた[18]。

前掲の難民の部分的な認定とモザンビーク人難民の自主帰還プログラムがおこなわれていたのとほぼ同時に、大規模な強制送還の政策が採られている点は特筆に値する。把握されている限りにおいて、一九九〇年から九七年までの送還者の累積数は、およそ九〇万人で、そのうちモザンビーク人は八二・一%、およそ七三万人にのぼっている[19]。一九九〇年代後半にとられた措置が、南アフリカの市民権を付与する機会を提示しつつも、その条件から漏れる者の送還と抱き合わせで実践されていたのである。そして、こうした強制送還を逃れて南アフリカ領内にとどまった者は、しばしば、南アフリカのアフリカ人による暴力的な排斥の対象となってきた。

ここで、序章で提示した視座に立ち戻りたい。本書の冒頭に紹介したように、二〇〇八年に南アフリカで過去最大規模となった暴力的な難民排斥には、たしかに、アパルトヘイトという植民地状況からの独立後に国民形成をはたす南アフリカにおける、市民権という新たな要素が付け加えられている。しかし、南部アフリカの全域を組み込みつつ展開してきた鉱山労働システムの歴史を紐解けば、それ以前も早くは一八九〇年代から、一九四〇年代、そして独立解放闘争期の八〇年代でさえ、アフリカ人のあいだの暴力が「部族抗争」として存在してきた。そして、そうした「部族抗争」の内実は、南アフリカ内外出身の労働者のあいだで、労働市場の再編にともなって発生した経済的な利害の対立であった。二〇〇八年の襲撃事件にも、こうした要素は多分にして含まれているように思われる。

本書では、こうして歴史的に複雑化されてきた社会経済的な構造を実証的に明らかにすると同時に、その構造に対峙しながら生活する地域の人びとの動態に接近することを試みてきた。そして、基幹産業の労働市場という側面から、部分的ではあるにせよ、市場を形成する国際的な資本主義の論理と労働者を生み出す社会の関係に即して、地域史を再構成してきた。本書を通じて明らかにしてきた支配の現場の実態に照らすならば、独立解放闘争にまつわる「連帯」という認識をあえて相対化し、再検討したことは、南部アフリカ地域社会の構造をモザンビークという周辺からみて明らかにするという点で一定の意味をもつだろう。

最後に、本書での考察を通じて、新たに設定される検討課題について記したい。まず、本書では、南アフリカ金鉱業とその労働力供給地となった地域の関係について、構造的に極端な事例と思われるポルトガル植民地支配下のモザンビークの事例を検討してきた。しかし、この事例を南部アフリカ全域のなかに位置づけ、その特徴をより明確にするためにも、非ポルトガル領の労働力供給地との比較、あるいは南アフリカ金鉱業以外の労働市場との比較をおこない、本書で扱った事例との関係性を明らかにする必要があるだろう。この課題については、目下のところ、労働力の供給をめぐって南アフリカ金鉱業と競合していた南ローデシア鉱山業について、南ローデシア政府文書および南ローデシア鉱山会議所史料を用いた分析が可能であろうと考える。

また、同じポルトガル植民地でありながらも、南アフリカ金鉱業の労働力供給地とならなかったアンゴラについても検討が必要であろう。アンゴラでは、一九一二年にダイヤモンド鉱脈が発見され、さらに一九五〇年代に油田が発見されているという点で、そうした天然資源が同時代には発見されなかったモザンビークと極めて対照的である。アンゴラとモザンビークに対する植民地政策と現地社会の動態の比較をおこなうことで、先の課題と合わせて、南部アフリカの地域史をより立体的に描くことが可能となるだろう。

さらに、世界史的な視点に立てば、つぎの点は現代世界を考えるうえで重要となるだろう。それは、近現代史における産業化の後発国であったポルトガルが、植民地を保有するというかたちで他地域を統治・開発する主体となったということである。宗主国であるポルトガルの産業化自体、産業化の先発国による資本投資の対象となっていた。その宗主国経済のあり方は植民地でも再現され、本書でも明らかにしてきたように、領土の大半が宗主国以外の外国資本の影響下にあった。そして経済的資源の限られたポルトガルによる統治は、長期にわたる独裁政権のもと、植民地においてはなおさら過酷な強制と収奪的な開発を現地の人びとに強いてきた。モザンビークをはじめとして、現代の南部アフリカ地域は、植民地期に宗主国の経済的特徴を投影しつつ、構造化された社会経済関係を引き継いでいる。そして現代の開発の主体となるのは、独立後、多くは紛争を経験し、近年ようやく紛争のない状態にある国々である。これらの国々は、いうなれば産業化の最後発国である。

先発国であるか後発国であるかは相対的な問題にすぎず、連続する時間軸のうえでは後発国でさえ最後発国に対して先発の立場となり、新たな関係を結ぶ。そうした関係性がどのような特徴をもつのか考えるとき、本書を通じて明らかにしてきた歴史的経験は、考察の一助になるであろう。

あとがき

本書は、二〇一二年三月に津田塾大学大学院国際関係学科に提出した博士論文「二〇世紀初頭のモザンビークにおける植民地支配の構造と展開――ポルトガル植民地主義と南アフリカ金鉱業」をもとに書き改めたものである。各章の内容の一部は以下の論考に基づいている。また、博士論文の執筆に際して実施した調査は、後にあげる研究助成によって可能となった。

第一章

「南部アフリカにおける植民地支配と移民労働――モザンビーク農村社会の変容と南アフリカの金鉱業の発展」駒井洋・小倉充夫編著『叢書グローバル・ディアスポラ5　ブラック・ディアスポラ』明石書店、二〇一一年、一三五〜一五八頁。

第二章・第三章・第四章

「ポルトガル植民地支配とモザンビーク南部における労働力移動――ポルトガル・南アフリカ政府間協定の締結過程（一九〇一〜一九二八）」『歴史学研究』第八三二号、二〇〇七年、一九〜三四、四一頁。

「南部アフリカにおける支配の重層構造――ポルトガル領モザンビークにおける南アフリカ金鉱業の労働力調達」井野瀬久美惠・北川勝彦編著『アフリカと帝国――コロニアリズム研究の新思考にむけて』晃洋書房、二七五〜二九一頁、二〇一一年。

「国家・社会と移民労働者――南アフリカ鉱山における労働者の協調と分断」小倉充夫編『現代アフリカと国際関係

――国際社会学の地平』有信堂高文社、二〇一二年、一二九～一五六頁。

第五章

「モザンビーク南部の移民送り出しとその社会的影響の地域的多様性――植民地期のアルコール市場をめぐる競合と排除」『アフリカ研究』通号七六号、二〇一〇年、一～一五頁。

モザンビークで最初の総選挙がおこなわれた一九九四年十月から二十年が過ぎた。七五年まで引き延ばされた植民地支配の後、独立後も十六年におよぶ紛争が和平合意にいたったのが九二年のことである。その二年後におこなわれた総選挙には、日本からもＰＫＯの一環として選挙監視団が派遣され、国内でも報道を賑わせた。これと前後して、九〇年には、隣国の南アフリカではアパルトヘイトが終結し、モザンビークに先行して九四年四月に全人種参加の選挙がおこなわれていた。一九九〇年代半ば、南部アフリカの二つの国は、これまでの困難な時代をへて、ようやく明るい未来に向けて舵を切り始めたように感じられた。

一九九〇年代にあって、これから国をつくるとは、どういうことなのか。本書のもととなったのは、そうした好奇心だった。日本に生まれ育ち、当時、大学への進路を考えていた私にとって、メディアを通じてアフリカの一角から運ばれてきた活気に満ちた空気は、ことのほか新鮮に感じられた。バブル経済が崩壊した最中にあった日本社会とは対照的であった。さらに、九〇年代は環境問題への関心が高まったように、それまで先進国が中心となって担われていた経済社会の在り方に疑問が呈されていた時期でもあった。時代の文脈と密接に絡まりながら築かれた私の思考のなかには、先進国といわれる国家・社会が万能のモデルとなるわけではないという認識があった。だからこそ後進国といわれる後発国が、前例である先進国を踏み台として、先発国よりも良い社会を創ることが可能なはずだという淡い期待を抱いていた。

はじめてモザンビークを訪れたのは一九九九年六月、学部四年の時だった。留学先であったポルトガルのコインブラ大学で旧植民地出身の友人を得て、日本に帰国する前に訪れたモザンビークは、アフリカ特有の赤い土埃と人懐っこい人びとの笑顔にあふれていた。南部に位置する首都から旅費が尽きるまで北上しようと乗った長距離バスの旅の先々で、最貧国と分類される社会に生活する人々の物質的な尺度でははかりえない豊かさにふれた。その豊かさの源が何なのか、そして、その源は、これからモザンビーク社会が変容していくなかで、どう変わるのかを見てみたいという好奇心はいっそう強まった。

最初のモザンビークの旅は、首都からおよそ四五〇キロ北上したイニャンバネ州の片田舎ヴィランクロスで、所持金を含む貴重品をひったくられたところが折り返し地点となった。物質的な貧困と非物質的な豊かさが混在する社会の現実にふれ、現地の人に助けられながら首都に戻ってくる道すがら、性懲りもなく、つぎに訪れるときはヴィランクロスをスタート地点にして旅の続きをしようと考えていた。何の縁か、本格的に研究に取り組んで以来、私のおもな調査地はイニャンバネ州になっていた。

二〇〇〇年以降在籍した津田塾大学大学院国際関係学科の総合ゼミの諸先生方および諸先輩・後輩方には、視野狭窄に陥ることなく、現代に研究することの意味をつねに考え続けることの重要性を学ばせていただいた。そのなかでも、指導教官である小倉充夫先生は、しばしば誰よりも鋭い問いを投げ掛けられた。それは、ときとして私自身よりもその研究の意義を深く理解されていたからにほかならなかった。私の未熟な問題関心を否定せず、研究の方向性を指南してくださったことに心からお礼申し上げたい。

大学院在籍中からお世話になり、のちに日本学術振興会特別研究員の受け入れ研究者となってくださった永原陽子先生は、実証的な歴史研究に求められる水準の高さをつねに示してくださったと同時に、アフリカ史研究を通じて西欧中心的な世界史像を突き崩していくおもしろさを教えてくださった。そして、その存在自体が女性研究者としてのモデルであり続けている。

そのほかにも、有志によるアフリカ史研究会をはじめとして、数多くの研究会や学会でいただいたコメントや議論にも感謝したい。北川勝彦先生からは、世界史的な観点から南部アフリカ地域の社会経済史、ひいてはアフリカ史の位置付けについて多くの示唆を得た。また、日本における南アフリカ金鉱業研究の第一人者である佐伯尤先生には、個人所蔵の貴重な資料の閲覧をお許しいただいた。

調査地でもじつに多くの方々にお世話になった。とくに二〇〇四~〇六年の二年間にモザンビークに滞在して以来、現地では多くの方々に支えられて調査を実現することができた。エドゥアルド・モンドラーネ大学文学部史学科のデヴィッド・ヘッジ先生には現地での指導教官をお引き受けいただいたほか、ゲハート・リーゼガング先生、アルリンド・シルンド先生、モザンビーク国立歴史公文書館館長ジョエル・ダス・ネヴェス・テンベ先生、同公文書館司書アントニオ・ソパ先生には、調査地に関する史料について多くの助言をいただいた。

農村部での聞き取り調査に際しては、英国国教会マシエネ教会のアントニオ・カルロス神父、統一メソジスト教会のシャヴィエル・アントニオ・ニャノンベ牧師、そして受け入れ村の人びとの全面的な協力を得た。とくに同世代の友人でもあるシャヴィエルとは、彼が神学校の学生時代から牧師としての資格を得て活躍する今日にいたるまで、インフォーマントを訪ねてヤシの木とキャッサバの葉が生い茂る小道を歩きながら、多くの議論をかわした。自分たちが身をおくそれぞれの社会について、そして同時代を生きる自分たちについて語り合った経験は何ものにも代えがたい。

また、南アフリカでの調査を通じて出会うことのできた方々にも、モザンビークと南アフリカの社会と人びとの関係を考えるうえで多大な影響を与えられた。長きにわたり南アフリカで反アパルトヘイト運動を支援してきた津山直子さんは、リアルタイムで反アパルトヘイト運動に関わることのなかった世代の私にとって、運動に身を投じた世代特有の昂揚感とポスト・アパルトヘイトの南アフリカ社会のかかえる問題をもっとも身近に伝えてくれる存在である。そしてヨハネスブルグでの調査拠点を提供し、つねに温かく迎えてくれるザイーディ・ハーネッカーさんは、南アフリカ市民として反アパルトヘイト運動を担ってきた当事者だ。彼女は、かつて日本社会に辟易していた私に、自分もその社会を創る一主体であることを認識させてくれた。この場を借りてこれらの多くの方々に厚くお礼申し上げたい。

日本から遠く、散逸した資料を求めて数カ国の公文書館に籠り、あるいは村々を歩き回って一〇〇人近くのインフォーマントに聞き取りをおこなうという調査の在り方は、つぎの助成によって可能になった。記して謝意をあらわしたい。

松下国際財団研究助成「ポルトガル植民地支配とモザンビーク南部における労働力移動――ポルトガル・南アフリカ政府間協定(一九〇一〜二八)と労働力移動の管理化」(二〇〇三年度)、講談社野間アジア・アフリカ奨学金「二十世紀初頭モザンビークにおける「ポルトガル植民地支配」の検討――環流型移民送り出し社会とモザンビーク植民地政府の関係」(二〇〇四〜〇六年度)、科学研究費助成金・若手研究(B)「植民地主義の動態と民主化後モザンビークの社会変容に関する研究」(二〇〇九年度、日本学術振興会特別研究員採択のため、初年度にて終了)、科学研究費助成金・特別研究員奨励費「二十世紀ポルトガル領モザンビークの社会変容――南アフリカ金鉱労働力の供給を中心に」(二〇一〇〜一二年度)。

最後に、私事で恐縮ではあるが、私の強引さにおそらくは半ば呆れながらも、妊娠中から調査出張に付き合ってくれている幼い息子・巧とそれをかたわらで支えてくれたパートナーに感謝すると同時に、今後もお付き合いいただきたい。そして、これまでの研究の根底にある価値観を育んでくれた両親に心から感謝し、研究生活のつぎなるステップへと歩みを進めたい。

網中昭世

二〇一四年初秋　モザンビークの第五回総選挙を控えて

網中　昭世　あみなか　あきよ
1976年生まれ
2007年，津田塾大学大学院国際関係研究科後期博士課程（国際関係論専攻）単位取得退学
2012年，博士（国際関係学）
津田塾大学学芸学部国際関係学科助教，日本学術振興会特別研究員をへて，現在，津田塾大学国際関係研究所研究員
主要論文
「ポルトガル植民地支配とモザンビーク南部における労働力移動——ポルトガル・南アフリカ政府間協定の締結過程（1901-1928）」（『歴史学研究』第832号，2007年）
「モザンビーク南部の移民送り出しとその社会的影響の地域的多様性——植民地期のアルコール市場をめぐる競合と排除」（『アフリカ研究』通号76号，2010年）
"Transition in Immigration Policy: Inclusion and Exclusion in the South African State after Democratisation", *Public Policy and Transformation in South Africa after Democratisation*, IDE Spot Survey No. 33, October 2013

山川歴史モノグラフ29　植民《しょくみん》地《ち》支配《しはい》と開発《かいはつ》　モザンビークと南《みなみ》アフリカ金鉱業《きんこうぎょう》

2014年10月30日　第１版第１刷印刷　　2014年11月10日　第１版第１刷発行

著　者　網中昭世《あみなかあきよ》
発行者　野澤伸平
発行所　株式会社　山川出版社
〒101-0047　東京都千代田区内神田1-13-13
電話　03(3293)8131（営業）　03(3293)8134（編集）
http://www.yamakawa.co.jp/　　振替　00120-9-43993
印刷所　株式会社　太平印刷社
製本所　株式会社　ブロケード
装　幀　菊地信義

ISBN978-4-634-67386-1

索　　引

● 略号一覧

AHD：Arquivo Histórico Diplomático　外交歴史公文書館
AHM：Arquivo Histórico de Moçambique　モザンビーク歴史公文書館
ANC：African National Congress　アフリカ民族会議
BNU：Banco Nacional Ultramarino　ポルトガル海外銀行
BOM：Boletim Oficial de Moçambique　モザンビーク総督府官報
BRA：Barlow Rand Archives　バーロウ・ラント文書館
BSAC：British South Africa Company　イギリス南アフリカ会社
EC：European Communities　ヨーロッパ共同体
EU：European Union　ヨーロッパ連合
FACM：Fundo da Administração do Conselho de Maxixe　マシーシェ評議会行政コレクション
FDSAC：Fundo de Direcção dos Serviços de Administração Civil　民政局コレクション
FDSNI：Fundo de Direcção dos Serviços dos Negócios Indígenas　モザンビーク原住民問題局コレクション
FGG：Fundo do Governador Geral　モザンビーク総督府コレクション
FRELIMO：Frente de Libertação de Moçambique，フレリモ　モザンビーク解放戦線
ICRMW：International Convention on the Rights of All Migrant Workers and Members of their Families　すべての移住労働者とその家族の権利の保護に関する国際条約
IMF：International Monetary Fund　国際通貨基金
ISANI：Inspecção dos Serviços Administrativos e Negócios Indígenas　行政および原住民問題監督局
NATO：North Atlantic Treaty Organization　北大西洋条約機構
NLD：Native Labour Department　原住民労働局
NRC：Native Recruiting Corporation　原住民労働斡旋会社
NUM：National Union of Mineworkers　鉱山労働者組合
ONUMOZ：Operação de Nações Unidos para Moçambique　国際連合モザンビーク活動
PKO：Peace Keeping Operation　国際連合平和維持活動
RENAMO：Resistência Nacional de Moçambique，レナモ　モザンビーク民族抵抗
RNLA：Rand Native Labour Association　ラント原住民労働協会
RNLB：Rhodesian Native Labour Board　ローデシア原住民労働局
SADC：Southern African Development Community　南部アフリカ開発共同体
UNHCR：United Nations High Commissioner for Refugees　国連難民高等弁務官事務所
WNLA：Witwatersrand Native Labour Association　ヴィットヴァータースラント原住民労働協会

● ア

アイトランダー　Uitlander　103, 105
アシミラード　assimilado　23
アースキン　Vincent W. Erskine　60, 64
アソーレス(諸島・基地)　Açores　49, 138, 194, 195
アパルトヘイト　5-7, 9, 16, 23, 40, 162, 193, 195, 198, 201-206
アフリカ横断鉄道会社　Companhia dos Caminhos de Ferro através da África　93
アフリカ再分割(案)　14, 133, 134, 136
アフリカ人労働者代理機関法　The Native Labour Agent Act of 1899, Act No. 6　109
アフリカにおけるワイン普及技術委員会　Comissariado Técnico de Propaganda Vinícola em África　96

アフリカ民族会議(ANC)　5, 9, 205
アマトンガ　amatonga　41, 43, 59, 62, 64, 99
アメリカン・ボード　American Board of Commissioners for Foreign Missions　43, 48
アルバート・オクス　Albert Ochs　87-89
アルブケルケ　Mousinho de Albuquerque　49, 117, 119
アンゴラ　75, 76, 78, 81, 82, 84, 86, 92-96, 103, 105, 124, 135-141, 194, 207
アンドラーデ　Alfedo Augusto Freire de Andrade　140, 141, 150, 151
イギリス王立地理協会　Royal Geographical Society　60
イギリス＝オランダ戦争　68
イギリス＝ポルトガル友好通商条約　70
イギリス南アフリカ会社(BSAC)　79, 81, 87, 89-91, 123, 148, 181
イニャリメ(区)　Inharrime　173, 174, 182
イニャンバネ(行政区・州・地方政府・湾)　Inhambane　40, 41, 43-46, 48, 49, 54, 56, 57, 63-66, 90, 95, 107, 119, 164-166, 168, 170-176, 178, 179, 182, 183, 187, 197
イニャンバネ会社　Companhia de Inhambane　90
イボ　Ibo　65
移民労働・移民労働者　4, 7, 8, 10, 15, 17-28, 36, 37, 39, 59-66, 100, 101, 105-108, 114-122, 128-132, 142, 143, 146, 149, 150, 152-154, 158-160, 162-165, 168, 172-176, 178, 179, 183, 187, 190-205
インディジェナト　indigenato　22, 23
ヴィットヴァータースラント(ラント)　Witwatersrand　7, 8, 22, 32, 34, 35, 79, 83, 90, 94, 96, 101, 104, 105, 107, 108, 115, 117-119, 121, 122, 124-126, 128, 130-132, 136, 138, 139, 142, 143, 146, 148, 150, 153-155, 157, 172, 173, 175, 181, 182, 196, 200
ヴィットヴァータースラント原住民労働協会(WNLA)　14, 29, 30, 33, 90, 115, 120-123, 128, 129, 136, 139, 141, 143, 146-153, 159, 160, 162, 172-174, 176, 190, 192, 199, 202
ヴィランクロス　Vilanculos　174
ウィンザー(秘密)条約　84, 134, 136
ウェルナー・ベイト商会　Wernher Beit & Co.　32, 33, 141
ヴェンダ　Venda　119
ウォルヴィス湾　Walvis Bay　83
H．エクシュタイン商会　H. Eckstein & Co.　30, 32, 33
英独共同借款　83, 84, 135
英独(秘密)協定(1898年・1913年)　84, 91, 134-136
英葡同盟　69, 135, 136
エスクード　Escudo　155, 161
王位継承戦争(ガザ王国)　48, 57, 59
王領地　Terras de Coroa　44-49, 166
オフィール社　Companhia de Ofir; Anglo-French Ophir Company　87, 89
オモイネ(区・郡)　Homoíne　172, 178

● カ

階層化　21, 23, 37, 164, 165, 197
開発利権　90, 148
ガザ(州・区)　Gaza　21, 24, 37, 164, 166, 168, 182, 183, 196
ガザ王国　35, 41, 47-49, 57, 59, 60, 64, 66, 83, 97, 99, 107, 115, 119, 166, 171, 181, 183
ガザ＝ポルトガル戦争　66
ガザ・ングニ(ングニ)　Gaza Nguni　40, 41, 43-49, 100, 115, 166, 168, 170
カシャッサ　cachaça　92, 95
カタンガ(鉄道・鉱山)　Katanga　89, 148
カッファー　kaffir　51
家内奴隷　40, 58, 59
カビンダ　Cabinda　82, 136
カボ　cabo　45
カボ・デルガド(行政区・州)　Cabo Delgado　51, 52, 56, 84, 90, 136
カマーショ　Manuel de Brito Camacho　150, 151, 153
カラード労働者健康条例　Coloured Labourers' Health Ordinance　144
ガルシア･ロザード　Tomás António Garcia Rosado　128, 131
カルロス・カルドーゾ　Carlos Cardoso　3, 4
環インド洋経済圏　50
換金作物　25, 48, 116, 174, 190
管財人(制度)　105, 120, 125, 129, 130
北大西洋条約機構(NATO)　195

北ローデシア　119, 194
キャドベリー　William Cadbury　142
牛疫　114
競合地帯　Competitive Zone　125, 157, 158
行政および原住民問題監督局(ISANI)　31
強制労働　18, 19, 22, 23, 138, 140, 172, 190
キンバリー(グリクァランド)　48, 58, 61, 65, 77, 79, 98-101, 104, 105, 108, 114
クリューガー　Paul Kruger　77, 81, 82
グレイ　Edward Grey　134, 140
グレン・グレイ法　146
グワンダ　Gwanda　119
グングニャーナ　Gungunhana　48, 49, 66, 83, 166, 168
クンバナ　Cumbana　174
契約労働者　6, 23, 58, 59, 63, 64, 139
結核　142, 144
ケープ(植民地)　Cape　14, 29, 40, 52, 62, 65, 66, 77, 81-83, 99, 105, 119, 122, 134
ケープ線　120, 123, 125, 126, 157, 158
ケリマネ(行政区・港)　Quelimane　54, 56, 65, 122, 135, 140, 147
原住民雇用規制　116, 118, 120, 130
原住民労働斡旋会社(NRC)　148, 149, 152
原住民労働局(NLD)　106, 107, 109
現場監督官　199, 201
鉱山会議所(ラント鉱山会議所)　Chamber of Mines　14, 15, 29, 30, 33, 103-111, 114, 116, 117, 121-124, 128-130, 139, 141-143, 146, 148, 151, 152, 154, 161
鉱山労働者組合(NUM)　9
国際通貨基金(IMF)　162, 202, 204
国際連合平和維持活動(PKO)　3, 4
国際連合モザンビーク活動(ONUMOZ)　3
国際連盟　137, 140, 141
黒人用ワイン　vinho para preto　96, 97, 181
国民党　35, 36, 152, 153
国連難民高等弁務官事務所(UNHCR)　205
コーサ　Xhosa　119
コマチポート　Komatiport　109
小屋税　8, 46, 48, 122, 138, 140, 156, 158-160, 164, 171, 172, 174, 190
ゴールド・ラッシュ　101, 103
コンゴ自由国　89, 93
コンゴ地区　Distrito de Congo　86
婚資　47, 166, 170-172, 174, 201
コンパウンド　111, 144, 146, 159

● サ

ザヴァラ(区)　Zavala　43, 46, 173, 182
サヴェ川　Save　41, 87, 91, 168
サ・ダ・バンデイラ　Sá da Bandeira　46
サモラ・マシェル　Samora Moisés Machel　6
サラザール　António de Oliveira Salazar　8, 36, 81, 194
ザンジバル　82
サン・トメ　92, 105, 138-140
ザンビア　161, 202
ザンベジア　Zambesia　31, 84, 85, 140
ザンベジア会社　Companhia de Zambesia　87, 89, 91, 122, 139
ザンベジ川　Zambezis　43, 79, 84, 135, 136
ザンベジ商事　Société des Fondateurs de la Compagnie Générale du Zambèze　87
ジェルミナス・ニャノンベ　Jerminas Nhanombe　3
シクングーザ　Chicunguza　49
シクンダ　chikunda　45
シパイ　sipai　45, 178
シバロ　chibalo　22
シブト(区)　Chibuto　25, 168
シャイシャイ(港)　Xai Xai　173, 182
シャイミッテ　Chaimite　49
シャカ　Shaka　40
シャンガーン　Shangaan　41, 99, 100, 107, 119
自由(契約)労働者　libre engagé　54-56
自由スイスのための自由教会宣教局　Mission Board of the Free Churches of Free Switzerland　43
ジュノッド　Henri Alexandre Junod　43, 141
植民地条例
　第7号　66
　第8号　66
　第129号A　110
　第152号　62, 64, 99, 106
　第177号　118, 119
　第596号　65, 66
　第757号　146
植民地ワイン　vinho colonial　96, 174,

181
ショナ　Shona　43, 119
ショピ　Chopi　34, 41, 43, 46, 49, 63, 64, 100, 107, 166, 196
シルンドゥ　Chilundo　43
シーレ川　Shire　84
ストライキ　6, 111, 114, 152, 158, 199-201, 203
すべての移住労働者とその家族の権利の保護に関する国際条約(ICRMW)　24
スマッツ　Jan Christian Smuts　134, 135, 137, 151-153
スーラ　sula　183
ズールー王国　Zulu　40, 60, 64, 100
スワジ王国　Swazi　60, 64
スワジランド　150, 194, 202
スワヒリ交易圏　50, 51, 55
セシル·ローズ　Cecil Rhodes　79, 81, 83, 87, 89
セナ砂糖会社　Sena Sugar Estates　89, 151
1878年省令第496号　63, 65, 99
1901年暫定協定　8, 37, 120-126, 130-132, 147, 156, 157
1909年協定　130-132, 150, 153, 155, 157, 175
1913年土地法　146, 148
1928年協定　154, 155, 161, 192
先住民保護協会　Aborigines Protection Society　138, 140, 141
先住民保護国際事務局　Le Bureau Internationale pour la Défence des Indigènes　141
相互不可侵友好協定(モザンビーク・南アフリカ)　203
ソシャンガーネ(マニクーセ) Soshangane　41
ソト　Sotho　99, 100, 108, 111, 114, 119
ソファラ(区・州)　Sofala　45, 51, 87
ソペ　Sopé　183

● タ

第一次条約(1810年)　53
大西洋奴隷貿易　50, 54, 55
第二次条約(1815年)　53
ダウ船　50, 51, 55
ダーバン　64, 107, 117, 157
ダーバン線　125, 157, 158
中央鉱業・投資公団　Central Mining & Investment Corporation, Limited　32
中国人(契約)労働者　124, 125, 128, 131, 142, 144
ツォンガ　Tsonga　41, 48
ツワ　Tshwa　34, 41, 43, 45, 47-49, 100, 107, 166, 196
低開発　16, 149
低品位ワイン　72, 75, 94
デヴィッド・リカード　David Ricardo　69
鉄道収益　158-160
デラゴア湾　40, 44, 58, 60-62, 76-78, 81-84, 137
デラゴア湾・東アフリカ鉄道会社　Delagoa Bay and East African Railway Company　91
「デラゴア湾問題」　77, 82, 85
ドイツ領西南アフリカ　78, 92, 137
ドイツ領東アフリカ　136, 137, 160, 190
独立解放闘争(史観)　5-7, 16, 19, 162, 206, 207
独立戦争(ポルトガル)　68
特恵関税　69, 87, 94, 125, 126, 128, 130-132, 155, 182
トランスファール鉱山労働会社　Transvaal Mines Labour Company　128
トランスファール責任政府　129-132, 144, 175
奴隷制　46, 47, 53, 57, 61, 63, 139, 141, 196
奴隷貿易　21, 22, 34, 39, 46, 47, 50, 52-60, 62, 63, 65, 69-71, 92, 95, 96, 138, 139, 141, 176, 181, 196
奴隷貿易廃絶運動　53-55
トンガ　Tonga　34, 41, 43, 45, 46, 48, 63, 64, 100, 107, 166, 168, 196
ドン・ジョアン6世　Don João VI　70

● ナ

ナタール　Natal　48, 52, 58-66, 77, 99, 100, 105, 109, 114, 119, 120, 122, 125, 126, 131, 132, 134, 195, 198
ナタール線　120, 126
ナタール総督府　59, 60, 62-64, 83, 99, 107
ナポレオン戦争　53, 70
南部アフリカ開発共同体(SADC)　5, 24, 205
ナンプラ　Nampula　31, 84
ニアサ(州・地域・行政区)　Niassa　84, 90, 136-141, 147

ニアサ会社　Companhia de Niassa　87, 90, 91, 122, 136, 139, 147, 148
ニアサ合同会社　Nyassa Consolidated Company　90
ニアサランド　11, 135
ニャンバーン　Nyambaans　107, 119
ネヴィンソン　Henry W. Nevinson　138
熱帯地域　142-144, 146, 148, 181
『ノティシアス』　Notícias　6, 30, 32
延べ払い・延べ払い制度　deferred pay　8, 119, 122, 128, 151, 154, 155, 160, 161, 174, 193, 194, 202

● ハ

パイヴァ・デ・アンドラーダ　Paiva de Andrada　87
パス，パス法　105, 107-110, 159
バーベルトン　Barberton　48, 108
バラ色地図　79, 93
反奴隷制協会　Anti-Slavery Society　138, 140, 141
ピルグリムズ・レスト　Pilgrim's Rest　48, 108
ファール川　Vaal　77, 83
不安定化工作　9, 20, 201
フォンティズモ　Fontismo　61
フォンテス・ペレイラ・デ・メロ　António Maria de Fontes Pererira de Melo　61, 72
ブズィ植民地会社　Companhia Colonial do Buzi　89
部族抗争　199, 206
ブランタイヤ　Blantyre　83, 84, 136
プランテーション（カカオ・ココナッツ・サイザル・サトウキビ・綿花）　34, 35, 45, 47, 48, 50, 52, 56, 58-61, 65, 89, 92, 93, 95, 98, 100, 105, 138, 148, 195
ブリュッセル会議　95, 96
ブリュッセル合意　96, 181
プリンシペ島会社　Companhia da Ilha do Principe　139
古きブラジル，新しきアフリカ　Velho Brasil, Novas Africas　76
ベイラ（港・鉄道）　Beira　26, 87, 89, 91, 122
ベチュアナランド　78, 194
ペディ　Pedi　100, 108
ヘルツォーク　J. B. M. Hertzog　152, 153
ベルリン会議　35, 78, 86, 92, 95
ベンゲラ（鉄道）　Benguela　93, 134, 148
ボーア人　58, 105, 108
ボータ　Louis Botha　134
ポート・ワイン　69, 72, 75, 94
ポルトガル海外銀行（BNU）　31, 160
ポルトガル海軍・植民地省　Ministério dos Negócios da Marinha e Ultramar　63
ポルトガル・シャンガーン　Portuguese Shangaans　119
ポルトガル・トランスファール友好通商条約　91, 181
ポルトガルの再生　Renascença Portuguesa　68
ポルトガル・南アフリカ政府間協定　14, 18, 29, 36, 37, 147, 156, 161, 191, 192, 194
ボロール社　Companhia do Boror　89

● マ

マガイッサ　magaiça　172
マクマオン　Patrice de Mac-Mahon　61, 78
マシーシェ　Maxixe　171
マシャベラ　Machavela　178
マスカレン諸島　52, 56, 58
マダガスカル　51, 56, 78
マタベレランド　Matabeleland　119
マックマード　Edward McMurdo　91
マトス　Norton de Matos　134
マニカ（州・区）　Manica　24, 26, 37, 48, 87, 196, 197
マニクーセ──►ソシャンガーネ
マヌエル2世　Manuel II　81
マプト　Maputo　30, 31
マラウイ　161, 194, 202
マルセロ・カエタノ　Marcello Caetano　89
マンパラ　manparra　172
南アフリカ関税同盟　South African Customs Union　125, 126
南アフリカ金鉱（鉱山）業　9, 10, 11, 17, 18, 20, 90, 136, 142, 162, 192, 193, 202, 203, 207
南アフリカ戦争（第一次・第二次）　14, 35, 78, 85, 86, 101, 117, 118, 120, 124, 131, 157, 159, 191
南アフリカ党　134, 152
南アフリカ連邦（政府）　14, 29, 35, 37, 131-135, 137, 142, 144, 146, 148,

● ヤ

● ラ・ン

● A—Z

PKO──►国際連合平和維持活動
RENAMO──►モザンビーク民族抵抗
RNLA──►ラント原住民労働協会
RNLB──►ローデシア原住民労働局
SADC──►南部アフリカ開発共同体
UNHCR──►国連難民高等弁務官事務所
WNLA──►ヴィットヴァータースラント原住民労働協会

史料・参考文献

1　史料

未公刊史料

モザンビーク歴史公文書館(モザンビーク)　Arquivo Histórico de Moçambique: AHM

Administração do Conselho de Maxixe　Cota 35.

(Relatório do Governador de Distrito de Inhambane※1922年版未刊行, FGG, Cota 110内所蔵)

Boletim Oficial de Moçambique: BOM　1878 (No. 7, 51), 1879 (No. 5, 6, 7, 8), 1888 (No. 49), 1891 (No. 1), 1892 (No. 9, 18, 32), 1893 (No. 24), 1894 (No. 39), 1897 (No. 50), 1902 (No. 14, 20, 28), 1909 (No. 13, 35), 1910 (No. 13), 1912 (No. 35), 1913 (No. 32), 1914 (No. 40, 41), 1920 (No. 16).

Fundo da Direcção dos Serviços dos Negócios Indígenas: FDSNI　Cota 19, 20, 742, 120, 197.

Fundo de Direcçaõ de Serviços de Administração Civil: FDSAC　Cota 70, 93.

Fundo de Século XIX, FGG　Cx. 61.

Fundo do Governador Geral: FGG　Cota 61, 102, 110, 2242.

Província de Moçambique (1909) "O Futuro Agricultura de Moçambique," Relatórios e Informações; anexo ao *Boletim Oficial* ano de 1909, Lourenço Marques, Imprensa Nacional, pp. 401–419.

バーロウ・ラント公文書館(南アフリカ)　Barlow Rand Archive: BRA

H. Eckstein, Record Department: HE　Vol. 217, File 39; Vol. 250, File 140; Vol. 254, File 137, File 149; Vol. 290, File 242; Vol. 291, File 257.

ポルトガル外務省付設公文書館(ポルトガル)　Arquivo Histórico Diplomático: AHD

3a Piso, Armário 12, Maço 126.

公刊史料

Andrade, Freire de (1907) *Relatórios sobre Moçambique*, Vol. 1, Lourenço Marques, Imprensa Nacional.

Cabral, António A. (1910) *Raças, Usos e Costumes dos Indígenas do Distrito de Inhambane*, Lourenço Marques, Imprensa Nacional.

Catorze, José (1983) "Xilembene, Forjas de Guerreiros-3, As Artes de Explorar," *Notícias*, 29 de Setembro.

Chamber of Mines (1896) *Annual Report for 1895*, Johannesburg, Argus Printing and Publishing Company.

——(1897) *Annual Report for 1896*, Johannesburg, Argus Printing and Publishing Company.

——(1898) *Annual Report for 1897*, Johannesburg, Argus Printing and Publishing Company.
——(1900) *Annual Report for 1899*, Cape Town, Argus Printing and Publishing Company.
Cunha, J. M. da Silva (1947) *O Trabalho Indígena: Estudo de Direito Colonial*, Lisboa, Agência Geral das Colonias.
Cunha, Joaquim d'Almeida da (1885) *Estudos acerca dos Usos e Costumes dos Banianos, Bathias, Pares, Mouros, Gentios e Indígenas*, Lourenço Marques, Imprensa Nacional.
Distrito de Inhambane (1909) *Relatório do Governador 1907-1909: Distrito de Inhambane*, Lourenço Marques, Imprensa Nacional.
——(1912a) *Relatório do Governador 1910-1911: Distrito de Inhambane*, Lourenço Marques, Imprensa Nacional.
——(1912b) *Relatório do Governador 1911-1912: Distrito de Inhambane*, Lourenço Marques, Imprensa Nacional.
——(1916) *Relatório do Governador 1913-1915: Distrito de Inhambane*, Lourenço Marques, Imprensa Nacional.
——(1920) *Relatório do Governador do Distrito de Inhambane 1917*, Coimbra, Imprensa Nacional.
Ministério das Colónias (1929) *Relações com a África do Sul até Convenção de 1909*, Lisboa, Imprensa Nacional.
Montanha, António Alberto Furtado (1938) *Relatório e Documetos referentes à Inspecção Ordinaria das Circunscrições do Distrito de Inhambane*.
Província de Moçambique (1929) *Anuário Estatística*, Lourenço Marques, Imprensa Nacional.
República Portuguesa (1930) *Orçamento Geral da Receita e Tabelas da Despesa Ordinaria e Extraordinaria da Colonia de Moçambique para o ano econômico de 1930-1931*, Lourenço Marques, Imprensa Nacional.
Rosado, Tomas António Garcia, William Waldegrave (1909) *Convenção entre o Governo da Província de Moçambique e o Governo do Transvaal (1 de Abril de 1909)*, Lourenço Marques, Imprensa Nacional.
Santos, Carlos Afonso dos (1937) *Relatório do Governo do Distrito de Inhambane nos anos 1931, 1932, 1933 e 1934*, Lisboa, Agência Geral das Colonias.
The Geographical Section of the Naval Intelligence Division (1920) *A Manual of Portuguese East Africa*, London, H. M. Stationery Office.

同時代文献

Albuquerque, J. Mouzinho de (1913) *Moçambique 1895-1898*, Lisboa, Sociedade de Geographia de Lisboa.
Botelho, José Justino Teixeira (1921) *História Militar e Política dos Portugueses*

em Moçambique, de 1833 aos Nossos Dias, Coimbra, Universidade de Coimbra.
Cruz, Pe. Daniel de (1910) *Em Terras de Gaza*, Porto, Gazeta das Aldeias.
Erskine, Vincent W. (1869) "Journey of Exploration to the mouth of the River Limpopo," *Journal of the Royal Geographical Society*, No. 39, pp. 233-276.
——(1875) "Journey to Umzila's, South-East Africa, in 1871-1872," *Journal of the Royal Geographical Society*, No. 45, pp. 45-128.
——(1878) "Third and Fourth Journeys in Gaza, or Southern Mozambique, 1873 to 1874 and 1874 to 1875," *Journal of the Royal Geographical Society*, No. 48, pp. 25-56.
Garret, Thomas de Almeida (1907) *Um Governo em África; Inhambane 1905-1906*, Lisboa, Typ. da Empresa da História de Portugual.
Haley, John Wesley (1926) *Life in Mozambique and South Africa*, Chicago, Free Methodist Publishing House.
Junod, Henri A. (1912) *The Life of a South African Tribe*, Neuchatel, Imprimerie Attinger Freres.
——(1996) *Usos e Costumes dos Bantus*, (1ª edição em 1913) 2 Vols., Maputo, Arquivo Histórico de Moçambique.
Longle, Armando (1886) "De Inhambane a Lourenço Marques," *Boletim da Sociedade de Geographia de Lisboa*, No. 6, Vol. 1, pp. 13-37.
Nunes, Joaquim (1928) "Apontamentos para o Estudo da Questão da Mão de Obra no Distrito de Inhambane sob a Influência de Emigração para o Transvaal, com Especial Referência a Circunscrição Civil de Homoíne," *Boletim da Sociedade de Geographia de Lisboa*, No. 5-6, pp. 110-147.
Pires, J. A. Megre (1937) "Inhambane: Usos e costumes Indígenas," *Anuário da Escola Superior Colonial*, No. 18.
Ricardo, David (1912) *On the Plinciples of Political Economy, and Taxation*, London, Dent (リカードウ〈1987〉羽鳥卓也, 吉沢芳樹訳『経済学および課税の原理』岩波書店).
Rufino, José dos Santos (1929) *Albuns Fotograficos e Descritivos da Colónia de Moçambique; No. 4 Distrito de Lourenço Marques, Industrias, Agricultura, Aspectos das Circunscrições, etc*, Hamburgo, Broschek.
Saldanha, Eduardo (1928) *Questões Nacionais: O Sul do Save*, Lisboa, Tipografia Formosa.

2 研究書・論文

Alexandre, Valentim (1979) *Origens do Colonialismo Português Moderno*, Lisboa, Sá da Costa.
——(2000) *Velho Brasil, Novas Áfricas: Portugal e o Império (1808-1975)*, Porto, Edições Afrontamento.

——(2008) *A Questão Colonial no Parlamento: 1821-1910*, Vol. 1, Lisboa, Dom Quixote.
—— ed. (2000) *O Império Africano Século XIX e XX*, Lisboa, Edição Colibri.
Alpers, Edward A. (1969) "Trade, State and Society among the Yao in the Nineteenth Century," *Journal of African History*, Vol. 10, No. 3, pp. 405-420.
——(1975) *Ivory and Slaves in East Central Africa: Changing Patterns of International Trade to the Later Nineteenth Century*, London, Heinemann.
——(1984) "State, Merchant Capital, and Gender Relations in Southern Mozambique to the End of Nineteenth Century: Some Tentative Hypotheses," *African Economic History*, No. 13, pp. 22-55.
Antunes, Luís Frederico Dias (1998) "Os Mercadores Baneanes Guzerates no Comércio e a Navegação da Costa Oriental Africana (Seculo XVIII)," Comissão Nacional para as Comemorações dos Descobrimentos Portugueses, *Actas do Seminário Moçambique: Navegações, Comércio e Tecnicas, Maputo, 25 a 28 de Novembro de 1996*, Lisboa, Grafica Maiadouro, pp. 67-154.
Arrighi, Giovanni (1967) *Political Economy of Rhodesia*, Mouton, The Hague.
——(1970) "Labour Suppliers in Historical Perspective: A Study of the Proletarianisation of the African Peasantry in Rhodesia," *The Journal of Development Studies*, Vol. 6, No. 3, pp. 197-234.
——(1978) *Geometry of Imperialism*, London, NLB.
Azevedo, Mario Joaquim (1991) *Historical Dictionary of Mozambique*, London, Scarecrow Press.
Baily, Virginia and Veronica Hopkins eds. (2010) "Mozambique: Deadly Protests," *Africa Research Bulletin: Political, Social and Cultural Series*, Vol. 47, No. 9, September, pp. 18554-18555.
Beinart, William (1985) "Chieftaincy and the Concept of Articulation: South Africa ca. 1900-1950," *Canadian Journal of African Studies*, Vol. 19, No. 1, pp. 91-98.
——(1991) "Transkeian Migrant Workers and Youth Labour on the Natal Sugar Estates, 1918-1948," *Journal of African History*, No. 32, Vol. 1, pp. 41-63.
Beinart, W. and S. Dubow eds. (1995) *Segregation and Apartheid in Twentieth Century South Africa*, London, New York, Rutledge.
Berend, Iván T. and György Ránki (1982) *The European Periphery and Industrialization 1780-1914*, London, New York, Melbourne and Sydney, Cambridge University Press (I. T. ベレンド, Gy. ラーンキ著, 柴宜弘ほか訳〈1991〉『ヨーロッパ周辺の近代——1780～1914』刀水書房).
Bethencourt, Francisco and Kirti Chauduri eds. (2000) *História da Expansão Portuguesa*, Vol. 4, Navarra, Temas e Debates.
Bhana, Surendra and Joy B. Brain (1990) *Setting Down Roots: Indian Migrants in South Africa, 1860-1911*, Johannesburg, Witwatersrand University Press.

Brock, Lisa Ann (1989) "From Kingdom to Colonial District: a Political Economy of Social Change in Gazaland, Southern Mozambique, 1870-1930," Ph.D.thesis, Evanston, Northwestern University.

Bundy, Colin (1979) *The Rise and Fall of the South African Peasantry*, Los Angeles, University of California Press.

——(1982) "The Emergence and Decline of a South African Peasantry," *African Affairs*, Vol. 71, pp. 369-388.

Burns, Catherine (1998) "'A Man is a Clumsy Thing Who does not Know How to Handle a Sick Person': Aspects of the History of Masculinity and Race in the Shaping of Male Nursing in South Africa, 1900-1950," *Journal of Southern African Studies*, Vol. 24, No. 4, pp. 695-717.

Callinicos, Luli (1985) *Gold and Workers 1886-1924*, Johannesburg, Ravan Press.

Campbell, Gwyn (1990) "A Esturutura do Comércio Marítimo de Inhambane nos meados do seculo XIX," *Arquivo*, No. 8, 1990, pp. 151-162.

Capela, José (1973) *O Vinho para o Preto: Notas e Textos sobre a Exportação do Vinho para África*, Porto, Afrontamento.

——(1977) *O Imposto de Palhota e a Introdução do Modo de Produção Capitalista nas Colonias*, Porto, Afrontamento.

——(1979) *As Burguesias Portuguesas e a Abolição do Tráfico da Escravatura, 1810-1892*, Porto, Afrontamento.

——(1981) *O Movimento Operário em Lourenço Marques, 1910-1927*, Porto, Afrontamento.

——(1995) *O Álcool na Colonização do Sul do Save: 1860-1920*, Maputo, Litografia Ach.Brito.

——(2002) *O Tráfico de Escravos nos Portos de Moçambique, 1733-1904*, Porto, Afrontamento.

Capela, José e Eduardo Medeiros (1987) *O Tráfico de Escravos de Moçambique para as Ilhas do Índico, 1720-1902*, Maputo, Núcleo Editorial da Universidade Eduardo Mondlane.

Carvalho, Mario de (1969) *A Agricultura Tradicional de Moçambique*, Lourenço Marques, Missão de Inquérito Agricola de Moçambique.

Chilundo, Arlindo (1988) "Quando Começou o Comércio de Oleaginosas em Moçambique? Levantamento Estatístico da Produção e Exportação no período entre 1850 e 1875," *Cadernos de História*, No. 7, pp. 107-123.

Christie, Ian (1989) *Samora Machel: A Biography*, London, Zed Press.

Clarence-Smith, Gervase (1985) *The Third Portuguese Empire 1825-1975: A Study in Economic Imperialism*, Manchester, Manchester University Press.

Cobbing, Julian (1988) "The Mfecane as Alibi: Thoughts on Dithakong and Mbolompo," *Journal of African History*, No. 29, pp. 487-519.

Coelho, Joao Paulo Borges (1991) "Tete 1900-1926: O Estabelecimento de uma

Reserva de Mão de Obra," *Arquivo*, No. 10, pp. 103-132.
Covane, Luís António (1989) *As Relações Económicas entre Moçambique e a África do Sul 1850-1964: Acordos e Regulamentos Principais*, Maputo, Arquivo Histórico de Moçambique.
——(1994) "Oral Fieldwork in a War Zone: Mozambique, 1991-1992," ICS/SSA collected seminar papers, Vol. 48, No. 20, pp. 191-196.
——(1996) "Migrant Labour and Agriculture in Southern Mozambique with Special Reference to the Lower Limpopo Valley 1920-1992," Ph.D.thesis, London, Institute of Commonwealth Studies, University of London.
——(2001) *O Trabalho Migratório e a Agricultura no Sul de Moçambique*, Maputo, CIEDIMA.
Crush, Jonathan (1986) "Swazi Migrant Workers and the Witwatersrand Gold Mines," *Journal of Historical Geography*, Vol. 12, No. 1, pp. 27-40.
Crush, Jonathan and Charles Ambler eds. (1992) *Liquor and Labor in Southern Africa*, Athens, Ohio University Press.
Crush, Jonathan and Clarence Tshitereke (2001) "Contesting Migrancy: The Foreign Labour Debate in Post-1994 South Africa," *Africa Today*, Vol. 48, No. 3, pp. 49-70.
Crush, Jonathan and Vincent Williams (2001) "Making Up the Numbers: Measuring 'Illegal Immigration' to South Africa," *SAMP Migration Policy Brief*, No. 3. (http://www.queensu.ca/samp/forms/forml.html 2011年12月12日アクセス)
Crush, Jonathan, Alan Jeeves and David Yudelman (1991) *South Africa's Labor Empire: A History of Black Migrancy to the Gold Mines*, Oxford, Westview Press.
Cruz e Silva, Teresa Maria da (1996) "Protestant Churches and the Formations of Political Consciousness in Southern Mozambique 1930-1974: the Case of the Swiss Mission," Ph.D.thesis, Bradford, University of Bradford.
Cunguara, Benedito (2009) *Pathways Out of Poverty in Rural Mozambique: A Panel Data Analysis, 2002/2005*, Saarbrücken, Lambert Academic Publishing.
Davis, Clarence B., Kenneth E. Wilburn, Jr. with Ronald E. Robinson (1991) *Railway Imperialism*, New York, Greenwood Press (C. B. ディヴィス, K. E. ウィルバーン Jr. 編著, 原田勝正・多田博一監訳〈1996〉『鉄路17万マイルの興亡——鉄道からみた帝国主義』日本経済評論社).
Delius, P. (1980) "Migrant labour and the Pedi, 1840-1880," S. Marks and A. Atmore eds., *Economy and Society in Pre-Industrial South Africa*, London, Longman.
Denoon, D. J. (1967) "The Transvaal Labour Crisis, 1901-1906," *Journal of African History*, Vol. 7, No. 3, pp. 481-494.
Departamento de História, Universidade Eduardo Mondlane (1993) *História de*

Moçambique: Moçambique no Ague do Colonialismo, 1930-1960, Vol. 3, Maputo, Universidade Eduardo Mondlane.

Duffy, James (1967) *A Question of Slavery*, Oxford, Clarendon Press.

Earthy, E. Dora (1968) *Valenge Women: the Social and Economical Life of the Valenge Women of Portuguese Africa*, London, Frank Cass.

Emmer, P. C. ed. (1986) *Colonialism and Migration: Indentured Labour before and after Slavery*, Dordrecht, Martinus Nijhoff Publishers.

Ennes, António (1966) *Moçambique*, Lisboa, Agência Geral do Ultramar.

Etherington, Noman A. (1979) "Labour Supply and the Genesis of South African Confederation in the 1870's," *Journal of African History*, Vol. 20, No. 2, pp. 235-253.

——(1995) "Putting the Mfecane Controversy into Historiographical Context," Carolyn Hamilton ed., *The Mfecane Aftermath: Reconstructive Debates in Southern African History*, Johannesburg, Witwatersrand University Press, pp. 13-20.

Faculdade de Arquitectura e Planeamento Físico (2003) *Inhambane: Elementos de História Urbana*, Maputo, FAPE.

Feliciano, José Fialho (1998) *Antropologia Económica dos Thonga do Sul de Moçambique*, Maputo, Arquivo Histórico de Moçambique.

Ferreira, António Rita (1957) "Esboço Sociológico do Grupo de Povoações; Homoíne, Moçambique," *Boletim da Sociedade de Estudos de Moçambique*, Vol. 26, No. 106, pp. 75-172.

——(1960) "Labour Emigration among the Mozambique Thonga: Comments on a Study by M. Harris," *Africa*, Vol. 30, No. 1, pp. 141-152.

——(1961) "Labour Emigration among the Moçambique Thonga: Comments on Marvin Harris' Reply," *Africa*, Vol. 31, No. 2, pp. 75-77.

——(1963) "O Movimento Migratório de Trabalhadores entre Moçambique e a África do Sul," *Esutods de Ciências Políticas e Sociais*, No. 67, Lisboa, Junta de Investigações do Ultramar, Centro de Estudos Políticos e Sociais.

——(1975) *Povos de Moçambique: História e Cultura*, Porto, Afrontamento.

First, Ruth (1983) *Black Gold: the Mozambican Miner, Proletarian and Peasant*, Sussex, Harvester Press. (Centro de Estudos Africanos, Universidade Eduardo Mondlane 〈1998〉 *O Mineiro Moçamibicano: Um Estudo sobre a Exportação de Mão de Obra em Inhambane*, Maputo, Imprensa Universitária UEM.)

Fortuna, Carlos (1993) *O Fio da Meada: o Algodão de Moçambique, Portugal e a Economia-Mundo 1860-1960*, Porto, Afrontamento.

Fraser, Maryna (1987) "International Archives in South Africa," *Business and Economic History*, 2nd Series, Vol. 16, pp. 163-173.

Fuller, Charles Edward (1955) "An Ethnohistoric Study of Continuity and

Change in Gwambe Culture," Ph.D.thesis, Evanston, Northwestern University.

Gallapher, J. and R. Robinson (1953) "Imperialism of Free Trade," *Economic History Review*, Vol. 6, No. 1, pp. 1–15.

Gengenbach, Heidi (1999) "Where Women Make History: Pots, Tattoos, Stories and Other Gendered Accounts of Community and Change in Magude District, Mozambique, c.1800 to the Present," Ph.D.thesis, Minneapolis, University of Minnesota.

——(2000) "Naming the Past in a 'Scattered' Land: Memory and the Power of Women's Naming Practices in Southern Mozambique," *International Journal of African Historical Studies*, Vol. 33, No. 3, pp. 523–542.

——(2002) "'What My Heart Wanted' Gendered Stories of Early Colonial Encounters in Southern Mozambique," Jean Allman, Susan Geiger and Musisi Nakanyike eds., *Women and African Colonial Histories*, Bloomington, Indiana University Press.

——(2003) "Boundaries of Beauty: Tattooed Secrets of Women's History in Magude District, Southern Mozambique," *Journal of Women's History*, Vol. 14, No. 4, pp. 106–137.

——(2009) *Binding Memories: Women as Makers and Tellers of History in Magude, Mozambique*, New York, Columbia University Press.

Grenville, J. A. S. (1964) *Lord Salisbury and Foreign Policy: the Close of the Nineteenth Century*, London, Athlone Press.

Hamilton, Carolyn (1995) "Introduction: History and Historiography in the Aftermath," Carolyn Hamilton ed., *The Mfecane Aftermath: Reconstructive Debates in Southern African History*, Johannesburg, Witwatersrand University Press, pp. 1–12.

Hammond, Richard J. (1966) *Portugal and Africa 1815–1910: A Study of Uneconomic Imperialism*, Stanford, Stanford University Press.

Hanlon, Joseph (1991) *Who Calls the Shots?*, London, James Currey.

Hanlon, Joseph and Teresa Smart (2008) *Do Bicycles Equal Development in Mozambique?* Woodbridge, James Currey.

Harries, Patrick (1976) "Labour Migration from the Delagoa Bay Hinterland to South Africa, 1852 to 1895," University of London, Institute of Commonwealth Studies, *The Societies of Southern Africa in the 19th and 20th Centuries*, Vol. 7, London, University of London, Institute of Commonwealth Studies.

——(1981a) "Slavery, Social Incorporation and Surplus Extraction," *Journal of African History*, Vol. 22, pp. 309–330.

——(1981b) "The Anthropologist as Historian and Liberal: H.A. Junod and the Thonga," *Journal of Southern African Studies*, Vol. 8, No. 1, pp. 37–50.

——(1982) “Kinship, Ideology and the Nature of Pre-Colonial Labour Migration: Labour Migration from Delagoa Bay Hinterland to South Africa, up to 1895,” Marks, Shula, and Rhichard Rathbone eds., *Industrialization and Social Change in South Africa: African Class Formation, Culture and Consciousness, 1870-1930*, London, Longman, pp. 142-165.

——(1984) “Review of Katzenellenbogen, Simon E., South Africa and Southern Mozambique: Labour, Railways and Trade in the Making of a Relationship, Manchester, Manchester University Press, 1982,” *Journal of Southern African Studies*, Vol. 11, No. 2, p. 171.

——(1987) “Plantations, Passes and Proletarians: Labour and the Colonial State in Nineteenth Century Natal,” *Journal of Southern African Studies*, Vol. 13, No. 3, pp. 372-399.

——(1988) “The Roots of Ethnicity: Discourse and the Politics of Language Construction in South-East Africa,” *African Affairs*, No. 346, pp. 25-52.

——(1989) “Exclusion, Classification and Internal Colonialism: The Emergence of Ethnicity among the Tsonga-Speakers of South Africa,” Leroy Vail ed., *The Creation of Tribalism in Southern Africa*, London, James Currey.

——(1994) *Work, Culture and Identity: Migrant Labourers in Mozambique and South Africa, c.1860-1910*, Johannesburg, Witwatersrand University Press.

——(2007) *Junod e as Sociedades Africanas: Impacto dos Missionários Suíços na África Austral*, Maputo, Paulinas.

Harris, Marvin (1959) “Labour Emigration among the Moçambique Thonga: Cultural and Political Factors,” *Africa*, Vol. 29, No. 1, pp. 50-66.

——(1960) “Labour Emigration among the Moçambique Thonga: A Reply to Sr. Rita-Ferreira,” *Africa*, Vol. 30, No. 2, pp. 243-245.

Head, Judith (1980) “A Sena Sugar Estates e o Trabalho Migratório,” *Estudos Moçambicanos*, No. 1, pp. 53-72.

——(1995) “Migrant Labour from Mozambique: What Prospects?,” *Journal of Contemporary African Studies*, Vol. 13, No. 1, pp. 91-120.

Hedges, David (1978) “Trade and Politics in Southern Mozambique and Zululand in the Eighteenth and Early Nineteenth Centuries”, Ph.D.thesis, London, School of Oriental and African Studies, University of London.

——(1983) “Mozambique and the Mines,” *Journal of African History*, Vol. 24, No. 3, pp. 399-440.

——(1998) “Protection, Finance and Integration in Colonial Mozambique, 1920-1974,” SIAS Conference: Financial Institutions in the Political Economy, Bergen, 11-14 June 1998.

—— ed. (1999) *História de Moçambique*, Vol. 2, Maputo, Livraria Universitária.

Heglesson, Alf (1991) “Catholics and Protestants in a Clash of Interests in Southern Mozambique,” Carl Fredrik Hallencreutz, Mai Palmberg eds.,

Religion and Politics in Sothern Africa, Uppsala, 1991, pp. 194-206.
――(1994) "Church, State and People in Mozambique: An Historical Study with Special Emphasis on Methodist Developments in the Inhambane Region," Ph. D.thesis, Uppsala, Uppsala University Press.
Henriksen, Thomas H. (1978) *Mozambique: A History*, London, Collins.
Hermele, Kenneth (1988) *Land Struggles & Social Differentiation in Southern Mozambique: A Case Study of Chokwe, Limpopo 1950-1987*, Uppsala, The Scandinavian Institute of African Studies.
Honwana, Laul and Allen F. Isaacman eds. (1988) *The Life History of Laul Honwana: An Inside View from Colonialism to Independence, 1905-1975*, London, Lynne Rienner Publishers.
Hopkins, A. G. and P. J. Cain (1980) "The Political Economy of British Expansion Overseas, 1750-1915," *Economic History Review*, Vol. 32, No. 4, pp. 463-490.
――(1986) "Gentlemanly Capitalism and British Expansion Overseas I. The Old Colonial System, 1688-1850," *Economic History Review*, Vol. 39, No. 4, pp. 501-525 (竹内幸雄・秋田茂訳〈1994〉『ジェントルマン資本主義と大英帝国』岩波書店).
――(1987) "Gentlemanly Capitalism and British Expansion Overseas 2. New Imperialism, 1850-1914," *Economic History Review*, Vol. 40, No. 1, pp. 1-26 (竹内幸雄・秋田茂訳〈1994〉『ジェントルマン資本主義と大英帝国』岩波書店).
Hopkins, Anthony G. (1973) *An Economic History of West Africa*, 2 vols., New York, Columbia University Press.
Hunt, Nancy Rose (1989) "Placing African Women's History and Locating Gender," *Social History*, No. 14, pp. 359-379.
Hunt, Nancy Rose, Tessie P. Liu and Jean Quataert eds. (1997) *Gendered Colonialisms in African History*, Oxford, Blackwell Publishers.
Hyden, Goran (1980) *Beyond Ujamaa in Tanzania: Underdevelopment and an Uncaptured Peasantry*, London, Ibadan and Nairobi, Heinemann.
Isaacman, Allen (1976) *The Tradition of Resistance in Mozambique*, London, Heinemann.
――(1977) "Social Banditry in Zimbabwe (Rhodesia) and Mozambique 1884-1907: An Expression of Early Peasant Protest," *Journal of Southern African Studies*, Vol. 4, No. 1, pp. 1-30.
――(1993) "Peasant and Rural Social Protest in Africa," Frederick Cooper, Allen F. Isaacman, Florencia E. Mallon, William Roseberry and Steve J. Stern, *Confronting Historical Paradigms; Peasants, Labor, and the Capitalist World System in Africa and Latin America*, Madison, University of Wisconsin Press, pp. 205-317.
――(1996) *Cotton is the Mother of Poverty; Peasants, Work and Rural Struggle*

in Colonial Mozambique, 1938-1961, Portsmouth, Heinemann.
Isaacman, Allen and Barbara Isaacman (1983) *Mozambique: from Colonialism to Revolution, 1900-1982*, Colorado, Westview Press.
——(2004) *Slavery and Beyond: The Making of Men and Chikunda Ethnic Identities in the Unstable World of South-Central Africa, 1750-1920*, Portsmouth, Hienemann.
Isaacman, Allen and Richard Roberts eds. (1995) *Cotton, Colonialism, and Social History in Sub-Saharan Africa*, London and Portsmouth, Heinemann and James Currey.
Jahnke, Hans S. (1976) *Tsetse Flies and Livestock Development in East Africa*, München, Weltforum Verlag.
Jeeves, Alan (1975) "The Control of Migratory Labour on the South African Gold Mines in the Era of Kruger and Milner," *Journal of Southern African Studies*, Vol. 2, No. 1, pp. 3-29.
——(1983) "Over-Reach: The South African Gold Mines and the Struggle for the Labour of Zambesia, 1890-1920," *Canadian Journal of African Studies*, Vol. 17, No. 3, pp. 393-412.
——(1985) *Migrant Labour in South Africa's Mining Economy: The Struggle for the Gold Mine's Labour Supply 1890-1920*, Kingston and Montreal, McGill-Queen's University Press.
——(1986) "Migrant Labour and South African Expansion, 1920-1950," *South African Historical Journal*, No. 18, pp. 73-92.
Katzenellenbogen, Simon E. (1973) *Railways and the Copper Mines of Katanga*, Oxford, Clarendon Press.
——(1982) *South Africa and Southern Mozambique: Labour, Railways and Trade in the Making of a Relationship*, Manchester, Manchester University Press.
Krikler, Jeremy (2005) *White Rising: The 1922 Insurrection and Racial Killing in South Africa*, Manchester and New York, Manchester University Press.
Lains, Pedro (2003) *Os Progressos do Atraso: Uma Nova História Económica de Portugal, 1842-1992*, Lisboa, Imprensa de Ciência Sociais.
Langhorne, Richard (1973) "Anglo-German Negotiations concerning the Future of the Portuguese Colonies, 1911-1914," *The Historical Journal*, No. 16, Vol. 2, pp. 361-387.
Legassick, M. and F. De Clerck (1984) "Capitalism and Migrant Labour in Southern Africa," Shula Marks and P. Richardson eds., *International Labour Migration; Historical Perspectives*, Hounslow, Maurice Temple Smith Ltd., pp. 140-165.
Lewis, M. Paul ed. (2009) *Ethnologue: Languages of the world*, sixteenth edition. Dallas, Tex: SIL International.
Libby, Ronald T. (1987) *The Politics of Economic Power in Southern Africa*,

Princeton, Princeton University Press.

Liesegang, Gerhard (1970) "Nguni Migrations between Delagoa Bay and the Zambezi, 1821-1839," *African Historical Studies*, Vol. 3, No. 2, pp. 317-337.

——(1981) "Notes on the Internal Structure of the Gaza Kingdom in Southern Mozambique, 1840-1895," J. B. Peires ed., *Before and After Shaka: Papers in Nguni History*, Grahamstown, Rhodes University, pp. 178-209.

——(1982) "Famines, Epidemics, Plagues and Long Periods of Warfare, their Effect in Mozambique 1700-1975", paper presented at the conference on Zimbabwean History: Progress and Development, Harare.

——(1983) "A First Look at the Import and Export Trade of Mozambique, 1800-1914," Liesegang, G., H. Pasch and A. Jones eds., *Figuring African Tradé, Proceedings of the Symposium on the Quantification and Structure of the Import and Export and Long Distance Trade of Africa in the 19th Century (c.1800-1913)*, Berlin, D. Reimer, pp. 451-523.

——(1990) "Achegas para o Estudo das Biografias de Autores de Fontes Narrativas e Outros Documentos da História de Moçambique, II, III: Três Autores sobre Inhambane: Vida e Obra de Joaquim de Santa Rita Montanha (1806-1870), Aron S. Mukhombo (ca.1885-1940) e Elias S. Mucambe (1906-1969)," *Arquivo*, No. 8, pp. 61-141.

——(2000) "The Arquivo Histórico de Moçambique and Historical Research in Maputo," *History in Africa*, Vol. 27, pp. 471-477.

Liesegang, Gerhard et. al. (2005) *Oleiras de Mutamba: Inhambane*, Maputo, Associação Cultural da Casa Velha.

Lima, Alfredo Prereira de (1971) *História dos Caminhos de Ferro de Moçambique*, Vol. 1-3, Lourenço Marques, Caminhos de Ferro e Transportes de Moçambique.

Loforte, Ana Maria (1990) "A Apropriação dos Rendimentos dos Trabalhadores Migrantes de Inhambane no Início do Século," *Arquivo*, No. 8 pp. 171-186.

Lopes, F. Felix (1972) *Missões Franciscanas em Moçambique 1898-1970*, Braga, Editorial Franciscana.

MacGonagle, Elizabeth (2002) "A Mixed Pot: History and Identity in the Ndau Region of Mozambique and Zimbabwe 1500-1900," Ph.D.thesis, East Lansing, Michigan State University.

Mamdani, Mahmood (1996) *Citizen and Subject: Contemporary Africa and the Legacy of Late Colonialism*, Princeton, Princeton University Press.

——(2000) "Indirect Rule and the Struggle for Democracy: A Response to Bridget O'Laughlin," *African Affairs*, Vol. 99, No. 394, pp. 43-46.

Manghezi, Alpheus (1983) "Ku thekela: Estratégia de Sobrevivência contra a Fome no Sul de Moçambique," *Estudos Moçambicanos*, No. 4, pp. 19-49.

Marks, Shula and Neil Anderson (1987) "Issue in the Political Economy of

Health in Southern Africa," *Journal of Southern African Studies*, Vol. 13, No. 2, pp. 176-186.

Marks, Shula, and Peter Richardson (1984) *International Labour Migration: Historical Perspectives*, Hounslow, Smith.

Marques, João Pedro (2006) *The Sounds of Silence: Nineteenth-Century Portugal and the Abolition of the Slave Trade*, New York and Oxford, Berghahn Books.

Martins, Fernando (2000) "A Questão Colonial na Política Externa Portuguesa: 1926-1975", Valentin Alexandre ed., *O Império Africano séculos XIX e XX*, Lisboa, Edições Colibri, pp. 137-165.

Medeiros, Eduardo (1988) *Bebidas Moçambicanas de Fabrico Caseiro*, Maputo, Arquivo Histórico de Moçambique.

——(1998) "Formação e Desagregação das Comunidades de Origem Chinesa nas Cidades Moçambicanas da Beira e Lourenço Marques; Memórias e Esboço de Problemáticas: Notas para uma pesquisa," Comissão Nacional para as Comemorações dos Descobrimentos Portugueses, *Actas do Seminário Moçambique: Navegações, Comércio e Tecnicas*, Maputo, 25 a 28 de Novembro de 1996, Lisboa, Grafica Maiadouro, pp. 228-314.

Meillassoux, Claude (1981) *Maidens, Meal and Money: Capitalism and the Domestic Community*, New York, Cambridge University Press (川田順造・原口武彦訳〈1977〉『家族制共同体の理論——経済人類学の課題』筑摩書房).

Mondlane, Eduardo (1995) *Lutar por Moçambique* (1ª edição Moçambicana), Maputo, Nosso Chão (原著：〈1969〉 *The Struggle for Mozambique*, London, Zed Press).

Moodie, T. Dunbar, and Vivienne Ndatshe (1994) *Going for Gold; Men, Mine and Migration*, Berkeley, University of California Press.

Morais, João Sousa (2001) *Maputo: Património da Estrutura e Forma Urbana Topologia do Lugar*, Maputo, Livros Horizonte.

Morapedi, W. (1999) "Migrant Labour and the Peasantry in the Bechuanaland Protectorate," *Journal of Southern African Studies*, Vol. 25, No. 2, pp. 197-214.

Morrell, Robert (1988) "The Disintegration of the Maize and Gold Alliance in South Africa in the 1920s," *International Journal of African Historical Studies*, Vol. 21, No. 4, pp. 619-635.

——(1998) "Of Boys and Men: Masculinity and Gender in Southern African Studies," *Journal of Southern African Studies*, Vol. 24, No. 4, pp. 605-631.

—— ed. (2001) *Changing Men in Southern Africa*, London, Zed Books.

Murray, Colin (1976) "Marital Strategy in Lesotho: the Redistribution of Migrant Earnings," *African Studies*, Vol. 35, No. 2, pp. 99-122.

——(1977) "High Bridewealth, Migrant Labour and the Position of Women in Lesotho," *Journal of African Law*, Vol. 21, No. 1, pp. 79-96.

——(1980) "Migrant Labour and Changing Family Structure in Rural Periphery of Southern Africa," *Journal of Southern African Studies*, Vol. 6, No. 2, pp. 139-156.

——(1981) *Families Divided: the Impact of Migrant Labour in Lesotho*, Cambridge, Cambridge University Press.

Murray, Martin (1995) "'Blackbirding' at 'Crooks' Corner': Illicit Labour Recruiting in the Northern Transvaal, 1910-1940," *Journal of Southern African Studies*, Vol. 21, No. 9, pp. 373-397.

Negrão, José (1995) *One Hundred Years of African Rural Family Economy: The Zambezi Delta in Retrospective Analysis*, Lundo, Department of Economic History, School of Economics and Management, University of Lund. (Negrão, José 〈2001〉 *Cem Anos de Economia da Família Rural Africana: o Delta do Zambeze em Análise Retrospectiva*, 2nd ed., Maputo, Promédia.)

Neil-Tomlinson, Barry (1977) "The Nyassa Chartered Company: 1891-1929," *Journal of African History*, No. 18, Vol. 1, pp. 109-128.

Newitt, Malyn (1981) *Portugal in Africa: The Last Hundred Year*, London, C. Hurst.

——(1997) *A History of Mozambique*, 2nd impression (1st impression 1995), London, C. Hurst. (Newitt, Malyn 〈1997〉 *História de Moçambique*, Mem Martins, Pubulicações Europa-América.)

Northrup, David (1995) *Indentured Labour in the Age of Imperialism, 1834-1922*, Cambridge, Cambridge University Press.

O'Laughlin, Bridget (1996) "Through a Divided Glass: Dualism, Class and the Agrarian Question in Mozambique," *Journal of Peasant Studies*, Vol. 23, No. 4, pp. 1-39.

——(2000) "Class and the Customary: the Ambiguous Legacy of the *indigenato* in Mozambique," *African Affairs*, Vol. 99, No. 394, pp. 5-42.

Oliveira Marques, A. H. de (1972) *História de Portugal*, Vol. II, Lisboa, Palas Editores.

——(2001) *O Império Africano 1890-1930*, Lisboa, Editorial Estampa.

Omer-Cooper, J. D. (1966) *The Zulu Aftermath*; a Nineteenth-Century Revolution in Bantu Africa, London, Longmans.

Osterhammel, Jürgen (1997) *Colonialism: A Theoretical Overview*, Kingston and Princeton, Ian Randle Publishers and Markus Wiener Publishers (Osterhammel, Jürgen 〈1995〉 *Kolonialismus*, Munich, Verlag C. H. beck. オースタハメル，ユルゲン著，石井良訳〈2005〉『植民地主義とは何か』論創社).

Packard, Randall M. (1987) "Tuberculosis and the Development of Industrial Health Policies on the Witwatersrand, 1902-1932," *Journal of Southern African Studies*, Vol. 13, No. 2, pp. 187-209.

Palmer, Robin and Neal Parsons eds. (1977) *The Roots of Rural Poverty in*

Central and Southern Africa, Berkeley, University of California Press.

Parpart, Lane L. (1986) "The Household and the Mine Shaft: Gender and Class Struggles on the Zambian Copper Belt, 1926-64," *Journal of Southern African Studies*, Vol. 13, No. 1, pp. 36-56.

Peberdy, Sally (2009) *Selecting Immigrants: National Identity and South Africa's Immigration Policies 1910-2008*, Johannesburg, Witwatersrand University Press.

Pélissier, René (1988) "Os Franceses em Moçambique 1850-1914," *Moçambique: Cultura e História de um País (Actas de V semana da Cultura Africana)*, Coimbra, Centro de Estudos Africanos, Instituto de Antropologia, Universidade de Coimbra, pp. 107-119.

——(1994) *História de Moçambique: Formação e Oposição 1854-1918*, Lisboa, Editorial Estampa.

Penvenne, Jeanne Marie (1979a) "Forced Labour and the Origin of an African Working Class: Lourenço Marques, 1870-1962," Brookline, Boston University, African Studies Center, Working Paper No. 13.

——(1979b) "The Street Corner Press: Worker Intelligence Networks in Lourenço Marques, 1900-1936," Brookline, Boston University, African Studies Centre, Working Paper No. 26.

——(1982) "A History of African Labour in Lourenço Marques, Moçambique, 1877 to 1950," Ph.D.thesis, Brookline, Boston University.

——(1985) "Review of Simon E. Katzenellenbogen, *South Africa and Southern Mozambique*," *Africa*, Vol. 55, No. 1, pp. 106-107.

——(1989) "'We are All Portuguese!' Challenging the Political Economy of Assimilation: Lourenço Marques, 1870-1933," Leroy Vail ed., *The Creation of Tribalism in Southern Africa*, Berkeley, University of California Press, pp. 255-288.

——(1995) *African Workers and Colonial Racism: Mozambican Strategies and Struggles in Lourenço Marques, 1877-1962*, Portsmouth, London and Johannesburg, Heinemann, James Currey and Witwatersrand University Press.

Pieres, J. B. ed. (1981) *Before and After Shaka*, Institute of Social and Economic Research, Grahamstown, Rhodes University Press.

Pirio, Gregory Rog (1982) "Commerce, Industry and Empire: the Making of Modern Portuguese Colonialism in Angola and Mozambique, 1890-1914," Ph. D.thesis, Los Angeles, University of California.

Pitcher, Anne M. (1991) "Sowing the Seeds of Failure; Early Portuguese Cotton Cultivation in Angola and Mozambique, 1820-1920," *Journal of Southern African Studies*, Vol. 17, No. 1, pp. 43-68.

——(1993) *Politics in the Portuguese Empire*, Oxford, Clarendon Press.

Porter, A. N. (1980) *The Origins of the South African War: Joseph Chamberlain and the Diplomacy of Imperialism, 1895–1899*, Manchester, Manchester University Press.

Ranger, Terence O. (1978) "Growing from the Roots: Reflections on Peasant Research in Central and Southern Africa," *Journal of Southern African Studies*, Vol. 5, No. 1, pp. 99–133.

Richardson, Peter (1982) *Chinese Mine Labour in the Transvaal*, London, Macmillan.

Richardson, P. and J. J. van-Helten (1980) "The Gold Mining Industry in the Transvaal 1886–1899" in Peter Warwick ed., *The South African War: The Anglo-Boer War 1899–1902*, Essex, Longman, pp. 18–36.

Robinson, R. (1972) "Non-European Foundation of European Imperialism: Sketch for a Theory of Collaboration," Owen, R. and B. Sutcliffe eds., *Studies in the Theory of Imperialism*, London, Longman, pp. 117–142.

Rodney, Walter (1978) *How Europe underdeveloped Africa*, 2nd edition, London, Bogle-L'Ouverture Publications (ロドネー，ウォルター著，北沢正雄訳〈1987〉『世界資本主義とアフリカ――ヨーロッパはいかにアフリカを低開発化したか』柘植書房).

Roesch, Otto (1991) "Migrant Labour and Forced Rice Production in Southern Mozambique: The Colonial Poverty of the Lower Limpopo Valley," *Journal of Southern African Studies*, Vol. 17, No. 2, pp. 239–270.

Saúte, Alda Romão (2000) "The African-Mission Encounter and Education in Mozambique: The Anglican Mission of Santo Agostinho-Maciene, 1926/8–1974," Ph.D.thesis, Minneapolis, University of Minnesota.

Schmitz, C. J. (1979) *World Non-Ferrous Metal Production and Prices 1700–1976*, Sussex, R. J. Ackford Ltd..

Scott, James C. (1976) *The Moral Economy of the Peasant: Rebellion and Subsistence in Southeast Asia*, New Haven, Yale University Press (スコット，ジェームス，C．著，高橋彰訳〈1999〉『モーラル・エコノミー――東南アジアの農民叛乱と生存維持』勁草書房).

――(1985) *The Weapons of the Weak: Everyday Forms of Peasant Resistance*, New Haven, Yale University Press.

Segatti, Aurelia (2011) "Reforming South African Immigration Policy in the Postapartheid Period (1990–2010)," Aurelia Segatti, Loren B. Landau eds., *Contemporary Migration to South Africa: A Regional Development Issue*, Washington D.C. and Paris, World Bank, pp. 31–66.

Serapião, Luís Benjamin (1975) "Analysis of the Portuguese administration in Mozambique in the Twentieth Century," Ph.D.thesis, Washington D.C., The American University.

Serra, Carlos ed. (2000) *História de Moçambique*, Vol. 1, Maputo, Livraria Univer-

sitária.
Shaw, L. M. E. (1998) *The Anglo-Portuguese Alliance and the English Merchants in Portugal 1654–1810*, Aldershot, Ashgate.
Sheldon, Kathleen E. (2002) *Pounders of Grain: A History of Women, Work, and Politics in Mozambique*, Portsmouth, Heinemann.
Sideri, Sandro (1970) *Trade and Power: Informal Colonialism in Anglo-Portuguese Relations*, Rotterdam, Rotterdam University Press.
Silva, Teresa Cruz e (1996) "Protestant Churches and the Formation of Political Consciousness in Southern Mozambique: 1930–1974," Ph.D.thesis, Bradford, University of Bradford.
Slater, Henry (1975) "Land, Labour and Capital in Natal: the Natal and Colonization Company, 1860–1948," *Journal of African History*, Vol. 16, No. 2.
——(1985) "The Changing Pattern of Economic Relationship in Rural Natal, 1838–1914," Shula Marks and Anthony Atmore ed., *Economy and Society in Pre-Industrial South Africa*, New York, Longman, pp. 148–170.
Smith, Alan K. (1970) "The Struggle for Control of Southern Mozambique 1720–1835," Ph.D.thesis, Los Angeles, University of California.
——(1974) "António Salazar and the Reversal of Portuguese Colonial Policy," *Journal of African History*, Vol. 15, No. 4, pp. 653–667.
——(1991) "The Idea of Mozambique and its Enemies; c.1890–1930," *Journal of Southern African Studies*, Vol. 17, No. 3, pp. 496–524.
Sunseri, T. (1996) "Labour Migration in Tanzania and the Hegemony of South African Historiography," *African Affairs*, Vol. 95, No. 381, pp. 185–198.
Taylor, Madeleine Beaubien (1998) "Spirits of Capitalism in Chokwe: Experience of Work and Identity among Shangaan Peasants in Southern Mozambique," Ph.D.thesis, Brandies University.
Teixeira, Cândido (1990) "A Fundação de Inhambane e a sua Esturutura Administrative e Governamental nos meados do Século XVIII," *Arquivo*, No. 8, pp. 5–53.
Teixeira, Nuno Severiano (1998) "Between Africa and Europe: Portuguese Foreign Policy, 1890–1986" António Costa Pinto ed., *Modern Portugal*, California, Palo Alto, pp. 60–87.
——(2000) "Colónias e Colonização Portuguesa na Cena Internacional 1885–1930," Francisco Bethencourt and Kirti Chaudhuri eds., *História da Expansão Portuguesa vol.4 Do Brasil para África 1808–1930*, Navarra, Temas e Debates, pp. 508–513.
Telo, António José (1991) *Lourenço Marques na Política Externa Portuguesa: 1875–1900*, Lisboa, Edições Cosmos.
——(1994) *Economia e Império no Portugal Contemporâneo*, Lisboa, Edições Cosmos.

Tembe, Joel das Neves (1990) "O Trabalho Migratório de Moçambicanos para a Rodésia do Sul, 1913-1958/60," Maputo, Trabalho de Diploma para a obtenção do grau de Licenciatura, Instituto Superior Pedagógico, Departamento de História.

——(1991) "Tete e o Trabalho Migratório para a Rhodesia do Sul," *Arquivo*, No. 10, pp. 83-101.

——(1998) "Economy, Society and Labour Migration in Central Mozambique, 1930-c1965: A Case Study of Manica Province," Ph.D.thesis, London, University of London.

Thompson, E. P. (1978) *The Poverty of Theory*, London, Merlin.

Vail, Leroy (1975) "The Making of an Imperial Slum: Nyasaland and its railways, 1895-1935," *Journal of African History*, Vol. 16, No. 1, pp. 89-112.

——(1976) "Mozambique's Chartered Companies: The Rule of the Feeble," *Journal of African History*, No. 17, Vol. 3, pp. 389-416.

—— ed. (1989) *The Creation of Tribalism in Southern Africa*, Berkeley and Los Angeles University of California Press.

Vail, Leroy and Landeg White (1980) *Capitalism and Colonialism in Mozambique: A Study of Quelimane District*, London, Nairobi, Ibadan, Heinemann.

van Onselen, Charles (1972) "Reaction to Rinderpest in Southern Africa, 1896-97," *Journal of African History*, Vol. 13, No. 3, pp. 437-488.

——(1973) "Worker Consciousness in Black Miners: Southern Rhodesia, 1900-1920," *Journal of African History*, Vol. 14, No. 2, pp. 237-255.

——(1976a) "The Randlords and Rotgut, 1886-1903: An Essay on the Role of Alcohol in the Development of European Imperialism and Southern African Capitalism with Special Reference to Black Mineworkers in the Transvaal Republic," *History Workshop*, No. 2, pp. 33-89.

——(1976b) *Chibaro: African Mine Labour in Southern Rhodesia 1900-1933*, London, Pluto Press.

van den Berg, Jelle (1987) "A Peasant form of Production: Wage Dependent Agriculture in Southern Mozambique," *Canadian Journal of African Studies*, Vol. 21, No. 3, pp. 375-389.

van der Horst, Sheila T. (1971) *Native Labour in South Africa*, London, Frank Cass.

Vaughan, Megan (1987) *The Story of an African Famine: Gender and Famine in Twentieth century Malawi*, Oxford, Oxford University Press.

Vilhena, Maria da Conceição (1999) *Gungunhana: Grandeza e Decadência de um Império Africana*, Lisboa, Edçoes Colibri.

Vincent Smith, J. D. (1974) "The Anglo-German Negotiations over the Portuguese Colonies in Africa, 1911-1914," *The Historical Journal*, No. 17, Vol. 3, pp. 620-629.

Waller, Lyndith (2006) "Irregular Migration to South Africa during the First Ten Years of Democracy," *SAMP Migration Policy Brief*, No. 19. (http://www.queensu.ca/samp/forms/form1.html 2012年1月10日アクセス)

Wallerstein, Immanuel M. (1964) *The Road to Independence: Ghana and the Ivory Coast*, Paris, Mouton (川北稔訳〈1992〉『近代世界システム——1600～1750』名古屋大学出版会).

——(1974) *The Modern World-System: Capitalist Agriculture and the Origins of the European World-Economy in the Sixteenth Century*, New York, Academic Press (川北稔訳〈1997〉『近代世界システム——1730～1840』名古屋大学出版会).

——(1983) *Historical Capitalism*, London, Verso (川北稔訳〈1997〉『史的システムとしての資本主義』岩波書店).

Warhurst, Philip R. (1962) *Anglo-Portuguese Relations in South Central Africa 1890-1900*, London, Longmans.

Warwick, Peter ed. (1980) *The South African War: The Anglo-Boer War 1899-1902*, Essex, Longman.

Webster, David (1975) "Agnation, Alternative Structure, and the Individual in Chopi Society," Ph.D.thesis, Grahamstown, Rhodes University.

——(1978) "Migrant Labour, Social Formations and the Proletarianisation of the Chopi," *African Perspectives*, No. 1, pp. 157-174.

——(1986) "The Political Economy of Food Production and Nutrition in Southern Africa in Historical Perspective," *Journal of Modern African Studies*, Vol. 24, No. 3, pp. 447-463.

——(2009) *A Sociedade Chope*, Lisboa, Imprensa de Ciências Sociais da Universidade de Lisboa.

——(s.d.) *Colonialism, Underdevelopment and Migrant Labour in Southern Mozambique*, Johannesburg, University of Witwatersrand.

Wheeler, Douglas L. (1968) "Gungunhana, the Negotiator: A Study in African Diplomacy," *Journal of African History*, Vol. 9, pp. 585-602.

White, Charles Bryant (1974) "New England Merchants and Missionaries in Costal Nineteenth-Century Portuguese East Africa," Ph.D.thesis, Boston University.

White, Landeg (1987) *Magomero; Portrait of an African Village*, Cambridge, Cambridge University Press.

White, Landeg, and Leroy Vail (1986) "Gungunyane the Navigator," *Journal of African History*, No. 9, pp. 587-602.

Willis, Justin (2001) "Demoraised Natives, Black-Coated Consumers, and Clean Spirit: European Liquor in East Africa, 1890-1955," *Journal of Imperial and Commonwealth History*, No. 29, Vol. 3, pp. 55-74.

Wilson, Francis (1972) *Labour in the South African Gold Mines 1911-1969*, Cambridge, Cambridge University Press.

Wolpe, Harold (1972) "Capitalism and Cheap Labour Power in South Africa: from Segregation to Apartheid," *Economy and Society*, Vol. 1, No. 4, pp. 425-456. (reprinted in Wolpe, Harold, "Capitalism and Cheap Labour-Power in South Africa: from Segregation to Apartheid", W. Beinart and S. Dubow eds., *Segregation and Apartheid in Twentieth Century South Africa*, Routledge, London and New York, 1995, pp. 60-90.)

World Bank (2011) *Leveraging Migration for Africa: Remittances, Skills, and Investments*, Washington D.C., World Bank.

Yearwood, Peter J. (1990) "Great Britain and the Repartition of Africa, 1914-19," *Journal of Imperial and Commonwealth History*, Vol. 18, No. 3, pp. 316-341.

Young, Sherilyne (1977) "Fertility and Famine: Women's Agricultural History of Southern Mozambique," Robin Palmer and Neil Parsons eds., *The Roots of Rural Poverty in Central and Southern Africa*, Berkeley and Los Angeles, University of California Press, pp. 66-81.

Yudelman, David and Alan Jeeves (1986) "New Labour Frontiers for Old: Black Migrants to the Southern African Gold Mines, 1920-1985," *Journal of Southern African Studies*, Vol. 13, No. 1, pp. 101-124.

Zamparoni, Vadimir D. (2000) "Mamparras e Magaiças: Trabalhadores Mineiros e Sociedade em Lourenço Marques, Moçambique, c.1900-1940," Maria Emilia Madeira Santos ed., *A África e a Instralação do Sistema Colonial (c.1885-c.1930): III Reunição Internacional de Historia de África*, Lisboa, Centro de Estudos de Historia e Cartografia Antiga, pp. 535-557.

Zegeye, Abebe and Shubi Ishemo eds. (1989) *Forced Labour and Migration: Patterns of Movement within Africa*, Oxford, Hans Zell Publishers.

Zeleza, Paul Tiyambe (1993) *A Modern Economic History of Africa*, Dakar, CODERSIA.

Zimba, Benigna (2003) *Mulheres Invisiveis: O Gênero e as Políticas Comerciais no Sul de Moçambique, 1720-1830*, Maputo, Promedia.

赤羽裕（1971）『低開発経済分析序説』岩波書店。

網中昭世（2007）「ポルトガル植民地支配とモザンビーク南部における労働力移動——ポルトガル・南アフリカ政府間協定の締結過程（1901-1928）」『歴史学研究』第832号，19-34，41頁。

——（2010）「モザンビーク南部の移民送り出しとその社会的影響の地域的多様性——植民地期のアルコール市場をめぐる競合と排除」『アフリカ研究』通号76号，1-15頁。

——（2011a）「南部アフリカにおける支配の重層構造——ポルトガル領モザンビークにおける南アフリカ金鉱業の労働力調達」井野瀬久美恵・北川勝彦編著『アフリカと帝国——コロニアリズム研究の新思考にむけて』晃洋書房，275-291頁。

——（2011b）「南部アフリカにおける植民地支配と移民労働——モザンビーク農村社会の変容と南アフリカの金鉱業の発展」駒井洋・小倉充夫編著『叢書グローバ

ル・ディアスポラ５　ブラック・ディアスポラ』明石書店，135-158頁。

――(2012)「国家・社会と移民労働者――南アフリカ鉱山における労働者の協調と分断」小倉充夫編『現代アフリカと国際関係――国際社会学の地平』有信堂高文社，129-156頁。

――(2013)「移民政策の変遷――民主化後の国家における包摂と排除」牧野久美子・佐藤千鶴子編『南アフリカの経済社会変容』アジア経済研究所，173-211頁。

アミーン，サミール著，野口祐・原田金一郎訳（1979）『周辺資本主義構成体論』柘植書房。

――野口祐ほか訳（1980）『世界資本蓄積論』（第２版）柘植書房。

――原田金一郎訳（1981）『中心＝周辺経済関係論』柘植書房。

――北沢正雄訳（1981）『帝国主義と不均等発展』第三書館。

――西川潤訳（1983）『不均等発展――周辺資本主義の社会構成体に関する試論』東洋経済新報社。

飯田洋介（2002）「植民地政策開始におけるビスマルクの意図――1883～84年におけるビスマルクの反英政策とアングラ・ペケーナ」『西洋史学』CCVIII，46-63頁。

板垣雄三（1992）『歴史の現在と地域学――現代中東への視角』岩波書店。

市川承八郎（1982）『イギリス帝国主義と南アフリカ』晃洋書房。

ヴェールホフ，C. V.（1995）「「国家」と「資本」と「家父長制」の関係をめぐって」M. ミース，C. V. ヴェールホフ，V. B. トムゼン著，古田睦美・善本裕子訳『世界システムと女性』藤原書店，182-209頁。

ウォーラーステイン，イマニュエル著，田中治男ほか訳（1991）『世界経済の政治学』同文館出版。

江口朴郎（1977）『帝国主義と民族』（第２版）東京大学出版会。

大西威人（1983）「南アフリカ金鉱業と原住民労働――1903年「トランスヴァール労働委員会報告」を中心に」杉原薫・玉井金五編『世界資本主義と非白人労働』（大阪市立大学経済学会研究叢書第13号），95-130頁。

小倉充夫（2009）『南部アフリカ社会の百年――植民地支配・冷戦・市場経済』東京大学出版会。

オールデン，クリス著，牧野久美子訳（1997）「モザンビークにおける民主的移行」林晃史編『南部アフリカ民主化後の課題』アジア経済研究所，141-174頁。

川北稔（1970）「ヨーロッパの商業的進出」『岩波講座世界歴史16　近代３』岩波書店。

川野幸男（1996）「中国人の東北(旧満州)移民を再考する――労働力移動と覇権サイクル」『東京大学経済学研究』第38号，21-32頁。

北川勝彦（2001）『南部アフリカ社会経済史研究』関西大学出版部。

木畑洋一（1989）「「中国人奴隷」とイギリス政治――南アフリカへの中国人労働者導入をめぐって」油井大三郎ほか著『世紀転換期の世界――帝国主義支配の重層構造』未來社，81-119頁。

君塚直隆（2004）「ポルトガル領アフリカをめぐる外務省と植民地省の対立――第一次世界大戦前夜の帝国問題と外交政策」木村和男編『世紀転換期のイギリス帝国』ミネルヴァ書房，259-289頁。

――(2006)「自由主義外交の黄金期――パーマストンと奴隷貿易」田所昌幸編『ロイヤル・ネイヴィーとパクス・ブリタニカ』有斐閣，22-46頁。

金七紀男（2003)『ポルトガル史』(増補版）彩流社。

金東椿著，金美恵・崔真碩・崔徳孝・趙慶喜・鄭栄桓訳（2008)『朝鮮戦争の社会史――避難・占領・虐殺』平凡社。

駒込武（1997)「「文明」の秩序とミッション――イングランド長老教会と19世紀のブリテン・中国・日本」近代日本研究会編『年報・近代日本研究　地域史の可能性――地域・日本・世界』山川出版社，1-43頁。

佐伯尤（1986)「南アフリカ金鉱山開発と鉱業金融商会」山田秀雄編著『イギリス帝国経済の構造』新評論。

――(2003)『南アフリカ金鉱業史――ラント金鉱発見から第二次世界大戦勃発まで』新評論。

――(2004)『南アフリカ金鉱業の新展開――1930年代新金鉱探査から1970年まで』新評論。

佐藤千鶴子（1997)「南アフリカにおけるアフリカ人農村研究の課題」『アフリカ研究』通号51号，69-78頁。

――(2009)『南アフリカの土地改革』日本経済評論社。

サルトル，J-P. 著，渡辺淳訳（2000)「植民者の肖像と被植民者の肖像」J-P. サルトル著，鈴木道彦ほか訳『植民地の問題』人文書院，54-60頁。

鈴木英明（2007)「インド洋西海域と「近代」――奴隷の流通を事例にして」『史学雑誌』116(7)，1169-1201頁。

セゼール，エメ著，砂野幸稔訳（2004)『帰郷ノート　植民地主義論』平凡社。

竹内幸雄（2003)『自由貿易主義と大英帝国――アフリカ分割の政治経済学』新評論。

旦祐介（1992)「20世紀初頭イギリス帝国政策の変容――南アフリカの中国人労働者問題を中心に」『東海大学教養学部紀要』第23輯，185-209頁。

――(1998)「自治領化とコモンウェルス――帝国・意識・主権」木畑洋一編『大英帝国と帝国意識――支配の深層を探る』ミネルヴァ書房，265-284頁。

土佐弘之（2005)「なぜ，この問いが可能になったのか――沈黙を強いる構造的権力の変容との関連で」岩崎稔・大川正彦・中野敏夫・李孝徳編著『継続する植民地主義――ジェンダー／民族／人種／階級』青弓社，377-380頁。

トンプソン，レナード著，宮本正興・吉國恒雄・峯陽一・鶴見直城訳（2009)『南アフリカの歴史』明石書店。

永原陽子（2001)「アフリカ史・世界史・比較史」平野克己編『アフリカ比較研究――諸学の挑戦』日本貿易振興会アジア経済研究所，243-268頁。

――(2009)『「植民地責任」論――脱植民地化の比較史』東京外国語大学アジア・アフリカ言語文化研究所。

朴美貞（2009)「植民地遺制を考える――植民地の記憶をめぐる綱引き」西川長夫・高橋秀寿編『グローバリゼーションと植民地主義』人文書院，313-332頁。

林晃史（1977)「南アフリカの工業化と人種差別――「ネオ・マルキスト」グループの批判を中心にして」『アフリカ研究』通号16号，72-79頁。

――(1978)「南アフリカ史研究の変遷――「自由主義歴史学派」の形成を中心として」『アフリカ研究』通号17号，107-112頁。

平田雅博（2000)『イギリス帝国と世界システム』晃洋書房。

ファノン，フランツ著，海老坂武・加藤晴久訳（1969)『地に呪われたる者』みすず書房。

――鈴木道彦・浦野衣子訳（1970)『黒い皮膚・白い仮面』みすず書房。

フセイン・ソロモン，ルイーズ・ヘーグ著，黒須仁美訳（2010)「外国人受け入れの社会的状況――南アフリカにおけるゼノフォビア」佐藤誠編『越境するケア労働――日本・アジア・アフリカ』日本経済評論社。

舩田クラーセンさやか（2007)『モザンビーク解放闘争史――「統一」と「分裂」の起源を求めて』御茶の水書房。

フランク，A. G. 著，吾郷健二訳（1980)「帝国主義と生産様式」『従属的蓄積と低開発』岩波書店，205-250頁。

ホブソン著，矢内原忠雄訳（1976)『帝国主義論　上』，第14刷，岩波書店。

――矢内原忠雄訳（1975)『帝国主義論　下』，第11刷，岩波書店。

前川一郎（1999)「トランスヴァール共和国をめぐる英独の角逐――1898年英独協定と南アフリカ戦争への道」『西洋史学』CXCVI，22-42頁。

――(2006)『イギリス帝国と南アフリカ――南アフリカ連邦の形成　1899～1912』ミネルヴァ書房。

松田素二（1997)「植民地文化における主体性と暴力――西ケニア，マラゴリ社会の経験から」山下晋司・山本真鳥編『植民地主義と文化――人類学のパースペクティヴ』新曜社，276-306頁。

――(2002)「ポストコロニアル・アフリカ――21世紀の展望」『現代アフリカの社会変動――ことばと文化の動態観察』人文書院，11-21頁。

松野妙子（1989)「南アフリカ人種差別土地立法の起源――1913年の「土地法」についての一考察」油井大三郎ほか著『世紀転換期の世界――帝国主義支配の重層構造』未來社，239-296頁。

ミース，M.（1995)「資本主義の発展とサブシステンス生産――インドの農村女性」M. ミース，C. V. ヴェールホフ，V. B. トムゼン著，古田睦美・善本裕子訳『世界システムと女性』藤原書店，79-113頁。

峯陽一（1998)「南アフリカ史と都市化」『アフリカ研究』通号52号，77-96頁。

――(1999)『現代アフリカと開発経済学――市場経済の荒波のなかで』日本評論社。

――(2005)「モザンビークにおける人間の安全保障」JICA『貧困削減と人間の安全保障』（調査研究報告書），105-119頁。

家島彦一（1991)「東アフリカ・スワヒリ文化圏の形成過程に関する諸問題」『アジア・アフリカ言語文化研究』第41号，101-124頁。

山崎カヲル（1990)「[植民地]被抑圧者にとっての帝国主義」柏木博，小倉利丸編著『イメージとしての〈帝国主義〉』青弓社，121-133頁。

吉國恒雄（1999)『グレートジンバブウェ――東南アフリカの歴史世界』講談社。

――(2008)『燃えるジンバブウェ――南部アフリカにおける「コロニアル」・「ポスト

コロニアル」経験』晃洋書房。

吉澤南（1999）『ベトナム戦争——民衆にとっての戦場』吉川弘文館。

ルクセンブルグ，ローザ著，長谷部文雄訳（2006）『資本蓄積論』（オンデマンド版）績文堂出版。

レーニン著，副島種典訳（1961）『帝国主義』大月書店。

註

序章　南部アフリカへの視座

1　Cardoso, Carlos（1994）, *Weekly Mail & Guardian*, Oct. 21-27. オールデン（1997），141頁にて引用。

2　OT: Jerminas Nhanombe, M, 1920, 2005/06/23, Inhambane, Morrumbene, Cambine.

3　オールデン(1997)，141頁。

4　峯(2005)，105-119頁; Hanlon and Smart（2008）; Cunguara（2009）.

5　Baily and Hopkins eds.（2010），p. 18554.

6　なお，本件に関する考察は，以下の論考を参照されたい。網中昭世(2013)。

7　2008年５月の大規模な暴力の発生直後のみならず，事件から１年後の５月にも主要紙一面で取り上げられた。また，南アフリカ政治学会が発行する学会誌『ポリティコン(Politikom)』は，３年後の2011年４月号で排外主義に関する特集を組んでいる。問題意識は，南アフリカ社会において一定程度，共有されているといえるだろう。

8　ソロモン，ヘーグ(2010)，189頁。

9　ネオコスモスによると，今日の南アフリカ社会は，独立解放闘争を定義づけた政治的エージェンシーと包括性という２つの特徴を喪失し，排他的な市民権によって特徴づけられている。それを推し進めた要因の１つとして，ネオコスモスは，真実和解委員会(the Truth and Reconciliation Commission: TRC)の活動をあげている。TRCによる「大規模な人権侵害」の究明の対象は，南アフリカ国内の案件であり，南部アフリカの周辺諸国の人びとにもたらした「大規模な人権侵害」については，幾つかの事例を除き，取り扱われなかった。モザンビークとの関連で，TRCの最終報告書には，モザンビークへ亡命中に南アフリカ秘密警察の送付した郵便爆弾によって暗殺されたファーストを含むANCの活動家に関する調査報告と，南アフリカ政府が関与したことが疑われるモザンビーク初代大統領サモラ・マシェル大統領専用機の「墜落事故」に関する調査報告が掲載されている(http://www.justice.gov.za/trc/report/finalreport/vol6_s1.pdf, http://www.justice.gov.za/trc/report/finalreport/Volume%202.pdf　2012年１月30日アクセス)。

10　Mondlane（1995): Christie（1989): Penvenne（1995): 舩田クラーセン(2007)。

11　Catorze, José（1983）, "Xilembene, forjas de guerreiros-3, As Artes de explorar," *Notícias*, 29 de Setembro.

12　Covane（2001): Tembe（1998).

13　Schmitz（1979), pp. 84-85, 90-91.

14　Libby（1987), pp. 38-39. 付表１「南アフリカ鉱山における出身国別のアフリカ人労働者数(1890～2006年)」を参照されたい。

15　佐伯尤(2003)，『南アフリカ金鉱業史――ラント金鉱発見から第二次世界大戦勃発まで』新評論，47，95頁。原典はCartwright, A. P.（1968), *Golden Age: The*

Study of the Industrialization of South Africa and the Part Played in it by the Corner House Group of Companies, Cape Town, Purnell, p. 24; Frankel, S. Herbert (1938), *Capital Investment in Africa: Its Course and Effects*, London, Oxford University Press, p. 85; トンプソン(2009), 明石書店。

16 同国の正式な国名は「南アフリカ共和国」であるが，1961年以降の南アフリカ共和国との混同を避けるため，本書では「トランスファール」という通称を用いる。また，1910年の南アフリカ連邦成立以降は，トランスファール政府に代わり南アフリカ連邦政府が交渉にあたる。なお，政府間協定の内容の詳細については，本書に資料として付する「1928年ポルトガル共和国政府・南アフリカ政府間協定(本文日本語訳)」を参照されたい。

17 南アフリカ政府はポルトガル領モザンビークと南アフリカの政府間協定をモデルとして，1939年までに南北ローデシア，ニアサランド(現マラウイ)と労働者徴募協定を結ぶことに成功した。Legassick and De Clerck (1984), pp. 140-165.

18 付表1「南アフリカ鉱山における出身国別のアフリカ人労働者数(1890〜2006年)」を参照されたい。

19 Crush, Tshitereke (2001), pp. 49-70.

20 Segatti (2011), pp. 37-42.

21 サルトル(2000), 31-53頁。原著は1956年; ファノン(1969); ファノン(1970); セゼール(2004), 129-218頁。

22 板垣(2002), 25-28頁。原典は「民族と民主主義」『歴史における民族と民族主義』(1973年度歴史学研究会大会報告)青木書店。

23 朴(2009), 313頁。

24 Gallagher, Robinson (1953), pp. 1-15. ジェントルマン資本主義の理論的枠組みについては，以下の論考がある。Hopkins, Cain (1980); Hopkins, Cain (1986); Hopkins, Cain (1987). これらの論文をまとめた邦訳書は以下のものである。ケイン，ホプキンス(1994)。

25 Hammond (1966). なお，日本における代表的なポルトガル近現代史研究とされる金七紀男の以下の著作は，ヨーロッパ政治および経済におけるポルトガルの周辺的な位置や同国の植民地獲得の動機に関してオリヴェイラ・マルティンス，ハモンド，そしてつぎにあげるクラレンス・スミスの研究に依拠している。ただし，金七の著作も含めいずれの研究も本書の問題関心に則して求める実証性を備えてはいない。とくにポルトガル現代史について理解するためには，小国ポルトガルが植民地を含めた領土を保有することで国際政治の場でどのように立ち回り，経済的恩恵を受けたのか知ることは不可欠である。金七(2003)。

26 Clarence-Smith (1985), p. 7.

27 世界経済におけるポルトガルの役割についての理解は，のちの研究者によっても継承されている。Covane (1989), p. 12; Fortuna (1993), p. 23. なお，クラレンス・スミスの研究は2次史料に基づいたものであるが，その主張を支える実証的な基盤となっているのはピリオの博士論文である。ピリオは，ポルトガル植民地省文書ならびイギリス外務省文書，さらにマルセイユ商工会議所公文書を用い，アンゴ

ラおよびモザンビークのそれぞれの植民地と本国との経済関係を分析している。Pirio (1982).

28 Sideri (1970).

29 ベレント(1991)，156頁(Berend and Ránki〈1982〉)。原著の基になったのは，ベレントとラーンキによって1979年に書かれたハンガリー語の論文である。

30 Lains (2003).

31 Brock (1989).

32 Yearwood (1990), p. 318.

33 Katzenellenbogen (1982), p. 122.

34 Katzenellenbogen (1973); Katzenellenbogen (1982). ちなみにウィルバーンらの「鉄道帝国主義」が共同研究として始動したのは1985年からだが，論集におさめられた個別の実証研究はそれ以前から着手されていたものである。ウィルバーンの「帝国推進と独立保全の「動力」——南アフリカの鉄道　1863〜1916」では参照されていないが，鉄道史あるいは鉄道帝国主義研究として，カッツェンエレンボーゲンによるカタンガ鉄道研究は「中央アフリカにおける鉄道政治と帝国主義」で言及されている。Davis, Wilburn Jr. (1991).

35 Hedges (1983); Harries (1984); Penvenne (1985).

36 Covane (1989).

37 また，コヴァネとほぼ同世代の研究者ネヴェス・テンベは，ポルトガル・南アフリカ協定をモデルとする，モザンビーク中部と南ローデシアの労働力供給に関する合意が結ばれる過程を明らかにした。しかしテンベの研究もコヴァネ同様の問題が指摘できる。Tembe (1990).

38 例えば，アフリカ人小農の経済的「合理性」を主張した西アフリカ経済史家ホプキンスの仕事がある。Hopkins, Anthony G. (1973), *An Economic History of West Africa*, 2 vols., New York, Columbia University Press. 1960年代後半から国別かつ単線的な発展段階論を拒否した従属論やアミン，ロドネーによる世界資本主義論をへてアリギとウォーラーステインの協働によって生まれた世界システム論から多分に影響を受け，成果を出した分野の１つが南アフリカ史研究であった。Amin, Samir (1973), *L'accumulation a l'echelle mondiale*, Paris, Minuit の第１分冊として，野口祐ほか訳(1980)。第２分冊として，野口祐・原田金一郎訳(1979)。第３分冊として，原田金一郎訳(1981)。その他，アミン(1983)。これらの研究者のそれぞれの初発の問題関心はアフリカ各地についての事例研究をおこなったつぎの諸研究にあらわれている。Arrighi (1967); Rodney (1978)(原著初版は1972年出版，第２版1978年出版。ロドネー〈1987〉); Arrighi (1970), pp. 197-234. なお，同論文は前年に出版されたイタリア語版が基になっている。Wallerstein (1964); Wallerstein (1974) (川北稔訳〈1992〉。川北稔訳〈1997〉), Wallerstein (1983)(川北稔訳〈1997〉). ただし，アフリカ人労働力をめぐる諸問題について，その関心が南アフリカに偏っていること，ましてやそれをモデル化することについてはサンセリによるつぎの批判がある。その一方で，資本蓄積の典型的な例証として，質量ともに南アフリカにおける鉱物資源開発の歴史に比肩する類例がほかにはないことも事

実である。Sunseri (1996), pp. 185-198.

39 その背景には，南アフリカの工業化と人種差別の関係に関してアフリカの内部に西欧の近代的価値観に基づく「発展」あるいはその痕跡を探求する自由主義学派の主張があった。林晃史によれば，おもにイギリス系の自由主義学派の主張は，当時台頭しつつあったアフリカーナ・ナショナリズムの人種差別思想に反発し，自らの自由主義を強調しつつ，アパルトヘイトというかたちで結実しつつあった人種差別の責任をアフリカーナに帰するという政治性を含むものであったという。その主張の具体的内容は，工業化という「合理的要請」が必然的に人種差別という不合理なものを払拭し，人種の別ではなく産業上の適正に基づくという意味での非人格的な労働市場を形成するというものであった。南アフリカの歴史研究分野における自由主義学派とネオ・マルクス主義の論争については，以下の論考を参照されたい。林(1977)，72-79頁。林(1978)，107-112頁。佐藤(1997)，69-78頁。佐藤(2009)。

40 Wolpe (1972), pp. 425-456. 同論文は Beinart and Dubow eds. (1995), pp. 60-90 に再録されている。

41 メイヤスーは，アミンが主張する「不等価交換」とは，あくまでも同じ資本主義のなかの開発国と低開発国という２つの地域の交換に過ぎず，低開発の核心をとらえることなく低開発の問題を矮小化していると非難している。Meillassoux (1975)(川田順造・原口武彦訳〈1977〉). Meillassoux (1981).

42 メイヤスー(1977), 163頁。同書の訳者である原口によれば，メイヤスーによるアミンの主張に対する批判は，両者の基本的な対立点に起因する。それは，新興諸国の国家権力を預かる指導者層の性格と役割をどのように評価するかという問題である。アミンは低開発の問題を中心国と周辺国という国家の次元でとらえ，結果的には新興諸国家の指導者に一定の「進歩的役割」を期待し，評価している。メイヤスーはそれを批判し，現代世界を区切る国家の境界を貫いて労働の搾取がおこなわれ，階級対立はむしろ低開発の国内矛盾として顕在化し，それこそが低開発問題の本質であるととらえている。その結果，新興諸国の指導者層の買弁的性格が強調される。

43 メイヤスー(1977), 164頁。ただし，ルクセンブルクの「非資本制社会」についてミースは，資本主義はつねに継続的な本源的蓄積をおこない，そのおもな標的は女性や植民地や自然であり，これらに対する搾取は賃金労働者の搾取の前提条件であるのだから，ルクセンブルクがそれらを「非資本主義的」と呼ぶことは誤りであるという。ミース(1995)，83-84頁。

44 メイヤスー(1977)，255-256頁。

45 エコ・フェミニズムの論者は，資本主義発展の過程における搾取の対象として女性と自然をあげたことにその名が由来するが，同時期に不均等発展を論じたアミンもまた『帝国主義と不均等発展』(原著1976年)第２章第７節で「「環境」と南北問題」と題して論じている。

46 ミース(1995)，83-84頁; ヴェールホフ(1995)，36頁。

47 メイヤスー(1977)，155-232頁。

48 フランク(1980)，205-250頁。

49　Harris (1959); Harris (1960).

50　ハリスが言及するモザンビーク内部の労働政策とは，具体的には1899年に公布された労働法規(Código Laboral a 9 de Novembro de 1899)である。この法規では14歳以上60歳未満のすべての男女は，植民地行政機関の定める条件に見合った換金作物を栽培する，もしくは賃金労働に従事することを規定している。Newitt (1997), p. 341.

51　Ferreira (1960); Ferreira (1961).

52　峯(1998)，82頁。

53　南部アフリカでその主導的研究となったのが，南ローデシアのアフリカ人鉱山労働者専用の飯場兼宿舎コンパウンドにおける労働者の社会史研究であるファン・オンセレンの著作 *Chibaro: African Mine Labour in Southern Rhodesia 1900-1933* である。van Onselen (1976b).

54　First (1983). この著作は，1978年にザンビアで開催された国際連合のアフリカ経済委員会に提出された報告書が基になっている。1977年に南アフリカ政府が移民労働者の賃金の一部を金によって延べ払いすることを拒否し，さらに1986年に南アフリカ政府がモザンビークからの移民労働者の受け入れを大幅に縮小したことによって，この研究課題はモザンビーク経済を立て直すための最優先事項となっていた。ＡＮＣおよび南アフリカ共産党員として反アパルトヘイト運動を展開し，亡命中であったファーストは，マプトのエドゥアルド・モンドラーネ大学アフリカ研究所で彼女宛に届いた郵便爆弾によって暗殺されたが，その研究成果は翌1983年に『黒い黄金』として出版された。同研究所はファーストの研究を引き継ぎ，その成果はILO(国際労働機関)へ報告書として提出され，同報告書はのちに同大学から出版された。Centro de Estudos Africanos (1998).

55　メイヤスー(1977)，256頁。

56　Wilson (1972).

57　Ranger (1968).

58　Harries (1982); Harries (1981a).

59　Harries (1976); Harries (1994).

60　Young (1977).

61　Young (1977), p. 77. なお，農村共同体と農民へのもう１つのアプローチは，農村地域での植民地支配に対する抵抗に関するアイザックマンの研究である。アイザックマンの研究は，東南アジアの史的文脈で「弱者の武器」という概念を発展させたスコットの抵抗論を援用している。アイザックマンは，ポルトガル植民地当局による強制栽培の導入のもと，農民によって実践された抵抗の戦略とその論理を明らかにした。Isaacman and Roberts eds. (1995); Isaacman (1996): Scott (1976) (高橋彰訳〈1999〉); Scott (1985).

62　Penvenne (1979a); Penvenne (1995).

63　World Bank (2011).

64　Covane (1996); Covane (1994); Covane (2001); Tembe (1990)

65　Covane (1996), p. 148.

66 Covane (1996), pp. 108-109.

67 Tembe (1998).

68 吉國(2008), 42, 48-49頁。

69 松田(1997), 297頁。

70 植民地期のモザンビークにおける公文書の管理は1930年代から取り組まれ，AHMは総督府統計局の管轄下におかれた図書館の一部として1930年代後半に設立された。しかし，1975年の独立に際してポルトガル政府軍および行政組織がモザンビークから撤退するにあたり，総督府が保管していた軍部，諜報機関に関する書類はポルトガルに移された。それらの史料には植民地における軍事「制圧」,「叛乱」,独立戦争に関する文書をはじめ，ストライキや「暴動」に関する警察記録が含まれている。いずれもマイクロ・フィルム化はされていない。独立後，AHMの行政はエドゥアルド・モンドラーネ大学の管轄下に移された。現存する20世紀の史料は1977年頃から改めて整理されたものであるが，独立当時，各州の地方都市で保管されていた史料のうち，6割から7割が不適切な収集方法，ときには政治的利害のもとで恣意的に，マプトへの移送や1980年代から1992年までの紛争によって失われたものと思われる。とくに，紛争が激化した北中部地域で保管されていた文書資料の大半は，ほぼすべての主要都市が破壊されたなかで焼失した。原則として30年間の非公開期間をへて，すでに整理され目録が作成されているものに限り，閲覧が可能である。ただし，独立後の文書に関しては，省庁別に保存されているものもある。例えば，移民労働に関しては労働省が70年代以降の文書を，また鉄道利用条件についてはモザンビーク鉄道会社が保存している。本国ポルトガルにおける自由主義革命(1833～34年)以前の文書はすべてリスボンに送られていた。そのため，おおむね1750～1830年のモザンビークに関する史料は，後述するリスボンの海外歴史公文書館(Arquivo Histórico Ultramarino: AHU)に所蔵されている。現在，この史料の大半はマイクロ・フィルムのかたちでAHMに所蔵されており，制度上は閲覧可能である。

71 公文書のほかにAHMが保管する史料としては，1890年代以降モザンビークに導入された特許会社に関する文書がある。特許会社モザンビーク社コレクションは，特許状が下付された1892年直後および1942年の契約終了間際を例外として，1900年頃から1938年までモザンビーク社領であった地域の現地行政官および地方政府の各部署からの年報をほぼ完全なかたちで保存している。その他の特許会社に関連する史料は，ザンベジア会社については不明であり，ニアサ会社文書は存在していたが，同社の特許契約が満了した1929年もしくはその後に破棄されている。ニアサ会社の資料で現存するものは，定期刊行された社報，外部者による報告書，総督府との往復書簡のみである。

72 19世紀コレクションの古文書シリーズは，5000冊以上の登記簿で構成され，その内容は船舶の航行および関税に関するものが中心である。そのほか，1830年代以降のモザンビーク島およびロレンソ・マルケスの公証役場の記録がある。これには為替手形や奴隷の所有に関する記録もみられる。つぎに，総督府シリーズには1870年代から1900年代までのポルトガル政府との往復書簡が保管されている。その他の史

料は各行政区ごとに2つのセクションに大別されている。そのうちの1つは行政区中枢である地方政府との往復書簡であり，もう1つは行政区内の他の部局との往復書簡である。Liesegang (2000).

73 ただし，20世紀初頭の史料は必ずしも内容別に分類されていない。また，目録を見る限り，明確な分類基準にしたがって分けられているのは1920年代半ば以降の文書である。これはAHMの変遷について先述したとおり，1930年代以降におこなわれた文書管理を反映しているものと思われる。

74 植民地期のモザンビークにおける「民政」の管理の対象はおもに市民権をもつ入植者である。アフリカ人住民のなかで例外的に「同化民」がこの対象に含まれる。「同化民」の身分は植民地政府が設けた経済的・文化的要件(一定以上の収入・ポルトガル語の習得を含む「教養」など)を満たした場合に認められる。上記の「民政」に対して，モザンビーク領内の非アフリカ人に関する民政と区別し，アフリカ人住民に関する民政一般を「原住民問題」として取り扱った。

75 Liesegang (2000), p. 474.

76 植民地期のモザンビークにおいてポルトガル市民権の所有者および同化民(assimilado)は民政の管轄の対象であり，その行政区分の最小単位は行政ポスト(posto administrativo)であった。一方，アフリカ人居住地域の最小行政区分は「統治する場」を意味するレジェドリア(regedoria)に分割され，植民地行政機構の末端部行政単位とされた。レジェドリアには植民地行政機構のうち，原住民問題局を通じて任命された「伝統権威」であるレグロ(régulo; 語義は小国の王)によって統括される。この統治機構のなかで，レグロは植民地当局(おそらくは原住民問題局)から給与を得ていた。また，レグロにつぐ「伝統権威」にカボ(cabo; 語義は伍長，隊長，首領)とその管轄範囲がレグロ同様，原住民問題局によって任命された。レジェドリアを導入した目的は，アフリカ人住民の「伝統法」を認めると同時に，各公立学校・保健所・市場などへアフリカ人住民を配分することにあった。Azevedo (1991), pp. 103-104.

77 H・エクシュタイン商会コレクションは，ヨハネスブルグにおける金鉱業の開始とともに歴史を歩んだ企業の史料として貴重であることはいうまでもないが，それらが提供する情報は南アフリカ金鉱業の経営・経済・技術の歴史に関するものにとどまらない。例えば，H・エクシュタイン商会は，子会社である有限会社ブラームフォンテイン社(Braamfontein Company Limited)を通じてアフリカ人居住区の建設，都市部の上下水道事業を請け負うなど，都市開発の一部を担っていたことから，同商会の史料はヨハネスブルグの発展の歴史についても多くの情報を提供している。

78 H・エクシュタイン商会の所在地にちなんで，あるいは同商会の創始者であるHermann Ludwig Eckstein の姓 Eckstein の英語訳「隅石(corner stone)」(Eck＝Corner, Stein＝Stone)を転用して，コーナー・ハウスの名称が用いられたといわれる。当初，ベイツ・ビルディング(Beit's Building)と呼ばれていたH・エクシュタイン商会の建物はエクシュタインズ・ビルディング(Eckstein's Building)，次いでコーナー・ハウス(Corner House)と呼ばれるようになり，同商会を中心とする鉱山資本家集団を指す非公式の称号として浸透していった。佐伯(2003)，22頁。

79　ウェルナー＝ベイト商会が1911年に解散した後は，業務の一部を株式会社ジュール・ポージス社に移管し，その他の資産はCM，RM各社に売却された。佐伯(2003)，53頁。エクシュタイン商会コレクションは，ジュール・ポージス社とキンバリー，ロンドン，そしてパリの支社・本社間で取り交わされた往復書簡も含む。H・エクシュタイン商会の文書を受け継いだRM社は1963年に社内で文書保管をおこなう専門部署を設置した。その後，1971年にトス・バーロウ・アンド・サンズ社(Thos Barlow & Sons)によってRM社は買収され，バーロウ・ラント社となった。同社の下で専属のアーキビストによる分類・保管がおこなわれ，1975年から一般に公開され，現在にいたっている。バーロウ・ラント文書館の成り立ちと所蔵史料の性格については，つぎのものを参照されたい。Fraser (1987).

80　Clarence-Smith (1985), p. 12, 117.

第1章　アフリカ人社会の動態と労働市場の形成

1　Capela (2002).

2　Harries (1981); Harries (1994).

3　Omer-Cooper (1966).

4　Cobbing (1988).

5　Hamilton (1995); Etherington (1995).

6　アメリカ合衆国に本部をおくキリスト教系団体によって聖書翻訳を目的に作成された世界の言語・民族に関するデータ・ベース「エスノローグ(ethnologue)」によると，これらの言語は複数種類の接頭辞の使用によってつぎのような表記の幅がある。ツォンガは Tsonga もしくは Tonga, Gwamba, Shitsonga, Thonga, Tonga, Xitsonga と表記される。ンダウは Ndau もしくは Mandau，ツワは Tswa, Kitshwa, Sheetshwa, Shitshwa, Tshwa, Xitshwa と表記される。ショピは Chopi, Cicopi, Copi, Shichopi, Shicopi, Tschopi, Txitxopi, Txitxopi と表記される。トンガは Tonga もしくは Bitonga, Inhambane, Shengwe と表記される。ツォンガの表記との混同を避けるために Tonga-Inhambane と表記されることもある。Lewis (2009). (http://www.ethnologue.com　2011年2月15日アクセス)。

7　Serra (2000), p. 89.

8　Harries (1981), p. 319.

9　吉國(1999)，70-71頁。

10　Helgesson (1994), pp. 28-29, note No. 37.

11　モザンビーク南部は父系社会であるため，聞き取り調査によって移動経路を遡る試みは，しばしば男系に限られるという制約がある。この点は同じく南部ガザ州マグーデ郡を中心に聞き取り調査をおこなったつぎの研究においても指摘されている。Gengenbach (2000), p. 527; Gengenbach (2009).

12　Webser (2009), p. 47.

13　ジュノッドは1881年から出身地スイスのヌーシャテル独立教会に所属し，のちに「自由スイスのための自由教会宣教局(Mission Board of the Free Churches of Free Switzerland)のロマンデ宣教師団(Mission Romande)の宣教師として派遣さ

れた南部アフリカで活動を展開した。宣教師として南部アフリカに滞在した期間は1889～96年，1899～1903年，1904～09年，そして1913～20年である。Harries (2007).

14 OT, Chilundo, Gonçalo Mazungane, M, (1924/04/04), 2003/11/08, 2005/05/22, 2005/06/04, Mozambique, Inhambane, Zavala, Guilundi.

15 Helgesson (1994), pp. 62-63.

16 Liesegang (1990).

17 Faculdade de Arquitectura e Planeamento Físico (2003), pp. 33-34.

18 Liesegang (1990), p. 102.

19 Faculdade de Arquitectura e Planeamento Físico (2003), pp. 33-34.

20 Isaacman (2004), pp. 290-295.

21 Liesegang (1983), p. 457.

22 Liesegang (1990), pp. 71-72.

23 Helgesson (1994), p. 30.

24 Botelho (1921), pp. 138-139, 162-163.

25 Liesegang (1990), pp. 71-72.

26 Liesegang (1983), p. 459, 469.

27 Liesegang (1990), pp. 71-72.

28 Liesegang (1990), p. 71.

29 Liesegang (1981).

30 Brock (1989), pp. 5-6; Harries (1994), pp. 20-21.

31 Helgesson (1994), p. 30.

32 Helgesson (1994), pp. 26-27, 30.

33 Helgesson (1994), pp. 29, 62-63.

34 Helgesson (1994), p. 63, footnote No. 71.

35 Henriksen (1978), p. 88; Ferreira (1975), p. 318.

36 Wheeler (1968); Vilhena (1999).

37 家島(1991)，115，122頁。

38 家島(1991)，104-106頁。

39 なお，植民地期およびアパルトヘイト期を通じて南アフリカ英語ではポート・エリザベス周辺の先住の民族集団であるコーサ(Khosa)を指し，また，アフリカ人一般への蔑称として用いられた。現在の南アフリカでは差別用語にあたるため，用いられることはない。

40 吉國(1999)，53頁。

41 Capela (2002), p. 310. なお，フランス領のブルボンこと現レユニオンは当初1642年にルイ13世によってブルボン島と命名されたが，ブルボン王家を打倒したフランス革命に際してレユニオンと改名され，その後，1806年にボナパルト島，1814年のイギリス占領時にブルボン島，そして1848年に再びレユニオン島と，名称が再三変更された。

42 Capela (1987), pp. 31-44; Harries (1981), p. 315; Smith (1970), p. 154.

43 Capela e Medeiros (1987), pp. 13, 24-25.

44 Capela (2002), pp. 310-354.

45 Manghezi (1983).

46 ポルトガルによる奴隷貿易禁止および奴隷制廃止に関する詳細はつぎの論考を参照されたい。Marques (2006).

47 君塚直隆によれば，イギリス側はポルトガルとの合意を取り付けるために，見返りとしてそれ以前にイギリス海軍によって拿捕されていたポルトガル奴隷船の賠償金30万ポンドに加え，ポルトガル政府がかかえているイギリス政府からの負債60万ポンドのうち，未払いの46万ポンド分の債権放棄を認めている。また，南半球のポルトガル領内における奴隷貿易の禁止の決定についてイギリスは関与しないことに合意し，総じてかなりの代償を払ったうえで奴隷貿易の禁止を要求している。君塚(2006)，26-27頁。

48 Duffy (1967), p. 5.

49 Liesegang (1983), p. 464.

50 括弧内は筆者加筆。Capela (2002), pp. 54-63.

51 鈴木(2007)，1184-86頁。

52 Liesegang (1983), p. 464; Harries (1981), p. 315; Duffy (1967), p. 42; Capela e Medeiros (1987), pp. 62-63.

53 鈴木(2007)，1177-78頁。

54 鈴木(2007)，1179-84頁。

55 Capela e Medeiros (1987), p. 33.

56 Capela e Medeiros (1987), pp. 40-47.

57 Alexandre (2008), p. 122.

58 Harries (1981), p. 326.

59 Morais (2001), p. 219. いずれも性別の記載はない。

60 グリクァランド周辺にはホッテントットとヨーロッパ人の混血人グリカ人が定住していたが，グリクァランド・ウエストはダイヤモンドの発見を機に帰属問題が生じ，1871年にイギリスによってケープ植民地に併合され，グリクァランド・イーストも1879年に併合された。

61 Harries (1981), p. 313.

62 Harries (1994), p. 38.

63 Harries (1994), p. 19.

64 Bhana and Brain (1990), p. 22, 29.

65 Harries (1994), p. 19.

66 Harries (1994), pp. 18-19.

67 Erskine (1869); Erskine (1875); Erskine (1878).

68 Harries (1994), pp. 23-25.

69 Liesegang (1983), p. 459.

70 Harries (1994), p. 20.

71 Harries (1981), p. 326

72 Governo Geral (1875), "Portaria No. 152 Emigração Voluntária de Trabalhadores (ex-Escravos) de Lourenço Marques para o Natal, *BOM*, No. 32, I Série, 7 de Agosto de 1875, p. 193," em Covane (1989), pp. 18-20.

73 Harries (1994), p. 19, 40.

74 Duffy (1967), pp. 70-71.

75 Duffy (1969), pp. 70-71.

76 Harries (1994), p. 25, note 50; Covane (1989), p. 77.

77 Ministério dos Negócios da Marinha e Ultramar (1878), Portaria Provincial, No. 496, *BOM*, No. 7, pp. 3-34.

78 Ministério dos Negócios da Marinha e Ultramar (1879), Decreto de 21 de Novembro de 1878, *BOM*, No. 5, pp. 26-27; *BOM*, No. 6, pp. 34-35; *BOM*, No. 7, pp. 42-43; *BOM*, No. 8, pp. 50-51.

79 Harries (1994), p. 27.

80 Duffy (1967), pp. 71-72.

81 Harries (1994), p. 26.

82 Capela e Medeiros (1987), p. 54.

83 Covane (1989), p. 14.

84 Capela e Medeiros (1987), pp. 54-55.

85 Capela e Medeiros (1987), pp. 54-55, footnote No. 100.

86 Governo Geral (1888), Portaria No. 596 de 8 de Dezembro de 1888, *BOM*, No. 49, I Série, p. 722.

87 Governo Geral (1891), Portaria No. 7 de 3 de Janeiro de 1891, *BOM*, No. 1, I Série, p. 3.

88 Governo Geral (1891), Portaria No. 8 de 3 de Janeiro de 1891, *BOM*, No. 1, I Série, pp. 3-4.

第2章　帝国主義的世界におけるモザンビーク

1 同条約の英語名は以下のとおり。"Treaty of Peace and Alliance between Oliver Cromwell, Protector of England, and John IV, King of Portugal", Shaw (1998). なお，ポルトガルがスペインによって併合されていた1620年代，ブラジル北東部にオランダ西インド会社が進入し，植民地化を進めたが，再独立後のポルトガルとの紛争の後に上述の英葡同盟が結ばれ，その同年にポルトガルが奪還している。イギリス＝オランダ戦争の展開はヨーロッパのみでなくアメリカ大陸の文脈も含めて検討する必要がある。

2 本章では以下，ポート・ワインと特記しない限り，ポルトガル産ワインと記載した場合には，高品位のポート・ワインと低品位ワインの両方を指す。

3 ポルトガルの繊維産業が打撃を受けたのは，イギリスで大量生産される繊維製品の質と価格競争に敗北したことが外的な要因だが，ポルトガル国内の封建的な制度が打撃の内的な要因でもあった。とくに顕著になった弊害は，国内の商品流通に課せられていた物品入市税ポルタージェン(portagem)や通行税ペアージェン

(peagem)などである。一例をあげれば，メシュエン条約によってイギリス製の綿布に課せられた関税が15％なのに対して，ポルトガルの手工業の中心地である北部地域のリンネルがリスボンに入港する際には，23％の税が課せられていた。これらの封建的な諸特権が廃止されたのは，ナポレオン戦争後，ポルトガルの内戦をへて政情が安定する19世紀半ば以降のことであった。Alexandre (2000), p. 124.

4 Ricardo (1912) (リカードウ〈1987〉).

5 平田(2000)，3-4頁。

6 Shaw (1998), p. 86.

7 Shaw (1998), p. 23.

8 Shaw (1998), p. 93.

9 Telo (1994), p. 42; Lains (2003), pp. 125-146.

10 Oliveira Marques (1972), p. 16.

11 Berend and Ránki (1982), p. 98.

12 Lains (2003).

13 Lains (2003), pp. 48-55.

14 Telo (1994), p. 52.

15 Pirio (1982), p. 30; Telo (1994), p. 209.

16 Berend and Ránki (1982), pp. 121-123.

17 Alexandre (2008), pp. 119-120.

18 Alexandre (2008), pp. 108-120.

19 Alexandre (2008), pp. 105-106.

20 Pélissier (1994), p. 138.

21 Alexandre (2008), pp. 139-140.

22 Telo (1991), pp. 25-26.

23 Tratado de Paz, Amisade, Comércio e Limites entre Sua Magestade El-Rei de Portugal e dos Algarves e o Governo da República da África Meridional, Diário do Governo 280, 12 de Dezembro de 1870, pp. 1643-44 em Covane (1989), pp. 23-27.

24 Warhurst (1962), p. 121.

25 Tratado de Paz, Amisade, Comércio e Limites entre Sua Magestade El-Rei de Portugal e dos Algarves e o Governo da República da África Meridional (Transvaal), Diário do Governo 238, 21 de Outubro de 1882, pp. 2612-14 em Covane (1989), pp. 28-32.

26 Acordo para a Construção de Linha Férrea entre Lourenço Marques e a República da África Meridional (Transvaal), Diário do Governo 238, 20 de Outubro de 1882, p. 2615 em Covane (1989), pp. 33-34.

27 飯田(2002)，46-63頁。

28 Clarence-Smith (1985), p.83; Alexandre ed. (2000), p. 19.

29 Bethencourt and Chauduri eds. (2000), p. 501; Alexandre (2008), p. 181, Footnote No. 176.

30　竹内(2003)，228頁。
31　Warhurst (1962), pp. 312-328.
32　Pirio (1982), p. 43; Clarence-Smith (1985), p. 87.
33　Warhurst (1962), pp. 113-114.
34　Warhurst (1962), pp. 113-128.
35　Saldanha (1928), p. 38.
36　Grenville (1964), pp. 182-186.
37　Alexandre (2008), p. 182.
38　Governador Geral (1894), "Desmentido Oficial," *BOM*, No. 39, 29 de Setembro, p. 483.
39　Governador Geral (1894), "Desmentido Oficial," *BOM*, No. 39, 29 de Setembro, p. 483.
40　前川(1999)，27-28頁。
41　Vilhena (1999), pp. 150-154.
42　Vilhena (1999), pp. 128-129; Warhurst (1962), p. 106.
43　Telo (1991), pp. 145-148.
44　Telo (1991), p. 146.
45　Telo (1991), p. 146; 前川(2006)，57頁。
46　前川(2006)，58頁。
47　Porter (1980), p. 117-118.
48　Alexandre (2008), p. 183; Vail and White (1980), p. 136.
49　Warhurst (1962), p. 152.
50　Pélissier (1994), p. 138.
51　最初に特許を得たポルトガル人イグナシオ・ジョゼ・デ・パイヴァ・ラポーゾ(Ignacio José de Paiva Raposo)は2万ヘクタールの土地と12年間のアヘンの独占輸出権を認められた。この特許を得る以前，1859年から64年にかけてパイヴァ・ラポーゾはロレンソ・マルケスからナタールへの象牙輸出で財をなしていた。1864年にはいったんリスボンへ戻るが，リスボンからインドへ渡りアヘンケシの栽培技術を習得し，先の資本を投じて，プランテーション栽培をおこなうためにモザンビークへ戻った。Vail and White (1980), pp. 59-60.
52　1869年にスエズ運河が開通したことにともない，東アフリカでの取引が活発になった一方で，ポルトガル領では高関税率が原因となり，貿易の比重は従来の中継地点であったモザンビーク島からザンジバルへと移っていた。モザンビークにおける関税の引き下げはこの事態を改善するためにとられた策である。Vail and White (1980), pp. 62-63.
53　Vail and White (1980), pp. 132-133.
54　Alexandre (1979), p. 114.
55　Alexandre (1979), p. 63.
56　Telo (1994), p. 212.
57　Pirio (1982), pp. 49-50.

58 特許会社の導入自体は，1853年以来，当時の自由主義政治思想の中心的主導者であったサ・ダ・バンデイラ(Sá da Bandeira)によってイギリス植民地支配を模範として検討されていた。Alexandre (1979), pp. 112–128; Clarence-Smith (1985), p. 87; Vail (1976), p. 3.

59 Pélissier (1994), p. 162.

60 Ministério da Marinha e Ultramar (1892), Decreto de 11 de Fevereiro de 1891, *BOM*, No. 9, pp. 69, 73–77; Alexandre (2008), p. 183.

61 Newitt (1995), p. 369.

62 オクスは何度となくBSACの取締役の地位を得ようと試みていたが，ローズによって阻止されていた。また，南部アフリカ全域で鉱山開発をおこなっていたオセアナ合同会社(Oceana Consolidated Company)をはじめ，モザンビーク会社のほか，ザンベジア会社も含めた複数社の経営に携わっていた。Vail (1976), p. 394; Bethencourt and Chauduri eds. (2000), p. 291.

63 アフリカ中央部に関して，ローズの帝国拡張の野望を実現するための経済的支援も含めてローズがイギリス政府と政治的利害を一にしていたのは，1890年のみであったとウォーハーストは述べている。1891年，ローズがポルトガルを犠牲にしてさらにその帝国を拡大しようと試みたとき，既にイギリス政府はローズの後援者ではなくなっていた。Warhurst (1962), pp. 23, 34–44.

64 Caetano, Marcelo (1971), *Portugal e a Internacionalização das Problemas Africanas*, Lisboa, 4a edição, p. 151 in Pélissier (1994), p. 144 からの再引用。

65 Brock (1989), p. 268.

66 Ministério da Marinha e Ultramar (1892), Decreto de 30 de Junho de 1891, *BOM*, No.18, pp. 149–153; Alexandre (2008), p. 183.

67 Vail (1976), p.394; Clarence-Smith (1985), pp. 102–105.

68 Vail (1976), pp. 392–393; Clarence-Smith (1985), pp. 100–102.

69 創業者のジョン・ピーター・ホーノング(Johon Peter Hornung)はハンガリー系イギリス人で，1870年代にザンベジ・デルタでケシ・プランテーションを経営したポルトガル人パイヴァ・ラポーゾの娘と結婚した。ホーノングは南アフリカのナタールのサトウキビ・プランテーションに対抗する野心をもち，1914年までにはポルトガルとトランスファールの双方の砂糖市場に進出をはたした。また19世紀末の時点で，ホーノングのプランテーションのサトウキビを原料とする蒸留酒は，ロレンソ・マルケスとラント双方のアルコール市場にも進出していた。Vail (1976), pp. 392–393.

70 Vail (1976), p. 393, 402.

71 当初はニアサ会社が独自にリクルートをおこなっていたが，1903年にはWNLAがその業務を請け負った。

72 金融商会ルイス・アンド・マークスの代表サミー・マークス(Summy Marks)はトランスファール大統領クリューガーの朋友であり，ラントの鉱山開発に必要不可欠なダイナマイトを独占し，大規模なラント市場で優遇されていた。またルイス・アンド・マークスはハザリー酒造会社の大口投資家であった。Vail (1976), p. 398.

73 Neil-Tomlinson (1977), pp. 116-119.

74 Pirio (1982), p. 82.

75 Brock (1989), pp. 169-170.

76 Lima (1971), p. 93.

77 首都としての移転は1907年の行政改革によっておこなわれた。Oliveira Marques (2001), p. 539.

78 Pirio (1982), p. 21, 32.

79 Clarence-Smith (1985), p. 103.

80 Telo (1994), pp. 216-217.

81 Alexandre (2008), pp. 190-191. 当時ポルトガルの繊維業界は，綿花をアメリカから輸入していた。

82 Pirio (1982), pp. 106-108.

83 Clarence-Smith (1985), pp. 90-91.

84 Newitt (1981), p. 72.

85 Capela (1995), pp. 7-8.

86 Willis (2001), p. 57.

87 Capela (1995), pp. 39-41.

88 Clarence-Smith (1985), pp. 93-94.

89 van Onselen (1976).

第3章　南アフリカ鉱業とポルトガル・南アフリカ政府間協定

1 Governo Geral (1875), "Portaria No. 152 Emigração Voluntária de Trabalhadores (ex-Escravos) de Lourenço Marques para o Natal, *BOM*, No. 32, I Série, 7 de Agosto de 1875, p.193," em Covane (1989), pp. 18-20.

2 Ministério dos Negócios da Marinha e Ultramar (1878), Portaria Provincial, No. 496, *BOM*, No. 7, pp. 3-34.

3 ガザ王国の建国者ソシャンガーネにちなんで，モザンビークの領内では狭義にガザ王国版図の住民を指し，またモザンビークの領外では広義にモザンビーク南部出身者を一くくりにシャンガーンと呼ぶ。

4 Harries (1994), p. 66.

5 Harries (1994), pp. 52-55.

6 Harries (1994), p. 66.

7 前掲のペディやソトに加え，のちに開発が進むラントでは，近隣のズールーは地下労働を忌み嫌い，3カ月から4カ月以上は働こうとはしなかったという。Harries (1994), p. 49, 63; 大西(1983)，111頁。

8 Harries (1994), p. 118.

9 市川(1982)，16-17頁。

10 佐伯(2003)，31-32頁。

11 大西(1983)，100頁。

12 Harries (1994), p. 115.

13 大西(1983), 107頁, 注26。

14 Chamber of Mines (1896), p.42; Chamber of Mines (1900), p. 39.

15 Chamber of Mines (1900), pp. 64–65; BRA, HE, Vol. 254, File 137, No. 1265, 1910.05.26, Memorandum for Schumacher; reference to the recruit of native labour in Portuguese West Africa (Angola). サン・トメのカカオは当時, ポルトガル植民地で生産される農作物のなかでも国際的な競争力のある唯一の換金作物であった。なお, 同管財人によれば, アンゴラからサン・トメに供給されている労働力は, 現地アフリカ人首長間での紛争の結果生じた戦争奴隷, あるいは首長によって「処刑」を宣告されたものであるという。つまり, 奴隷貿易が継続しているものと考えられるだろう。サン・トメのプランテーションへの労働力は1900年代にはいり, 再び奴隷労働であるとして国際的非難の対象となる。これについては第4章で言及する。

16 Chamber of Mines (1900), p. 64–66.

17 Chamber of Mines (1900), p. 68.

18 Ferreira (1963), pp. 75–76; 佐伯(1986), 242頁。

19 Ferreira (1963), pp. 75–76.

20 Harries (1994), p. 111.

21 Covane (1989), pp.18–19; Harries (1994), p. 111.

22 Covane (1989), pp. 18–19.

23 van der Horst (1971), p. 132.

24 Ferreira (1963), pp. 75–76.

25 Chamber of Mines (1896), p. 42.

26 Chamber of Mines (1896), p. 54; Ferreira (1963), pp. 75–76.

27 Harries (1994), pp. 23–25, 27.

28 ピルグリムズ・レストでは1871年, バーベルトンでは1881年に金が発見されている。佐伯(2003), 33頁。

29 Jeeves (1975), p. 16.

30 大西(1983), 118–119頁。

31 Harries (1994), p. 129.

32 Jeeves (1975), p. 13; BRA, HE, Vol. 290, File 251W, No. 75, "Memorandum" headmoney & recruiting system.

33 Chamber of Mines (1896), p. 26, pp. 56–59; Chamber of Mines (1900), p. 50–56; Jeeves (1975), pp. 11–12.

34 Chamber of Mines (1900), p. 78; Jeeves (1975), p. 11.

35 南アフリカ連邦時代のいわゆるパス法は都市部へのアフリカ人の流入を阻止するためのものであり, アフリカ人の移動を規制する動機は異なる。

36 Ferreira (1963), pp. 75–76; Jeeves (1985), p. 42.

37 Governo Geral (1896), Portaria No. 129-A de 23 de Abril de 1896, Autoriza a Emigrar para a República Sul Africana (Transvaal), 2 de Maio de 1896, *BOM*, No. 18, p. 173. なお, 条例本文の "voluntária" という表記に基づき, 本章では奴隷

あるいは解放奴隷との区別を明確にするために「自発的」という表現を用いる。
38 Chamber of Mines (1897), p. 5; Covane (1989), pp. 15-16.
39 大西(1983), 101頁。
40 Liesegang (1982), p. 3.
41 Harries (1994), p. 131.
42 佐伯(2003), 47, 95頁。原典は以下のとおり。Cartwright, A. P. (1968), *Golden Age: The Study of the Industrialization of South Africa and the Part Played in it by the Corner House Group of Companies*, Cape Town, Purnell, p. 24; Frankel, S. Herbert (1938), *Capital Investment in Africa: Its Course and Effects*, London, Oxford University Press, p. 85.
43 Harries, *op.cit.*, pp. 114-115.
44 Harries, *op.cit.*, pp. 132-137.
45 Harries, *op.cit.*, p. 133.
46 van Onselen (1972).
47 Chamber of Mines (1898), p. 116.
48 この点については，第5章で詳述する。
49 BRA, HE, Vol. 254, File 149, No. 959, 1907.12.21, Report on Native Labour by J. J. Yates, Johannesburg, 1907.11.22, Cape C. (Transkei), p. 20; BRA, HE, Vol. 254, File 149, No. 972, 1908.03.11, Memo for R. W. Schumacher, Esq; special reference to preference of East Coast Natives form South of Lat. 22.
50 Harries (1994), pp. 114-115; 大西(1983), 101頁。
51 Ministério da Marinha e Ultramar (1897), Decreto No.109, Regulamento para engajaento dos Indígenas da Província de Moçambique para o trabalho na República Sul Africana, *BOM*, No. 50, pp. 470-472.
52 Newitt (1997), p. 341.
53 Albuquerque, J. Mouzinho (1899) *Moçambique*: *1896～1898*, Lisboa, Manoel Gomes, p. 105; Covane (1989), p. 38 からの再引用。
54 1875年ポルトガル・トランスファール友好通商条約については第2章第2節を参照されたい。
55 Richardson (1982), p. 13; Richardson and van-Helten (1980), p. 25.
56 大西(1983), 191頁；木畑(1989), 84頁。
57 Katzenellenbogen (1982), p. 38.
58 Katzenellenbogen (1982), p. 45, 54, footnote No. 3, 4.
59 Ferreira (1963), p. 68; Covane (1989), p. 39; Saldanha (1928), p. 398.
60 Saldanha (1928), p. 398.
61 van Onselen (1976), p. 87.
62 van Onselen (1976), pp. 87-88.
63 Duffy (1967), p. 150.
64 Katzenellenbogen (1982), p. 45.
65 南アフリカ鉱山会議所の関連団体として1902年に設立された労働力の調達機関ヴ

ィットヴァータースラント原住民労働協会(WNLA)は，1912年に南アフリカ連邦内でアフリカ人労働者を調達するために設立された原住民労働斡旋会社(NRC)と，1977年に統合された。さらに2001年に改組されてアフリカ雇用局(TEBA)となり，今日も引き続きモザンビークを含む南部アフリカ一帯で活動している。

66 Katzenellenbogen (1982), pp. 48–49.

67 1875年友好通商条約第12条では，モザンビークとトランスファール間の貿易に関する免税の規定(第3条)とは別に，ポルトガル本国およびモザンビーク以外のポルトガル植民地とトランスファール両国の産品・製品は相互に同等の条件で輸出入されることが規定されていたが，1901年暫定協定では本国およびモザンビーク以外のポルトガル植民地の産品・製品についての言及はない。Governo Geral (1902), Cópia de Acordo para um modus-vivendi entre a Província de Moçambique e o Transvaal, assinado em Lourenço Marques em 18 de Dezembro de 1901, *BOM*, No. 20, pp. 189–192.

68 Governo Geral (1902).

69 Jeeves (1975), p. 18.

70 大西(1983)，117，120頁。

71 大西(1983)，115頁; van der Horst (1971), p. 219.

72 Jeeves (1985), p. 215; Neil-Tomlinson (1977), pp. 119–120.

73 Jeeves (1985), p. 215.

74 Vail and White (1980), pp. 159–160.

75 同社領内の契約条件とニアサランドでの契約条件には若干の違いがみられる。ニアサランドでは労働者1人あたり10シリングをニアサランド政府に支払い，労働者の賃金は30シフトで月額45シリングと定められた。これに加えて，賃金の一部は延べ払いされることが盛り込まれていた。Jeeves (1985), pp. 221–224; Governo Geral (1903), Portaria No.668-D, Autoriza o engajamento de trabalhares nos territórios sob a Jurisdição da Campanha do Niassa para o Transvaal, *BOM*, No. 50, p. 751.

76 Neil-Tomlinson (1977), p. 110, 119–120.

77 Jeeves (1985), p. 239.

78 Jeeves (1985), pp. 190–198.

79 Duffy (1967), pp. 156–157.

80 Tembe (1990).

81 BRA, HE, Record Department, Vol. 250, File 140, No. 199, Immigration Department, "Report on North East Africans introduced into Southern Rhodesia for the Rhodesian Mines during 1900 and 1901," Salisbury, 21 July, 1903: BRA, HE, Record Department, Vol. 250, File 140, No. 210, From H. Ross Skinner to WNLA, Singapore, 13 June, 1903.

82 BRA, HE, Record Department, Vol. 250, File 140, No. 210, From H. Ross Skinner to WNLA, Singapore, 13 June, 1903: Katzenellenbogen (1980), p. 356.

83 Richardson (1982), p. 110.

84 Richardson (1982), p. 166.

85 AHM, FDSNI, Cota 120, "Relatório: Os trabalhadores Chinezes nas minas do Rand apresentado a Sua Ex.a o Governador Geral da Província de Moçambique, pelo Curador de Indígenas do Governo Português, Johannesburg, 31 de Agosto de 1904" do Curador em Johannesburg para Secretário Geral em Lourenço Marques, 12 de Setembro de 1904.

86 Katzenellenbogen (1982), pp. 80-85.

87 Covane (1989), pp. 42-43.

88 Covane (1989), p. 40.

89 Katzenellenbogen (1982), p. 89.

90 Katzenellenbogen (1982), p. 89.

91 "Exposição do Sr. Tenente-Coronel Garcia Rosado ao Sr. Conselheiro Francisco Felisberto Dias Costa, Director Geral do Ultramar" de Tomás António Garcia Rosado ao Conselheiro Directo Geral do Ultramar, 6 de Abril de 1908, Ministério das Colónias (1929), pp. 99-107.

92 "Exposição da Direcção dos Caminhos de Ferro Ultramarinos" de Direcção dos Caminhos de Ferro Ultramarinos, pelo Joaquim Pio Correia de Brito, 22 de Abril de 1908, Ministério das Colónioas (1929), pp. 111-123.

93 Katzenellenbogen (1982), pp. 69-70. 1906年のトランスファール責任政府選挙では，ロビンソンはボータの率いる国民党を支持していた。

94 Duffy (1967), pp. 149-151.

95 "Draft of an Agreement to be entered into the Portuguese Native Emigration, between the Transvaal and Portuguese Government (Documento no.1 do ofício de 13 de Julho)," Ministério das Colónioas (1929), pp. 182-183.

96 AHM, FDSNI, Cota 19, No. 421/07, do Curadoria de Indígenas do Governo Portugues em Johannesburgo ao Intendente da Emigração, 12 de Abril de 1907.

97 1909年協定では最終的にモザンビーク総督府の要望する移民労働者に対して帰還を義務づけることが受け入れられなかったため，帰還を促進する代替手段として「延べ払い」制度が部分的に認められる結果となった。"Telegrama do Sr. Tenente-Coronel Garcia Rosado ao Sr. Conselheiro António Cabral, Ministro e Secretário de Estado dos Negócios da Marinha e Ultramar" pelo Garcia Rosado, 12 de Março de 1909, Ministério das Colónias (1929), pp. 234-235.

98 Covane (1989), pp. 75-77.

99 "Relatório do Governador Tomás Garcia Rosado sobre a Convenção com o Transvaal" do Tomás Garcia Rosado ao Ministro e Secretário de Estados dos Negócios da Marinha e Ultramar, 12 de Abril de 1909, Ministério das Colónias (1929), pp. 27-58.

第4章　列強の政治力学と植民地モザンビーク

1　君塚(2004)，262頁。

2　アンゴラへの外国資本投資に関しては第2章第3節「ポルトガル製品市場としての位置付け」を参照されたい。Vincent-Smith (1974), p. 620, 628; Alexandre (2000), p. 184, 239; Teixeira (2000).

3　Vail and White (1980), pp. 183-187. スマッツの拡張主義については南アフリカ連邦の成立との関連でつぎの論考がある。前川(2006)。

4　Vail and White (1980), pp. 183-187.

5　詳細に関しては第2章第2節を参照されたい。

6　Duffy, James (1967), *A Question of Slavery*, Oxford, Clarendon Press, p. 220.

7　君塚(2004)，271頁。

8　Teixeira (2000), p. 509.

9　Teixeira (2000), p. 510. ポルトガル植民地の分割に関する1913年英独協定に関しては以下の研究がある。Langhorne (1973); Vincent-Smith (1974); 君塚(2004)。

10　またモザンビーク会社もイギリス外務省に対して東ティモール開発の参入計画に対する意見を求めているが，外務省が意見することを差し控えたため，再分割の可能性を認識したであろうことが指摘されている。Vail (1976), pp. 369-370.

11　詳細は第2章第3節を参照されたい。

12　Yearwood (1990), p. 324.

13　Yearwood (1990), p. 326.

14　Katzenellenbogen (1982), pp. 121-122.

15　Yearwood (1990), p. 329.

16　Katzenellenbogen (1982), p. 124.

17　Vail and White (1980), pp. 164-166.

18　Duffy (1967), pp. 159-160.

19　*Reporter*, Nov.-Dec., 1904, pp. 142-143 cited in Vail and White (1980), pp. 159-160. 括弧内は筆者による加筆。上記，引用文中の地名ムテングラ(Mtengula)は現在のマラウイ湖畔のムテングラ(Matengula)と思われる。同地はニアサ湖中部と対岸のマラウイを繋ぐ乗船地点であり，植民地支配以前から奴隷および象牙を中心とする長距離交易の経路であり，それはインド洋における奴隷貿易の内陸経路の一部を成していた同一の地点である。そのムテングラではイギリス領ニアサランド側，ニアサ湖対岸の内陸部から斡旋した「労働者」をニアサ行政区の港ポルト・アメリアから船で輸送し，ロレンソ・マルケス経由でラントへ送るルートが確立されていた。Jeeves (1985), p. 137; BRA, Vol. 254, File 137, No. 1258, to L. Reyersbach, c/o Messrs, Wernher, Beit & Co., London, 1910, May 12. (差出人記名なし)

20　Vail and White (1980), pp. 164-166.

21　Isaacman (1976), p. 84; Vail and White (1980), p. 166.

22　Duffy (1967), p. 211.

23　Vail (1976), pp. 396-397.

24 Vail and White (1980), p. 185.

25 Vail and White (1980), pp. 221-222.

26 1928年にポルトガル領アフリカすべてに対して公布された新たな労働法は，同レポートによって指摘された労働状況を改善することが意識されていた。Harris (1959), p. 60.

27 ジュノッドは1889～96年，そして1913～20年のあいだ，スイス・ミッションの宣教師としてモザンビーク南部ロレンソ・マルケス近郊に滞在し，宣教活動のかたわら，人類学的な研究活動をおこなった。Harries (1981), pp. 40-41.

28 BRA, Vol. 217, File 39, No. 27, Confidential from J. Cowie to the Transvaal Chamber of Mines; a copy of the London Secretary's first secretarial report, 1904, May 30; BRA, Vol. 254, File 137, No. 1258. ロンドンの投資銀行であるウェルナー・ベイト商会はヨハネスブルグのH・エクシュタイン商会を支店にもつ。H・エクシュタイン商会はその傘下に深層金鉱山会社の連合体であるラント金鉱会社(Rand Mines Limited)からなるエクシュタイン・グループ(のちのコーナー・ハウス・グループ)をかかえていた。

29 旦(1992)，188-190頁。

30 ラント金鉱業には岩盤の崩落など鉱業に一般的にみられる危険性を除いても，労働者が結核によって死にいたる条件がそろっていた。金鉱床は他の鉱山に比べて多くの珪酸塩鉱物が含まれており，ラントの金鉱脈は微粒子の金を含む石英が珪酸によって結合した礫岩層である。労働者が珪酸を含む塵を吸引すると，この塵は肺にいたって珪肺結石をつくり，これが進行すると呼吸困難・肺気腫・右心不全(肺心症)を引き起こし，多くは結核症を併発する。ラント鉱山の地下鉱脈で採掘作業にあたる労働者は防塵装備もなく，長時間にわたる掘削作業を通じて空気中に散布される塵を吸い込んでいた。結核菌の主要な感染経路は肺であり，肺から侵入した結核菌は腸，腎臓その他の臓器や骨・関節・皮膚を侵し，結核性の脳膜炎・胸膜炎・腹膜炎を引き起こし，適切な処置が施されなければ患者は死にいたる。金鉱床は他の鉱山に比べ塵肺に罹りやすいうえに，ラントの鉱山開発が露天掘りから深層開発へと進展するにしたがって，上記の条件を備えた地下坑道の労働環境はさらに過酷なものとなった。佐伯(1986)，227頁。

31 Crush, Jeeves and Yudelman (1991), p. 41.

32 Jeeves (1985), p. 227.

33 Packard (1987), pp. 191-192.

34 Denoon (1967), p. 482.

35 Jeeves (1985), pp. 265-267; Harris (1959), p. 52.

36 Jeeves (1985), pp. 265-266; Packard (1987), p. 200.

37 BRA, Vol. 254, File 149, No. 947, Summary of replies the employment of Central African Natives on these mines, 1907, August 6.

38 南部アフリカの英語圏諸国，ザンビアなどではたんに周囲を壁・垣で囲まれた住宅地あるいは集合住宅を指して「コンパウンド」の語を用いるが，南アフリカの金・ダイヤモンド鉱山では，「コンパウンド」は周囲を柵で囲まれた黒人・非ヨー

ロッパ人労働者用の宿舎を意味する。アフリカ人移民労働者の居住空間としてのコンパウンドはすでにキンバリーのダイヤモンド鉱山で採用されていた。キンバリーのコンパウンドではダイヤモンド原石の窃盗や不法販売を防止するという名目で，アフリカ人労働者は2，3カ月の労働契約期間中，コンパウンド構内から外出することを許されず，厳格な身体検査に服すことが義務づけられた。それに対してラントのコンパウンドは構造上，キンバリー同様であるが，労働者が構外へ出ることは比較的「自由」であった。佐伯(2003)，32頁。ただし，1895年以降は，所属する鉱山会社との契約を記した鉱山労働者専用の通行証であるパスの携帯が義務づけられていた。

39 Jeeves (1985), p. 52, 231.

40 Jeeves (1985), pp. 22-24, 52; Callinicos (1985), p. 44, 47, 102; Harris (1959), p. 54.

41 Packard (1987), p. 197.

42 1894年にケープ東部のトランスカイの一地方であるグレン・グレイ地域に適用されたグレン・グレイ法はつぎの四つの要素を含んでいる。第一に，人種による居住空間の別である。アフリカ人に特定して，その居住地域を一定地域に限定している。第二に，土地の所有形態の強制的変更である。アフリカ人が伝統的に維持してきた土地の共同所有を原則として廃止し，私的土地所有を導入した。第三に，アフリカ人の「自治の導入」である。これは諮問機関としての役割に限定したうえで導入された。第四に，年に3カ月以上の賃金労働に就かないアフリカ人には10シリングを課税した。そして，グレン・グレイ法を制定したケープ植民地首相ローズは，南アフリカ全体を同法の射程に入れていた。グレン・グレイ法を基礎として，同様の法がトランスカイ南西地域のシスカイ全域，さらにトランスカイの7行政区，ナタールの2行政区に適用された。松野妙子は，これらの土地法の本質は第二次世界大戦後のアパルトヘイトの原型としてとらえている。松野(1989)，229-231頁。ただし，同法は南アフリカ全土への統一的適用がめざされていたにもかかわらず，1913年土地法よりも厳しい条件の法律があるオレンジ州やアフリカ人の投票権を認めていたケープ州には導入されないという条項が盛り込まれた。

43 前掲のグレン・グレイ法の導入が地域的に限定されていた一方で，1913年土地法は南アフリカ連邦の成立後に全土を対象として統一的な土地法として導入された。1913年土地法の内容は，アフリカ人が指定地域外でアフリカ人以外から土地を売買することを禁止するものであった。松野(1989)，231-232頁。

44 Jeeves (1985), p. 229; Packard (1987), p. 199.

45 Packard (1987), p. 198.「休養期間」として6カ月間モザンビーク領内に滞在することはのちの1928年協定の第8条に，また，契約時の健康診断の導入は第7条に定められた。

46 First (1983), p. 21.

47 BRA, HE, Vol. 254, File 149, No. 1118, 1909, May 9, to R. W. Schumacher from Secretary of WNLA C. W. Dix.

48 Tembe (1990), p. 12.

49 Neli-Tomlinson (1977).
50 Jeeves (1985), pp. 218-219.
51 市川(1982), 160-161頁。
52 市川(1982), 162頁; Young (1977), p. 75.
53 Penvenne (1994), pp. 82-90.
54 ポルトガルでは1910年に王制を廃して成立した共和政権の主導のもとで地方自治を基本方針とした行政改革が進んだ。共和政権はフランスの植民地行政を模して植民地省を新設し，1914年初頭には植民地の憲法ともいうべき基本法(Carta Organica)案を国会に提出してこれが承認され，1917年には各植民地の状況に対応させた改定基本法を設けた。ただし，これらの法律が施行されたのは第一次世界大戦後の1920年であった。1920年に施行された基本法は，それぞれの植民地に総督の権限をも併せ持つ高等弁務官をおくことで広範な自治権を与え，自主財源の確保を求めた。高等弁務官制度は1930年まで続くが，それ以降，本国政府は国内および植民地に対して再び中央集権的な政策を指向し，同制度は廃止された。
55 Vail and White (1980), p. 200; Katzenellenbogen (1982), p. 89.
56 アンドラーデは1906～10年にモザンビーク総督として1909年協定の協議に参加し，その後，設立まもない国際連盟のポルトガル代表を務めた。なお，アンドラーデは国際連盟の代表を務めた1922～24年に連盟内の臨時奴隷制委員会の場でポルトガル植民地における労働条件に対する非難に対処した経験をもつ。
57 AHD, 3a Piso Armário12 Maço126, Direcção Geral das Negócios Políticos e Diplomáticos: Relação com a África do Sul 1909/38, "Copia Confidencial e Reservado" de Brito Camacho ao General Freire de Andrade, 5 de Setembro de 1922, *Confidencial: Documentos 1923*, p. 8. 括弧内は筆者加筆。
58 AHD, 3a Piso Armário12 Maço126, Direcção Geral das Negócios Políticos e Diplomáticos: Relação com a África do Sul 1909/38, "Copia Confidencial e Reservado" de Brito Camacho ao General Freire de Andrade, 5 de Setembro de 1922, *Confidencial: Documentos 1923*, p. 7-11.
59 AHD, 3a Piso Armário12 Maço126, Direcção Geral das Negócios Políticos e Diplomáticos: Relação com a África do Sul 1909/38, "Acta da 3a.Conferencia" de Freire de Andrade para Brito Camacho, Cape Town, 16 de Maio de 1922, *Confidencial: Documentos 1923*, pp. 38-41.
60 Katzenellenbogen (1982), p. 130.
61 Katzenellenbogen (1982), pp. 127-128; Vail and White (1980), p. 209.
62 Katzenellenbogen (1982), pp. 129-131.
63 Katzenellenbogen (1982), pp. 129-131.
64 Wilson (1972), p. 45.
65 白人労働者と鉱山会議所は1918年に現状維持協定を結び，人種的な労働力構造の編成が可能となった。白人労働者の雇用を確保するため，慣習的におこなわれていたジョブ・カラーバーが認められた。この慣習的ジョブ・カラーバーによって19職種が白人労働者のために確保され，当時4,020人がこの19職種に該当していたが，

1921年に鉱山会議所はこれを廃止した。このほか，トランスファール政府が定めた1893年の鉱山規制法が，法的効力をもつもう一つのジョブ・カラーバーである。1920年前後，鉱山規制法によるジョブ・カラーバーは32職種を7,057人の白人労働者のために確保していた。佐伯(2003)，57，282頁。

66 Crush, Jeeves and Yudelman (1991), pp. 81-82; 松野 (1989), 233-256頁; Krikler (2005).

67 Katzenellenbogen (1982), pp. 136-137.

68 Vail and White (1980), p. 209.

69 Katzenellenbogen (1982), p. 139; Covane (1989), p. 78.

70 Alexandre (2000), pp. 186-187.

71 合法的移民労働者だけでも，1923年の時点では7万7,631人のモザンビーク出身の移民労働者が，鉱山会議所に登録されたラント鉱山において就労している。Covane (1989), p. 99.

72 Katzenellenbogen (1982), p. 137.

73 AHM, FDSNI, Cota 20, Pasta: Convenção, no. 1526/40, do Secretário Provincial do Interior ao Governador do Districto Inhambane, 12 de Setembro de 1925.

74 AHM, FDSNI, Cota 20, Pasta: Convenção, (sem número) ao Administrador das Circunscrições do Districto de Lourenço Marques, 14 de Setembro de 1925, no. 3765, do Governador do Districto de Inhambane, 15 de Outubro de 1925, no. 365/141, do Administrador da Circunscrição do Chibuto ao Diector dos Serviços dos Negócios Indígenas, 29 de Setembro de 1925, No. 317/8/B, do Administrador da Circunscrição dos Muchopes ao Director dos Serviços dos Negócios Indigenas, 24 de Setembro de 1925, No.468, do Administrador da Circunscrição de Manhiça ao Director dos Serviços dos Negócios Indígenas, 30 de Setembro de 1925, No. 276/22/B, do Administrador da Circunscrição de Sabié ao Director dos Serviços dos Negócios Indígenas, 23 de Setembro de 1925, No.441/11, do Administrador do Circunscrição de Namahacha ao Director dos Negócios Indígenas, 6 de Outubro de 1925.

75 Katzenellenbogen (1982), pp. 145-147.

76 Katzenellenbogen (1982), pp. 145-147.

77 移民労働者の賃金「延べ払い」は実際には1929年10月から開始された。Hedges (1998), p. 6. ポルトガル政府は延べ払いの全面的導入を確実にするためにWNLAに対して多くの譲歩をしている。そのうちの一つが，1913年以前のアンゴラにおける活動許可であった。ポルトガル政府はアンゴラの東経19度以東，南緯10度以南の地域——その面積はアンゴラの広大な領土の4分の1に相当する——においてWNLAが活動することを許可した。WNLAは北ローデシアの南東部にあるWNLA基地から容易にアンゴラの活動許可地域に接近することが可能であった。しかし，これは1913年に南アフリカ政府が「熱帯地域」出身の移民労働者の雇用を禁止したため，実際にWNLAが活動することはほとんどなかった。Jeeves (1985), p. 219.

78 Covane (1989), pp. 104-117.

79 Covane (1989), pp. 113-115.

80 1928年協定によって導入された延べ払いの総額は，管見の限りにおいて，次節で詳述する総督府歳入には計上されていない。よって，支払いはモザンビーク総督府に対してではなく，ポルトガル政府に対しておこなわれた可能性が高い。後者である場合，ポルトガル海外銀行資料を分析する必要がある。

81 Katzenellenbogen (1982), p. 89.

82 Província de Moçambique, *Orçamento da Receita e Tabelas da Despesa Ordinaria e Extraordinaria da Província de Moçambique*, 1902-1903, 1903-1904, 1904-1905, 1905-1906, 1917-1918.

83 *BOM*, 13, I Série, Convenção de 1909, 1910, pp. 1-8.

84 Young (1977), p. 75.

85 No.130-A Relatório do intendente da emigração ao conselheiro Garcia Rosado: Documento no.25 anexo ao relatório de 12 de Abril de 1909, Ministério das Colónias (1929), pp. 249-266. 移民労働者を送り出す農村社会においても，住民は人口調査のために徴税人が近づいているという情報を得ると，女性を家に残して男性は森に逃げ込み，徴税人が帰った後に村に帰ってきた。ときには，口裏を合わせたうえで，住民が死亡したという情報を徴税人に与えることすらあった。Loforte (1990), p. 174.

86 斡旋機関による賃金の前貸しは移民労働者の斡旋に際して一般的におこなわれていた。1912年に南アフリカ連邦で設立された労働力斡旋会社NRCも同様の手法を用いて契約者に対して賃金の前貸しをおこなった。この点についてジェーヴズは南アフリカの文脈においてではあるが，斡旋組織が農村地域における現金の流通，さらに信用貸し制度に重要な役割をはたしていたことを指摘している。Jeeves (1985), p. 137; Leroy and White (1980), pp. 159-160.

87 1928年の協定で決定された移民労働者賃金の延べ払い部分と各種の税額の金による支払いは，世界恐慌の影響のために1932年から南アフリカ通貨で支払われ，協定内容も1934年に南アフリカ通貨での支払いに改定された。その後は1940年と1964年に金による支払いが導入された。1928年ポルトガル・南アフリカ政府間協定第1部第26条，1934年ポルトガル・南アフリカ政府間協定改定条項第26条，1940年合意第5項。Covane (1989), pp. 89-97, 109, 119, 123.

88 Azevedo (1991), pp. 91-92.

89 Centro de Estudos Africanos, Universidade Eduardo Mondlane (1998), p. 32; Covane (1989), pp. 97-98.

90 Crush, Jeeves and Yudelman (1991), p. 110.

91 First (1983), pp. 25-26.

92 Azevedo (1991), pp. 91-92.

第5章　移民送り出しとその社会的影響

1 Libby (1987), pp. 38-39. 現在の行政区分である州(província)は植民地期の区

(distrito)を引き継いでいる。本章では便宜上，行政区分の単位は州に統一して表記する。

2 First (1983).

3 Covane (1996); Covane (2001).

4 第二次世界大戦後の国策の一環であった農業入植者はポルトガル人を中心とするが，それ以前の入植者は必ずしもポルトガル人に限定されるものではない。本章において入植者について言及する際，ポルトガル以外のギリシア，イタリアなどの南欧出身のヨーロッパ人のほか，ポルトガル領インドのゴアやディウ，ダマォン出身者を含む。

5 Crush and Ambler eds. (1992).

6 Loforte (1990), pp. 171-186; Capela (1973); Capela (1995).

7 Erskine (1869), p. 262; Erskine (1875), p. 89; Longle (1886), p. 23.

8 Erskine (1878), p. 29.

9 OT, Luca Magamu Homo, M, 1915-2008, 2007/02/24, 2007/11/02, 2008/09/04, Inhambane, Morrumbene, Malaia; OT, Ndevejani Hofisu Mbanguine, M, 1920, 2009/08/14, Inhambane, Funhalouro, Mavume; OT, Albino Diogo Novele, M, 1928, 2008/01/31, 2009/08/17, Inhambane, Funhalouro, Chavane.

10 AHM, FDSAC, Secção: Fomento e Colonização, cota 93, Proc. No. 14, 18 de Janeiro de 1922, do Governador de Distrito de Gaza ao Director de Repartição de Agrimensura; AHM, FGG, cota 110, Distrito de Inhambane (1922), *Relatório do Governador de Inhambane*, p. 36, 44. なお，1974年当時にザヴァラ周辺で調査をおこなったウェブスターによるとツェツェバエが牛の所有を阻んでいると記しているが，同年代に調査をおこなったファーストはイニャンバネ州の大半でツェツェバエは生息していないという。また19世紀後半の記録でもツェツェバエの生息は確認されていないため，ウェブスターが言及した牛の所有数とツェツェバエの生息域の因果関係については留保が必要である。Webster (1978), p. 160; First (1983), p. 115; Erskine (1869), Erskine (1875), Erskine (1878); Longle (1886). なお，1976年に刊行されているつぎの文献によればイニャンバネ州はツェツェバエの生息地域には含まれていない。Jahnke (1976), p. 14.

11 Erskine (1875), pp. 49, 52-53; Liesegang (1990), pp. 102-106.

12 Erskine (1875), pp. 52-54; Chilundo (1988), p. 110; Pélissier (1988), p. 114.

13 Erskine (1875), pp. 52-54.

14 Cabral (1910), p. 26; Chilundo (1988), p. 119.

15 Longle (1886), p. 20, 23, 30; Liesegang (1986), p. 493; Harries (1994), pp. 86-90.

16 Liesegang (1982), p. 3, 23.

17 AHM, FGG, Cota 102, Relatórios (confidenciais relatórios), 1915; Governador Geral (1914), Portaria, No. 2082, No. 2083, No. 2084, *BOM*, No. 40, 41, p. 767, 779; Governador de Inhambane (1920), p. 130.

18 AHM, Administração de Conselho de Maxixe, Cota 35 Série de 1917, No. 113,

Proc.8, 26 de Abril de 1917, Secretario do Districto, Inhambane.

19 AHM, Administração de Conselho de Maxixe, Cota 35 Série de 1917, No. 60, Proc.46, 9 de Fevereiro de 1917, Sub-Intendente dos Negócios Indígenas e de Emigração, Inhambane.

20 Nunes (1928), p. 113.

21 Distrito de Inhambane (1912), p. 63; Cabral (1910), pp. 53–54.

22 Nunes (1928), p. 113; Araújo (1920), p. 130; Webster (s.d.), p. 18; Webster (1975), pp. 79–80; Young (1977), p. 71; Pires (1937), pp. 93–115.

23 Araújo (1920), p. 96; BRA, HE, Vol. 290, File 242, No. 129, 1906, June 5, extracts from a report by the District Manager, Lourenço Marques; BRA, HE, Vol.291, File 257, No. 232, Recruiting Prospect Summary-April to August, 1907; Harris (1961), pp. 60–61; Penvenne (1994), pp. 25–26.

24 Nunes (1928), p. 114.

25 Distrito de Inhambane (1920), p. 111.

26 Cabral (1910), p. 54.

27 この制度により，ポルトガル政府は受け取った金を国際市場で販売し，換算レートと市場販売価格との差額により国庫を潤した。詳細については第4章第2節を参照されたい。

28 AHM, FDSNI, Secção B: Curadoria e Negócios Indígenas, Cota 742, 1905.

29 Loforte (1990), pp. 171–172.

30 Longle (1886), p. 29; Distrito de Inhambane (1920), pp. 214–215; Chilundo (1988), p. 111; The Geographical Section of the Naval Intelligence Division, Naval Staff, Admiralty (1920), p. 228; Cruz (1910), pp. 301–312.

31 Distrito de Inhambane (1920), pp. 213–214.

32 Distrito de Inhambane (1920), p. 96; Earthy (1968), p. 21. 著者のアースィはアングリカン宣教師として1917〜30年にかけてガザ州シャイシャイで勤務している。初版は1933年刊行である。

33 Andrade (1907), pp. 229–231; Cruz (1910), pp. 83–84.

34 Jeeves (1985), p. 122. 賃金数値は Low Grade Mines Commission, Final Report および「南アフリカ連邦年鑑　1910〜20年」による。

35 Distrito de Inhambane (1909), p. 75.

36 Ministério dos Negócios da Marinha e Ultramar (1909), Decreto: Supplemento, *BOM*, No. 35, pp. 1–11.

37 Distrito de Inhambane (1909), p. 75.

38 Andlade (1907), pp. 229–231.

39 OT, Luca Magamu Homo.

40 AHM, FNI, Secção A Administração, cota 197, Proc.94, Governo Geral da Provícnia de Moçambique, Repartição do Gabinete (Sercretaria do Governo de Provícnia de Moçambique), 4 de Set.1914, no. 441/7, ao Sercretário Geral.

41 Erskine (1878), pp. 27–28; Longle (1886), pp. 20–30.

42 Capela (1995), pp. 16-17.

43 利権所有者の構成は「ポルトガル系ヨーロッパ人136人，非ポルトガル系ヨーロッパ人18人，ポルトガル人子孫42人，アジア人78人，「同化原住民(indígenas assimilados)」54人」であった。Martins, Eduardo d'Azambuja, Distrito de Inhambane (1922), *Relatório do Governador, 1921-1922*, Inhambane, 31 de Dezembro de 1922, p. 34, cited in Capela (1995), p. 81. アゼヴェードによると，混血(misto/mestiço/mestizzo)は「同化民」と同様にアフリカ人よりも「より良い」扱いを受け，教育機会についても比較的自由であり，独立時には混血は人口の0.5%程度であったという。「原住民」は「原住民証(caderneta indígena)」と称される詳細な身分証明兼通行証の携帯が義務づけられたのに対して，「同化民」には1917年および20年に「身分証明証(bilhete de identidade)」の携帯が義務づけられた。「同化民」の地位は1961年に廃止されたが，それ以前にこの地位を獲得したアフリカ人は5,000人にも満たなかった。Azevedo (1991), p. 36, 86.

44 AHM, FGG, Cota 110, Distrito de Inhambane (1922), *Relatório do Governador*, p. 37; Capela (1977), p. 179.

45 Erskine (1878), p. 45.

46 AHM, Fundo de Século XIX, FGG, Cx.61, no. 110, do Governador do districto de Inhambane para Secretário-Geral, 1 de Setembro de 1899.

47 Capela (1995), p. 31; OT, Cafrina Paindane Damawane Nhanombe, F, 推定1906-2008, 2005/10/04, 2006/01/11, Inhambane, Morrumbene, Pagula; OT, Fernando Passe Xilaule, M, 1927, 2005/10/11, Inhambane, Morrumbene, Boningo; OT, Joaquim Nhanhule, M, 1929-2005, 2005/06/06, Inhambane, Maxixe, Chicuque; AHM, FGG, Cota 2242, Agriculture, Inhambane, 1926-1927. インフォーマントによれば，人々は金属管をイニャンバネ鉄道から「調達」した。なお，イニャンバネからイニャリメまでの鉄道建設は1902年から予備調査がおこなわれ，1916年頃には同区間について敷設が完了したものの，以降，今日にいたるまで南部他都市と接続されてはいない。Lima (1971), pp. 41-44, 56.

48 モザンビーク南部の農民女性の経済活動については，数世紀にわたる長期的変化に関するつぎの論考を参照されたい。Young (1977), Earthy (1968).

49 Capela (1995), p. 31. カペラの使用した原典は以下のとおり。AHM, FGG, Cota 61, No. 23, 11 de Fevereiro de 1899, do Governador de Inhambane para Secretário Geral; Governador Geral (1889), Portaria Provincial, No. 539, *BOM*.

50 Distrito de Inhambane (1909), pp. 74-78.

51 Distrito de Inhambane (1920), p. 87.

52 Distrito de Inhambane (1920), cited in Capela (1995), p. 83.

53 AHM, FGG, Cota 110, Distrito de Inhambane (1922), *Relatório do Governador*, p. 34.

54 Ministério dos Negócios da Marinha e Ultramar (1892), Carta Régia, *BOM*, No. 32, pp. 318-319. 奴隷貿易禁止に関するブリュッセル合意によってアフリカ各地への火器の輸入が規制されたことは，各植民地における実効支配に際して近代兵

器をもって武力を行使する植民地政府と，それに対して抵抗するアフリカ人のあいだに圧倒的な武力の差を生み出す結果となる。

55 Governo Geral (1902), Suplemento, Portaria No. 178, *BOM*, No. 14, p. 121; Ministério da Marinha (1902), Carta de lei de 7 de Maio, *BOM*, No. 28, pp. 277-280.

56 Diário do Governo, No. 238, 21 de Outubro de 1882 "Tratado de Paz, Amizade, Commércio e Limites entre sua Magestade El-Rei de Portugal e dos Algarves e o Governo da República da África Meridional (Transvaal)", 2612-2614, cited in Covane (1989), pp. 28-32.

57 Liesegang (1982), pp. 28-32.

58 Covane (1996), pp. 101-102.

59 Departamento de História de UEM (1983), *História de Moçambique: Agressão Imperialista, 1886-1930*, Vol. 2, Maputo, *Cadernos Tempo*, pp. 221-227, cited in Covane (1996), pp. 101-102.

60 Governo Geral (1902), Copia de Acordo, *BOM*, No. 20, pp. 189-192.

61 Governo Geral (1902), Portaria Provincial, No. 178, *BOM*, No. 14, p. 121; Ministério da Marinha (1902), Carta de lei de 7 de Maio, *BOM*, No. 28, pp. 277-280.

62 Liesegang (1986), p. 504; Cruz (1910), p. 157.

63 Distrito de Inhambane (1912), p. 10.

64 Ministério da Marinha e Ultramar (1912), Decreto de 20 de Julho de 1912, *BOM*, No. 35, pp. 465-469; Ministério da Marinha e Ultramar (1913), Decreto, No. 38, *BOM*, No. 32, pp. 530-531.

65 なお，この許可数と当時の入植者の規模から推察して，許可を得た生産・販売者は入植者だけでなくアフリカ人も含まれていたものと思われる。しかし，アフリカ人生産者に入植者と同等の許可を与えることは，入植者による糖業興業を目的とする植民地省および総督府の意に反する。つまり，規制の当初の意図とイニャンバネ州における実施内容は大きく食い違っていたことになる。

66 Pirio (1982), pp. 259-261; Capela (1995), p. 57, 63; Governo Geral (1920), Portaria Provincial, No. 1487, *BOM*, No. 16, p. 102.

67 AHM, FGG, Cota 102, Relatório, 1917.

終章　植民地主義の構造的遺産

1 付表1「南アフリカ鉱山における出身国別のアフリカ人労働者数(1890～2006年)」を参照されたい。

2 Covane (1989), pp. 118-119.

3 Covane (1989), pp. 90-93.

4 Covane (1989), p. 12, 98.

5 Teixeira (1998).

6 舩田クラーセンさやか(2007)，216頁。

7 Moodie (1992), pp. 604-605.

8 Moodie (1992), p. 592.

9 Moodie (1992); Harries (1994), pp. 71-88.

10 年表「モザンビークにおける旱魃・飢餓・伝染病・紛争」を参照されたい。

11 Crush, Jeeves and Yudelman (1991), p.110; Ministério do Trabalho, Centro de Documentação e Informação, Ministério do Trabalho, Gabinete de Estudos, "À consideração Superior do Senhor Ministro do Trabalho, Trabalhadores Migrantes do Director, 29 de Agosto de 1989, Maputo, pp. 7-8.

12 First (1983), p. 25.

13 Azevedo (1991), pp. 91-92.

14 Hanlon (1991), p. 29.

15 Crush and Williams (2001).

16 峯(1999), 184-192頁。

17 Crush and Williams (2001), p. 20.

18 Peberdy (2009), p. 157.

19 Waller (2006).

資　料

1928年ポルトガル共和国政府・南アフリカ連邦政府間協定

(本文日本語訳[1])

第1部　原住民労働

第1条

本協定の第1部による諸規則は，ポルトガルの直轄下にある南緯22度以南のモザンビーク領出身原住民(以下，ポルトガル原住民とする)の斡旋およびトランスファール(Transvaal)金鉱山および石炭鉱山(以下，諸鉱山とする)における雇用を規制するものである。

第2条

ポルトガル政府は，この協定によって変更されることのない限り，モザンビークおよび南アフリカ連邦政府の動向に基づき，1928年5月16日をもって有効となる諸規定およびそれらの改訂に基づき，また，第53条の規定に反することのない限りにおいて，期日を同じくして有効となる諸条件，手段および諸合意に一致して上述の斡旋および継起するポルトガル原住民の送還を許可する。

第3条

1928年5月16日現在諸鉱山において雇用されているポルトガル原住民の数を，本協定以降5年間以内に，以下のとおりその割り当て定員の上限を8万人にまで削減する。

1929年12月31日………10万人
1930年12月31日………9万5000人
1931年12月31日………9万人
1932年12月31日………8万5000人
1933年12月31日………8万人

第4条

諸鉱山を目的とするポルトガル原住民の雇用，諸鉱山によるこれらの原住民の配分および契約期間終了時のポルトガル領境界までの原住民の送還は，モザンビークおよび南アフリカ連邦政府によって然るべく承認された機関の任務とする。

第5条

ポルトガル原住民の斡旋は第4条において言及された特定機関(以下，斡旋機関とする)によってのみ雇用され，モザンビーク政府が1年ごとに更新可能な斡旋許可を与えた個人によってのみ，以下の諸条件に基づいておこなわれる。

a　各許可証の年間規定料金は100ポンド(100英国ポンド)とする。

b　保証金としての100ポンドは，原住民問題局を指定受取人として，ロレンソ・マルケス(Lourenço Marques)の金融機関に供託されるものとする。

c　斡旋許可申請者によって記名された申告は，無条件に，本協定および第2条に

おいて言及されたモザンビーク領内における原住民移民斡旋に関する諸規制による規定をすべて遵守することを義務づける。

d　斡旋許可証は個人的なものであり，個人間での貸借は認められず，許可証の付与する権利を個人間で取り替えることは堅く禁じる。

e　斡旋許可証の更新は，その有効期限終了後，15日以内に申請することが義務づけられ，保証金の消失を罰則とする。しかし，その更新を申請しない者は上述の期間内に各自の保証金を引き出すため，許可証を提出しなければならない。

f　斡旋許可は，戦争，大規模な社会秩序の変化といった理由で，あるいはその他のいかなる非常事態を理由として，必要に応じてモザンビーク政府によって無効にすることができる。

g　同じく斡旋許可証はその所有者が重罪を犯した場合あるいはモザンビークにおける法を故意に犯した場合，無効にすることができる。

h　f項およびg項において前述された許可の無効によっては，いかなる保証金も支払われない。

i　諸個人が十分な身分証明を提示しない場合，もしくは同植民地の政治および原住民管理にとって不適当であると判断した場合には，モザンビーク総督は斡旋許可を与えない権利および更新を認めない権利を有する。

第6条

モザンビークおよび南アフリカ連邦政府双方の代表者による共同調査の結果，その鉱山管理あるいは個人の責任において本協定によって設けられた諸義務が，勧告後も著しく，あるいは継続的に蔑ろにされていることが明らかとなった場合，モザンビーク政府はポルトガル原住民の斡旋およびいかなる鉱山への配分も禁止する権利を有する。

なお，両政府代表者は，初めに南アフリカ連邦政府，続いてモザンビーク政府の順に，適宜，解決処理の仲裁人として1名の裁判官を任命する。上述の代表者が調査事項に関して同一の見解に達しない場合には，解決処理の仲裁人が最終的な判断をくだすものとする。

第7条

モザンビーク嘱託医もしくは斡旋機関の医師によってレサノ・ガルシア(Ressano Garcia)において，あるいは同機関の医師によって南アフリカ連邦内において鉱山労働には不適切と判断されたために雇用を拒否された原住民は，その出身地まで，往路と同様の経路で，斡旋機関の経費負担によって送還されるものとする。

第8条

第2条において言及した諸規制の規定記載事項において，モザンビーク政府は，同規制の記載事項によって供給される身分証明書を携帯させることなくポルトガル原住民の鉱山への移動を許可しない。

以前に鉱山において雇用されたことのあるいかなるポルトガル原住民も，契約あるいは再契約終了後，第12条に言及されるように，継続的に最低6カ月間，モザンビークに滞在したことを証明する何らかの証拠を提示することなく，新たに契約を結ぶことはできない。モザンビーク当局が所有する情報により，その者が上記の一定期間，

植民地領内に滞在していないことが確認された場合，この滞在証明をおこなうことのできない原住民は労働契約を結ぶことはできない。

第９条

本協定の記載事項に基づいて諸鉱山に雇用されるポルトガル原住民はポルトガルの旅券を支給される。

この旅券は12カ月を有効期限とし，原住民は契約時に旅券発行手数料10シリング，６カ月間有効となる旅券更新の際には更新手数料として５シリングを支払うこととする。

原住民が旅券を紛失した際には，ポルトガル原住民管財人(以下，管財人とする)が５シリングの再発行手数料を支払う原住民に対し，支給することとする。

第10条

諸鉱山は，ポルトガル原住民の雇用に際し，管財人に対して以下の税金を納めるものとする。

a　原住民の契約あるいは再契約の登録につき，１シリング。

b　原住民が雇用されるあいだ，１カ月あるいは１カ月未満の期間につき，２シリング。

第11条

第９条および第10条の記載事項に基づき，1929年以降毎年，諸鉱山において雇用されるポルトガル原住民に関して，モザンビーク政府によって領収された税金および手数料の総額は，同年に鉱山に雇用された平均原住民数に対して，35シリングに達することはなく，その差額は諸鉱山によって管財人に支払われるものとする。

第12条

ポルトガル原住民の契約は12カ月(労働日数313日)以下と定められるが，原住民は６カ月(労働日数156日)を超えない限り，再契約あるいは契約を更新することができる。いかなる場合も，最長契約期間は18カ月を超えることはないものとする。

第13条

契約期間の９カ月(労働日数234日)以降，そして再契約のいかなる期間も労働日数１日あたり１シリング(契約において規定された賃金の半額)はポルトガル原住民が雇用されている諸鉱山によってその賃金から差し引かれ，帰還した際にモザンビークにおいて支払われるものとする。

第14条

第13条の記載事項に基づいて徴収された金額は，以下の規定に基づいて原住民に支払われるものとする。

a　斡旋機関を仲介として，諸鉱山は，毎月15日までに前月のあいだにポルトガル原住民の賃金から差し引かれた金額を管財人の指示により，モザンビーク政府によって指定されたヨハネスブルクの金融機関に預け入れる。

b　斡旋機関は，毎月末日までに，前月のあいだにポルトガル原住民の賃金から差し引かれた金額に相当する金額を管財人に預ける。また，原住民がモザンビークに帰還する際に支払う金額に関して，管財人がモザンビーク当局との諸連絡をおこなうために必要なすべての情報を提供する。

c　徴収された金額は，レサノ・ガルシアもしくはモザンビーク政府および斡旋機関との合意によって指定されたその他の場所において，同機関によって該当する原住民に支払われる。これらすべての支払いはレサノ・ガルシアの移民管理局あるいはその他の指定地の公的機関において，この業務のために適切な設置を任命された斡旋機関従業員によっておこなわれる。

d　モザンビーク政府は毎週，事前に，レサノ・ガルシアもしくは共通の合意によって指定された他の場所において，c 項において言及される原住民に対する支払いをおこなう斡旋機関に必要な金額を預ける。

e　斡旋機関および諸鉱山は管財人に対して，管財人が同条項の規定を遂行できるよう，すべての手段を提供する。

第15条

死亡したポルトガル原住民の遺産およびそれらの原住民に関連する賠償金は管財人に預けられ，遺産相続人があらわれなかった場合，原住民からの要求がない場合，または諸鉱山からポルトガル原住民に対して支払われたその他のいかなる金銭も要求がない限り，その金額にかかわらず，独占的にモザンビーク政府によって原住民の利益のために用いられる。

これらの金銭および第14条の記載事項に基づいて預けられた金額から得られた利子は，同様に独占的にモザンビーク原住民の利益のために充当される。

第16条

鉱山における労働契約が終了した時点でモザンビークへ帰還しない者は，旅券を所持して南アフリカ連邦に入国した者であろうと，管財人から旅券を支給された者であろうと，その立場は法的に南アフリカ連邦における不法移民として認識され，南アフリカ連邦における移民規制を適用される。必要とされる南アフリカ連邦当局の許可と同様に，有効な，あるいは更新されたポルトガルの旅券を所持せず，このように非合法移民として確認されたいかなるポルトガル原住民も，同じく非合法移民と認識される。しかしながら，特別な場合および同協定が有効となる以前に契約を交わした原住民の送還を保証するため，第３条によって規定された割り当て定員の削減を実施するために必要な人数を超えることはなく，管財人は南アフリカ連邦原住民問題局との合意に基づいて，特定化された場合において，この条項規定の適用を延期することができる。

第17条

モザンビークおよび南アフリカ連邦政府間の合意によって，モザンビーク政府は諸鉱山において雇用されることを目的として移民を希望する原住民に対し，斡旋機関の介入から独立して諸鉱山において雇用された後は，第３条の規定する割り当て定員に含まれる原住民数となり，同協定の全規定を適用されるべき特定の旅券を支給することができる。

第18条

ポルトガル原住民への延べ払いのため，モザンビーク政府の承認に基づいて諸鉱山でおこなわれたすべてのポルトガル原住民賃金の控除は，労働期間の開始以前に，鉱山における雇用期間の最初の９カ月の賃金に適用される。原住民によってモザンビー

ク政府に支払われるべき手数料は，本協定に基づいて，諸鉱山によって徴収されない賃金の一部から差し引かれ，同鉱山によって管財人に提出される。
第19条
モザンビークおよび南アフリカ連邦政府による原住民の出身地への移動経費は，その出身地から諸鉱山への移動経費を上回ることはない。
第20条
ポルトガルの旅券を支給されているいかなるポルトガル原住民も，本協定の定めるところにおいて，南アフリカ連邦の原住民に対して規定されている小屋税の支払いを免除される。
第21条
有効なポルトガルの旅券を所持していないポルトガル原住民に対し，南アフリカ連邦政府によっていかなる通行証の発行も許可されることはない。また，それらのいかなる原住民も，管財人による許可証なしに南アフリカ政府当局によって登録されることはない。
第22条
ポルトガル原住民が南アフリカ連邦を出国するためには管財人によって発行される査証を必要とし，管財人による許可証がない限り，南アフリカ連邦政府は，その領内に居住するポルトガル原住民に対して，南アフリカ連邦領内からモザンビーク以外の他の領地へ移動することを許可する通行証を支給することはない。ポルトガル原住民による南アフリカ連邦内の州から州への移動についても同様に，管財人による許可なく，ポルトガル原住民に対して通行証を与えることはない。
第23条
鉱山における事故または病気によるポルトガル原住民に対する補償は，管財人の立ち会いのもと，当事者と南アフリカ連邦の原住民労働監督の間で定められた諸条件に基づいて支払われる。
第24条
鉱山労働者の肺結核に関する南アフリカ連邦の法令(Miners' Phthisis Act Consolidated Act, 1925)の諸規定およびそのすべての変更は，南アフリカ連邦外に居住する原住民に対する補償と原住民の診察の権利に関して，この目的のために，南アフリカ連邦外に居住する医師により，モザンビークへ帰還したポルトガル原住民に対しても同様に適用される。
第25条
モザンビーク当局は，南アフリカ連邦を訪問するポルトガル原住民女性に対して，例外的な場合においてのみ，旅券を支給するが，有効な旅券を所持しない者が発見された場合には速やかに送還する。
第26条
本協定の本文において義務づけられたすべての金銭，すなわち税，手数料，賃金その他は金によって決算する。
第27条
南アフリカ政府に登録されているポルトガル政府職員はヨハネスブルグに駐在し，

南アフリカ連邦内に居住するすべてのポルトガル原住民の管財人としての役割を果たし，それらの原住民およびポルトガル植民地すべてのその他の原住民に関する領事としての権限を有する。この権限の他に，ポルトガル原住民に関する以下の職権および義務を有する。

a　南アフリカ連邦内に居住するポルトガル原住民に関するすべての問題について，南アフリカ連邦当局と話し合いを持つ。

b　本協定の効力をもって，南アフリカ連邦内で雇用されたポルトガル原住民に関し，管財人に支払われるべきすべての手数料および税を徴収する。

c　ポルトガル当局によって発行された旅券を所持せずに南アフリカ連邦に入国したポルトガル原住民に対して旅券を支給する，もしくはそれを拒否する。また，南アフリカ連邦原住民問題局との合意に基づいて，第16条最終部分の諸規定を適用する。

d　本協定に基づいて，ポルトガル原住民に対して旅券の更新を許可する，もしくは許可を認めない。

e　その可能な限りの手段によって，南アフリカ連邦内に居住するすべてのポルトガル原住民の帰還に際した登録を奨励する。

f　ポルトガル原住民に属する金銭の預金および振替機関を組織する。

g　原住民の配分動向，その賃金および労働日数を示す毎月の明細一覧を入手することを条件に，異なる鉱山によるポルトガル原住民の配分を許可する。

h　ポルトガル原住民を巻き込む著しい無秩序やストライキのために，南アフリカ連邦当局が調査を実施する際には，その要請に応じ，これを補佐する。

i　南アフリカ連邦当局および関係諸鉱山とともに，その要求を明示し，いかなる問題も把握するため，つねに管財人とともに原住民と接触する権限を持ち，ポルトガル原住民の充足を監督し，就業現場および滞在施設を訪問する。

j　南アフリカ連邦当局との合意に基づいて該当する契約を一時停止あるいは解約し，モザンビーク政府によって要請のあるポルトガル原住民を送還する。

k　雇用主との合意に基づいて，その契約有効期間内においてポルトガル原住民がモザンビークを訪問することを許可もしくは拒否する。

l　ポルトガル原住民の滞在する南アフリカ連邦領土のいかなる場所においても，本協定の規定事項を実施するために必要とされる下位職員を政府職員より任命する。また，これが不可能である場合には，個人的に就業現場を訪問する。

m　本条項およびこれ以前の条項の記載事項を実施する諸職権の付与および任命の要求を南アフリカ連邦政府に伝達し，その職権の一部に基づき，自由にこれらの職務の速やかな遂行に必要な判断をくだす権限を与える。

第28条

南アフリカ連邦政府は，管財人に対して，本協定によって確認されたその職務の遂行に必要なすべての援助を提供する。

第29条

現時点で諸鉱山に雇用されているポルトガル原住民の諸権利および義務，またはそれらを雇用している諸鉱山の諸権利および義務に関するものは，本協定において締約されたもの以外にない。しかしながら，本協定が有効となる以前に結ばれた契約の結

果生じたものは，1909年4月1日協定の第6条冒頭部分の諸規定[2]を遵守するため，同条項の規則に従う。

第30条

本協定およびその諸規定が満期を迎えた時点において第28条の諸規定を有効とし，諸鉱山において雇用されるポルトガル原住民に適用され，管財人はそれらの原住民の帰還までその任務を継続して遂行する。

第2部　港湾および鉄道

第31条

モザンビーク政府および南アフリカ政府は，ロレンソ・マルケス港湾を通じておこなわれる貨物の輸出入に関する本協定の諸規定を遵守するため，必要な諸手段に従う。

第32条

第33条の諸規則に基づき，南アフリカ政府は海路により競合地帯(zona de competência)へ輸入される貨物の総積載量の50％から55％がロレンソ・マルケス港湾および鉄道を通過することを保証する。

a　本条項において言及された設定比率を実現するにあたり，行政，軍事および鉄道当局の用途のため，海路により輸入された商品貨物は除外される。

b　なお，競合地帯とは，プレトリア(Pretoria)，スプリングス(Springs)，フェリーニング(Vereeniging)，クラークスドルプ(Klerksdorp)，ヴェルフェルディエント(Welverdiend)，クルーガーズドルプ(Krugersdorp)，そしてプレトリアの商品中継地の諸境界線によって区画される地域として理解される。

第33条

本協定の有効期間中に，仮に海路によりロレンソ・マルケスを通過して競合地帯に輸入される貨物積載量が，すべての港湾を経由して同領域に輸入される総積載量の50％以下，あるいは55％以上となった場合には，いかなる鉄道当局も第32条の諸規定を遵守するための手段の適用を要求する権利を有する。そしてモザンビークおよび南アフリカ政府は相互に必要な措置を受け入れなければならない。しかしながら，前述のロレンソ・マルケス港湾を経由する貨物積載の比率が，南アフリカ政府の影響の及ばない状況の変化に起因して減少した場合は例外とする。

相互の合意による解決を除いては，本条項に基づき，6カ月ごとに然るべき再調整をおこなうための場を設け，6月30日および12月31日に終了する6カ月間の積載量の比率を見積もることを義務づける。

第34条

ロレンソ・マルケスから南アフリカ連邦の諸駅への貨物に適用される鉄道税が変更を要する場合には，ロレンソ・マルケス港湾・鉄道管理当局に対して事前に助言を求めたうえで，南アフリカ鉄道・港湾管理当局によって変更がおこなわれる。

言及された諸駅へ繋がるいかなる港湾税が変更される場合にも，南アフリカ鉄道・港湾管理当局は，それらの変更がロレンソ・マルケス港湾を経由する輸入貨物量に対して引き起こし得る損害を事前に考慮する。

これらの諸規定は，本協定が有効となった後に南アフリカ連邦の開発によって新規

に開通した路線に対して設定される諸関税にも同様に適用可能とする。

第35条

双方の管理当局による解決を除いては，現地消費を目的として二国間で輸送されるモザンビークおよび南アフリカ連邦の一次・二次産品に対して適用される諸関税は，南アフリカ連邦内での消費を目的として南アフリカ鉄道によって同種類の貨物の輸送をおこなうために南アフリカ鉄道・港湾によって定められる一定の関税表に基づき，全路線について検討される。

第36条

双方の鉄道管理当局による解決を除いては，南アフリカから，あるいは南アフリカを経由して海路による輸出のためにロレンソ・マルケスを目的地とする貨物に対して設定された関税は，南アフリカあるいは西南アフリカを問わず，南アフリカ連邦のいずれかの港湾を経由し，輸出されるために南アフリカ領内の同距離を輸送される同類の貨物に対して設定される関税率を上回ることはない。

第37条

南アフリカ鉄道からロレンソ・マルケス鉄道，あるいはその逆の貨物輸送に適用された関税による収益の分割は，継続的に両管理当局の相互の合意の目的であり，他の解決策を除いて，関税の変更を原因として生じる収益の増減は，その変更がおこなわれる以前の分割と同様の配分に基づき，両管理当局によって分割されるものとする。

いかなる関税区分も合意で定められた50％を基礎に，あるいは固定配分をもとにおこなわれる。いずれの管理当局も12カ月を経過したいかなる関税区分の基準に関しても改訂を求める権利を有する。

一定の関税区分の貨物が他の関税区分に変更される場合には，当該貨物に適用されていた関税は，変更された貨物に対する関税区分の基礎において分割される。

第38条

南アフリカ連邦の輸出入貨物に対するロレンソ・マルケス港湾の義務および責任は，可能な限りにおいて南アフリカ連邦港湾において実施されている義務および責任と同様の形態をとり，相互に解決される他の方法がない限り，この義務は，南アフリカ港湾における類似の義務および責任の範囲を超えることはない。

第39条

モザンビーク政府からの要請がある場合，南アフリカ連邦政府は諸運搬業者とのいかなる交渉においても，南アフリカ連邦からの貨物の一部の輸出入を担う港湾として，南アフリカ連邦に関係するロレンソ・マルケスの状況を論議することを義務づける。

第40条

モザンビーク政府は南アフリカ連邦の一部から然るべくロレンソ・マルケス港湾を経由する貨物の輸出を拡大するために最善策を検討し，助言をおこなう役割を果たす諮問評議会を設立する。

南アフリカ連邦の産業，商業および農業，あるいは南アフリカ連邦政府がその目的を果たすために代表することが適切であると判断したその他の分野の代表者として，諮問評議会のための評議員３名を指名するため，南アフリカ連邦政府はモザンビーク政府によって招かれる。

南アフリカ連邦政府に対しては同評議会の議事録およびその報告書の英語もしくはアフリカーンス語による複写が，同評議会の会期あるいはモザンビークへ報告書が提出されてから14日以内に送られる。

第41条

本協定において規定されていない，双方の鉄道管理当局の影響下にあるすべての事項に関しては，双方の政府間の合意の目的を果たすよう，ロレンソ・マルケス港湾・鉄道経営者および南アフリカ鉄道・港湾経営者が自由に協議する。

第42条

南アフリカ連邦政府は，スワジランド(Swaziland)として認知される領域の政府が南アフリカ連邦に併合された場合には，1909年の南アフリカ法令第151条の記載事項に基づき，スワジランドからロレンソ・マルケスへ接続する既存の鉄道も含む領内の鉄道施設に関して協議・報告する南アフリカ連邦鉄道・港湾委員会を召集することを義務づける。

第43条

経済効果と効率性を重視し，機関車・列車・鉄道関係者の往還は，必ずしも所属する行政機関の管轄下にある路線に制限されるだけでなく，同様に，相互に，他方の行政機関の管轄下にある路線にも適用されることに合意する。

第44条

本協定の有効性を保つため，モザンビークおよび南アフリカ鉄道・港湾の管理・監督をおこなういずれの当局も，いかなるときも，ロレンソ・マルケス鉄道，港湾管理当局および南アフリカ鉄道，港湾管理当局を通じ，適切に業務を遂行する。

第３部　関税および貿易

第45条

モザンビークに関してポルトガル政府および南アフリカ連邦政府は，以下の諸条件に基づき，相互にその国民のよりよい待遇を認める。

南アフリカ連邦に輸入されるモザンビークの一次・二次産品およびモザンビークに輸入される南アフリカ連邦の一次・二次産品は，以下の事項を例外として，相互にいかなる他国の類似産品にかかるその他の高額の関税あるいは負担を適用されることはない。

a　モザンビークに輸入される南アフリカ連邦の産品は，モザンビークからポルトガル，マデイラ(Madeira)，アソーレス(Açores)，その他のポルトガル植民地産品に対して認められるような特別待遇を享受することはない。

b　モザンビーク産品は，南アフリカ連邦がイギリスおよび北アイルランド，そしてイギリス植民地およびその領土，支配領域からの消費財の輸入に対して認められるような最低関税率や特別配当金というような特別待遇を享受することはない。

c　モザンビーク産品は，既存の合意のために，あるいは将来的に後述諸国及び諸領土が南アフリカ連邦に統合されるという可能性のために，南アフリカ連邦が南ローデシア，北ローデシア，バストランド(Basotholand)，そしてベチュアナランド(Bechuanaland)保護領の産品に対して認めるような特別待遇を享受することはない。

d　当該地域に確立した諸産業を保護するため，本協定の諸規定と追加関税の課税は，モザンビーク側，南アフリカ連邦側の双方共に矛盾することはない。

第46条

表Aに記載されたモザンビークの一次・二次産品は，南アフリカ連邦の輸入に関するいかなる義務も免除され，表Bに記載された南アフリカ連邦の一次・二次産品は，モザンビークの輸入に関するいかなる義務も相互に免除される。

第47条

南アフリカ連邦において，表Aに明記された産品に類似する南アフリカ連邦産品に対して，あるいはモザンビークにおいて，表Bに明記された商品に類似するモザンビーク産品に対して，何らかの消費税あるいはその他の国内的な課税がおこなわれた場合には，モザンビークから，あるいは南アフリカ連邦からの産品輸入に同様の税もしくは追加税が課せられる。

南アフリカ連邦に輸入される表Aに明記のモザンビーク産品およびモザンビークに輸入される表Bに明記の南アフリカ連邦産品は，南アフリカ連邦あるいはモザンビーク内において徴収される最小限の地方税もしくは国内的なその他の諸税を相互に免除される。

第48条

南アフリカ連邦へ輸送するモザンビークの一次・二次産品およびモザンビークへ輸送する南アフリカ連邦の一次・二次産品は，南アフリカ連邦内およびモザンビーク内相互に輸送・輸出・再輸出の関税を免除され，港湾税を課せられるものの，その他にモザンビークでは貿易税および印紙税，関税その他のいかなる種類の税も免除される。

a　船舶による消費のための石炭を含む南アフリカ連邦からの輸送あるいは再輸出。

b　モザンビークを通過する南アフリカ連邦から，あるいは南アフリカ連邦への金の輸送あるいは再輸出。

第49条

a　ロレンソ・マルケス行政区を経由し，南アフリカ連邦へ輸送もしくは再輸出されるいかなる産地あるいは国の商品も，ロレンソ・マルケスにおけるいかなる輸送もしくは再輸出の関税を免除されるが，貿易税および印紙税を課せられる。

b　南アフリカ連邦を経由してモザンビークから輸送もしくは再輸出されるいかなる産地あるいは国の商品も，南アフリカ連邦におけるいかなる輸送もしくは再輸出の関税を免除される。

第50条

ロレンソ・マルケスでの船積みを目的として南アフリカから陸路によってロレンソ・マルケスへ着くいかなる産地あるいは国の商品も，輸送もしくは再輸出の関税を免除されるが，印紙税を課せられる。

第51条

a　税関倉庫もしくはロレンソ・マルケス行政区から南アフリカ連邦へ積み出された商品は，南アフリカ連邦に入国したその日から輸入関税の対象となり，ロレンソ・マルケスへ輸出された日付をもって輸出国における商品価値に対して有効となる関税が見積もられる。

b　上述された商品は，ロレンソ・マルケスにおいていかなる輸送関税もしくは再輸出関税も免除されるが，港湾税，貿易税および印紙税の支払いを義務づけられる。

c　南アフリカ連邦のこれらの商品輸入者は，南アフリカ連邦の関税条件を満たすその価値を十分に証明し，また，南アフリカ連邦の収益保護のために請求されるすべての情報を提供する義務がある。

第52条

モザンビーク政府および南アフリカ連邦政府は，以下の記載事項に関するものを例外として，関係領域からの特定品種の輸出入を禁止あるいは規制を設けることによって二国間の貿易に障害を及ぼさないことを義務づける。

a　道徳的・人道的秩序のため，公安および公衆衛生に関するもの。

b　動植物の疫病，害虫および寄生虫からの保護あるいはその変質および絶滅を回避するための保護に関するもの。

c　武器，軍需品，例外的な状況において，その他の軍事物資に関するもの。

d　芸術的国宝および歴史的あるいは考古学的国宝の輸出に関するもの。

e　国家による独占商品に関するもの。

f　刑務所あるいは収監施設において製造された商品に関するもの。

g　輸入国内での生産，販売，輸送あるいは消費が禁止もしくは制限されている商品の輸入に関するもの。

h　特定産品の品質を保証し，その評判を保ち，同時に他国における購買者の利益の保護を目的とする同産品の輸出に関する諸条件の設定に関するもの。

上述された貿易上禁止あるいは制限された諸手段は，第三国が正当であると判断する同様の動機が認められる第三国に対して，第三国がモザンビークと南アフリカ連邦間の貿易に不利な規則を設けうる場合に，同時に同様の手続きにより，同様の範囲においてのみ適用される。

第4部　各種規定

第53条

本協定の諸規定に関して，ポルトガル政府および南アフリカ連邦政府は以下の事項の義務を負う。

a　すべての規定を適用するに際し，その確実な遵守のために必要とされるすべての法的手段を公布する。

b　その効力を無効にする，あるいは軽減するような法的手段を適用あるいは公布しない。

第54条

本協定は，調印された日より10年間有効であるが，その期間の後もいずれかの政府が協定の破棄を宣告する日から1年の期間が満期になるまで効力を保つものとする。しかしながら，調印から5年後には，いずれの政府もその条項の改訂を申請することが可能であり，改訂に関して合意に達しない場合には，その旨が通達された日から6カ月の期間内に協定の有効期間を満了するものとする。

第55条

前述の本協定が有効である期間は，その他の方法が特定化されない限り，つねに暦によって数えるものとする。

第56条

本協定の翻訳あるいは執行によって生じる相違，また，ポルトガル政府および南アフリカ連邦政府間の直接交渉によって解決し得ないすべての相違は，ポルトガル政府がモザンビークの裁判所長を，南アフリカ連邦政府が南アフリカ最高裁判所長をその裁定者として任命し，調停に委ねるものとする。仮に，これら２名の裁判官が合意に達しない場合には，裁決仲裁者を１名選出し，その選出に関して合意が得られない場合には，ハイア国際常設司法裁判所長に必要とされる任命をおこなうよう求めるものとする。判決は，各事例のためにおこなわれた仲裁契約に基づき，公正と福利を重んじて執りおこなわれる。

第57条

本協定は，調印された日から有効となることを記した第54条の規定が，リスボンにおいて批准が交わされた後にのみ有効となる第45条および第51条には適用されない。

本協定に批准する両政府代表者の署名を添える。

1928年９月18日，プレトリアにおいてポルトガル語，アフリカーンス語および英語による３部を作成する。

José Ricardo Pereira Cabral
Carlos de Sá Carneiro
José de Almada
N. C. Havenga
C. W. Malan
F. W. Beyers

1　Convenção entre o Govêrno da República Portuguesa e o Govêrno da União da África do Sul, *Diário do Governo*, 30.11.1928, citado em Covane (1989), pp. 104-116.

2　1909年４月１日協定　第６条

いかなる原住民も初回契約では，１年以上の契約を結ぶことができないが，初回契約期間の終了時に，前述した管財人の特別許可がない限り，初回契約期間と合わせて２年を超えない範囲で再契約を結ぶことができる。

更新した契約期間も含め，就業期間の終了した時点でモザンビーク州へ帰還しないいかなる労働者も，管財人の特別許可がない限り，本協定の効力のために非合法移民と認識される。

表A

南アフリカ連邦への輸入関税を免除される植民地モザンビークの一次・二次産品一覧

米
家畜飼料のための採油粕
ジャガイモ
木炭
マングローブ樹皮およびその抽出物
缶詰以外のタマネギ
蜜蠟
ヤシ
コプラ
乾燥豆
サイザル麻繊維
生鮮果実
未加工の原木，鉱山および鉄道のための杭
未加工のキャッサバ，その粉末および澱粉
ソルガム
綿花油を除く植物油
鮮魚および冷凍魚
未加工の皮革および毛皮
アーモンドを除く採油種子
タピオカ

表B

植民地モザンビークへの輸入関税を免除される南アフリカ連邦の一次・二次産品一覧

保護を要する動物，とくにウマ，ラバ，ヒツジおよびヤギ
硫酸
肥料
アスベスト
燕麦およびその粉末
ジャガイモ
石炭
缶詰以外のタマネギ
未加工の大麦
爆薬
産業機材
生鮮果実
鶏およびアヒル
生鮮野菜

無塩バター
鮮魚あるいは冷凍魚
未加工の皮革および毛皮
植林を目的とする植物
チーズ
栽培を目的とする種子

年　表

モザンビークにおける旱魃・飢饉・伝染病・紛争

<table>
<tr><th>北部</th><th>中部</th><th>南部</th></tr>
<tr><td></td><td>旱魃・飢饉　1818</td><td>旱魃・飢饉　1791～96
紛争　1821</td></tr>
<tr><td></td><td colspan="2">旱魃・飢饉　1822～32</td></tr>
<tr><td></td><td>紛争　1826～30</td><td></td></tr>
<tr><td colspan="3">蝗害　1828～31</td></tr>
<tr><td>紛争　1830～35
旱魃・飢饉　1831</td><td></td><td>紛争　～1840</td></tr>
<tr><td colspan="3">天然痘　1832～36</td></tr>
<tr><td colspan="3">旱魃・飢饉　1845</td></tr>
<tr><td>紛争　1845～55</td><td colspan="2"></td></tr>
<tr><td colspan="3">牛疫　1852～55</td></tr>
<tr><td colspan="2"></td><td>旱魃・飢饉　1854～56
旱魃・飢饉　1858～61
紛争　1860～64
蝗害　1864</td></tr>
<tr><td colspan="3">天然痘　1860～62</td></tr>
<tr><td>紛争　1860～88</td><td>紛争　1862～65
飢饉　1863</td><td></td></tr>
<tr><td colspan="3">天然痘　1881～82</td></tr>
<tr><td></td><td>旱魃・飢饉　1885</td><td>旱魃・飢饉　1886</td></tr>
<tr><td colspan="3">天然痘　1887</td></tr>
<tr><td>旱魃・飢饉　1891～92</td><td></td><td>紛争　1890～95</td></tr>
<tr><td colspan="3">蝗害　1894</td></tr>
<tr><td></td><td colspan="2">紛争　1895～97</td></tr>
<tr><td colspan="3">牛疫　1896</td></tr>
<tr><td colspan="3">旱魃・飢饉　1900</td></tr>
<tr><td>紛争　1900
蝗害　1907</td><td></td><td>旱魃・飢饉　1901, 1903</td></tr>
<tr><td colspan="2">熱病　1910</td><td>洪水・牛疫　1909</td></tr>
<tr><td>紛争　1913</td><td>旱魃・飢饉　1911～17</td><td>牛疫・飢饉　1912</td></tr>
<tr><td colspan="2">紛争　1917</td><td></td></tr>
</table>

<table>
<tr><th>北　部</th><th>中　部</th><th>南　部</th></tr>
<tr><td colspan="2">インフルエンザ　1918～19</td><td>旱魃・飢餓　1918</td></tr>
<tr><td colspan="3">旱魃・飢餓　1922</td></tr>
<tr><td></td><td>旱魃・飢餓　1938
旱魃・飢餓　1947
旱魃・飢餓　1958～59</td><td></td></tr>
<tr><td></td><td colspan="2">旱魃・飢餓　1969～82
紛争　1981～82</td></tr>
<tr><td>紛争　1978～82
旱魃・飢餓　1981</td><td></td><td></td></tr>
</table>

出典：Liesegang, Gerhard (1982), p. 3 ; *BOM*, No. 1, No. 22 de 1909, No. 26, No. 49 de 1912; AHM, Administração do Conselho de Maxixe, Cota 62, Doc. No. 107, 20 de Julho de 1918, Inspector de Fazenda Distrital de Inhambane ao Governador をもとに作成。

付　表

付表1　南アフリカ鉱山における出身国別のアフリカ人労働者数(1980～2006年)　　単位：人

	南アフリカ	バストランド(レソト)	ベチュアナランド(ボツワナ)	スワジランド	モザンビーク	南北ローデシア(ジンバブウェ・ザンビア)+ニアサランド(マラウイ)	合計
1890	n.d.	n.d.	n.d.	n.d.	n.d.	n.d.	14,000
1897	n.d.	n.d.	n.d.	n.d.	n.d.	n.d.	70,000
1898	n.d.	n.d.	n.d.	n.d.	n.d.	n.d.	88,411
1899	n.d.	n.d.	n.d.	n.d.	n.d.	n.d.	96,704
1903	13,505	n.d.	n.d.	n.d.	49,470	n.d.	67,782
1904	18,057	2,240	531	492	50,997	4,550	77,000
1905	11,842	1,571	591	639	59,284	7,005	81,000
1908	58,303	4,604	1,221	1,509	81,920	1,266	149,000
1909	61,135	3,895	1,020	1,413	85,282	4,160	157,000
1912	64,710	9,970	1,146	3,705	91,546	2,941	191,000
1913	58,497	8,804	1,800	2,898	80,832	2,007	155,000
1915	93,396	12,355	2,950	4,910	83,338	1,148	198,097
1918	59,534	10,349	1,817	4,123	81,306	805	158,000
1920	59,269	12,680	1,435	2,802	96,188	605	173,000
1922	78,983	14,475	2,690	5,472	80,959	403	183,000
1927	84,495	12,264	1,483	3,655	107,672	430	215,000
1929	79,950	21,586	2,337	3,977	96,657	389	205,000
1931	112,548	30,781	3,367	5,062	73,924	316	226,000
1932	131,629	31,711	4,963	5,872	58,483	280	233,001
1936	165,933	45,982	7,155	7,027	88,499	3,402	318,000
1939	155,393	48,385	8,785	6,686	81,335	1,941	323,000
1942	214,243	n.d.	n.d.	n.d.	74,507	21,656	310,406
1943	207,379	n.d.	n.d.	n.d.	84,478	23,213	315,071
1944	185,658	n.d.	n.d.	n.d.	78,950	26,770	291,378
1945	210,485	n.d.	n.d.	n.d.	78,806	30,856	320,147
1951	108,000	35,700	9,100	5,600	106,500	41,200	306,100
1956	116,000	39,900	10,400	5,400	102,900	59,800	334,500
1960	159,000	51,400	16,000	5,600	95,500	82,800	402,200
1961	159,000	53,900	13,200	6,500	100,200	89,100	413,900
1963	153,800	56,500	15,300	5,800	88,700	74,200	394,300
1964	139,400	58,500	16,000	5,500	97,500	71,800	388,800
1965	130,500	64,300	19,000	4,300	109,000	56,300	383,400
1969	116,500	65,500	14,800	5,000	99,800	69,900	371,500
1970	96,900	71,100	16,300	5,400	113,300	98,200	401,200
1971	86,500	68,700	16,000	4,800	102,400	107,800	386,200
1972	87,200	78,500	17,500	4,300	97,700	129,200	414,400

	南アフリカ	バストランド(レソト)	ベチュアナランド(ボツワナ)	スワジランド	モザンビーク	南北ローデシア(ジンバブウェ・ザンビア)+ニアサランド(マラウイ)	合計
1973	86,200	87,200	16,800	4,500	99,400	128,000	422,200
1974	90,100	78,300	14,700	5,500	101,800	73,100	363,500
1975	121,800	85,500	16,600	7,200	118,000	15,500	364,700
1976	142,100	85,300	18,800	8,300	44,100	30,300	331,000
1977	217,000	99,964	24,810	11,756	38,244	24,934	420,536
1978	253,320	107,296	17,652	8,951	35,234	30,241	456,678
1979	265,229	108,310	17,647	8,583	38,995	22,973	465,064
1980	282,843	108,699	17,764	8,681	39,539	19,632	480,024
1981	292,152	110,542	17,543	9,480	40,094	16,179	488,685
1982	290,421	107,554	16,607	10,015	42,544	13,910	483,727
1983	289,560	106,139	17,285	11,303	43,794	14,522	483,896
1984	300,131	105,189	17,265	11,467	45,472	15,337	495,080
1990	199,810	99,707	14,609	17,757	44,590	n.d.	376,473
1991	182,226	93,897	14,028	17,393	47,105	n.d.	354,649
1992	166,261	93,519	12,781	16,273	50,651	n.d.	339,485
1993	149,148	89,940	11,904	16,153	50,311	n.d.	317,456
1994	142,839	89,237	11,099	15,892	56,197	n.d.	315,264
1995	122,562	87,935	10,961	15,304	55,140	n.d.	291,902
1996	122,104	81,357	10,477	14,371	55,741	n.d.	284,050
1997	108,163	76,361	9,385	12,960	55,879	n.d.	262,748
1998	97,620	60,450	7,752	10,336	51,913	n.d.	228,071
1999	99,387	52,188	6,413	9,307	46,537	n.d.	213,832
2000	99,575	58,224	6,494	9,360	57,034	n.d.	230,687
2001	99,560	49,483	4,763	7,841	45,900	n.d.	207,547
2002	116,554	54,157	4,227	8,698	51,355	n.d.	234,991
2003	113,545	54,479	4,204	7,970	53,829	n.d.	234,027
2004	121,369	48,962	3,924	7,598	48,918	n.d.	230,771
2005	133,178	46,049	3,264	6,993	46,975	n.d.	236,459
2006	164,989	46,082	2,992	7,124	46,707	n.d.	267,894
累計	8,347,490	3,287,672	559,641	425,508	4,329,931	1,419,071	18,693,893

1898年の数値は11カ月，1899年の数値は 8 カ月，1903年の数値は 7 カ月のもの。

出典：Ronald T Libby, The politics of economic power in Southern Africa, Princeton University Press, 1987, pp. 38-39 をもとにモザンビーク出身労働者比率を加筆作成。なお，1897～99年の数値は Chamber of Mines of South Africa, *Annual Report*, 1903年の数値は大西(1983)による。1904～84年の統計数値は Duncan Innes and Luke Malaba, "The South African State and Its Policy towards Supplier Economies," Paper presented at the Economic Comimission for Africa Conference on Migratory Labour in Southern Africa, Lusaka, Zambia, 1978, April 4-8 および Chamber of Mines of South Africa, *Annual Reports* による。1999～2006年については The Employment Bureau of Africa(TEBA) による。

付表2 サン・トメへの移民数(1915〜22年)

単位：人

年	アンゴラ				モザンビーク				カボ・ヴェルデ				合計*
	男性	女性	合計	子供	男性	女性	合計	子供	男性	女性	合計	子供	
1915	3,961	191	4,152	72	7,866	411	8,277	—	17	41	58	—	12,487
1916	3,278	295	3,573	124	4,880	559	5,439	13	48	38	86	—	9,098
1917	1,779	139	1,918	48	3,056	443	3,499	10	30	17	47	—	5,464
1918	844	93	937	27	457	113	570	1	2	2	4	—	1,511
1919	5,230	169	5,399	41	63	6	69	—	36	32	68	—	5,536
1920	3,145	75	3,220	14	401	46	447	—	115	83	198	40	3,865
1921	100	8	108	1	54	24	78	1	1,266	1,441	2,707	441	2,893
1922	122	—	122	—	—	—	—	—	197	329	526	151	648
合計*	18,459	970	19,429	327	16,777	1,602	18,379	25	1,711	1,983	3,694	632	41,502
総計*	41,502												

* 合計・総計には子供の数は含まない。

出典：AHM, GG, Cota 228, D/9, Inquerito feito pelo Oliveira Santos, Anexo: League of Nations, C. 532.M.188.1924.VI.C.T.E.17, Genova, Septermber 27th, 1924, Communicated to the Council, Members of the League, and the Temporary Committee on Slavery, The Question of Slavery: Letter from the head of the Portuguese Delegation and memorandum from the Portugese Government concerning the question of slavery, p. 52.

付表3　モザンビーク総督府の歳入に占める協定関連収入(1898〜1927年)

単位：1910年までレアル，1911年以降エスクード

項目＼年	1898〜99	1899〜1900	1900〜01	1901〜02	1902〜03
移民収入	—	46,131,254(2%)	316,660(0%)	19,172,210(2%)	134,599,340(3%)
不法移民罰金	—	—	41,686,537(1%)	—	—
小屋税	422,626,575(14%)	464,611,110(16%)	276,900,010(12%)	283,233,320(11%)	359,735,545(8%)
関税収入(輸入)	963,792,763(33%)	919,390,231(32%)	866,607,365(37%)	700,138,076(27%)	1,097,778,065(27%)
関税収入(輸出)	—	—	—	—	72,993,123(2%)
関税収入(再輸出)	—	—	—	—	—
ロレンソ・マルケス鉄道収益	642,801,182(22%)	429,440,174(15%)	382,448,441(16%)	611,476,343(23%)	1,054,619,646(26%)
合計比率	(68%)	(65%)	(65%)	(64%)	(67%)

項目＼年	1903〜04	1904〜05	1905〜06	1906〜07	1907〜08
移民収入	173,180,290(4%)	249,572,192(5%)	191,668,667(4%)	351,509,174(8%)	327,330,477(6%)
不法移民罰金	—	—	—	—	—
小屋税	538,225,101(12%)	711,575,521(15%)	737,175,721(17%)	900,735,771(19%)	1,312,363,850(26%)
関税収入(輸入)	1,024,298,253(23%)	1,001,892,257(21%)	955,025,197(22%)	950,726,685(20%)	888,869,120(17%)
関税収入(輸出)	67,368,967(2%)	79,015,752(2%)	79,991,087(2%)	77,613,005(2%)	38,784,370(1%)
関税収入(再輸出)	—	—	—	—	—
ロレンソ・マルケス鉄道収益	1,367,182,110(31%)	1,307,979,225(27%)	1,222,702,300(28%)	1,243,227,372(26%)	1,176,494,986(23%)
合計比率	(72%)	(69%)	(72%)	(75%)	(73%)

項目＼年	1908～10	1909～10	1910～11	1911～12	1912～13
移民収入	364,562,293(7 %)	481,930,426(8 %)	641,687,460(11%)	579,828,990(9 %)	771,494,020(12%)
不法移民罰金	—	—	—	—	—
小屋税	1,140,836,478(21%)	1,084,195,340(19%)	1,229,298,630(21%)	1,491,622,730(23%)	1,416,826,360(22%)
関税収入(輸入)	852,472,116(16%)	1,017,839,713(18%)	1,133,961,737 (19%)	1,172,691,350(18%)	1,201,529,500(18%)
関税収入(輸出)	47,650,464(1 %)	72,278,364(1 %)	60,359,069(1 %)	53,635,500 (1 %)	64,285,280(1 %)
関税収入(再輸出)	—	—	—	—	—
ロレンソ・マルケス鉄道収益	1,351,046,498(25%)	1,725,179,320(31%)	1,512,806,960(25%)	1,459,443,580(22%)	1,307,682,480(20%)
合計比率	(70%)	(77%)	(77%)	(73%)	(73%)

項目＼年	1913～14	1914～15	1915～16	1916～17	1917～18
移民収入	484,285,913(8 %)	839,311,840(13%)	670,854,530(9 %)	650,256,570(8 %)	618,009,445(7 %)
不法移民罰金	—	—	—	—	—
小屋税	1,392,190,270(22%)	1,855,723,370(28%)	1,828,878,650(26%)	2,053,743,620(24%)	2,254,246,500(24%)
関税収入(輸入)	1,092,656,804(17%)	728,721,990(11%)	893,099,760(13%)	1,149,240,250(14%)	1,312,772,890(14%)
関税収入(輸出)	58,711,423(1 %)	55,300,940(1 %)	56,974,530(1 %)	60,726,350(1 %)	184,757,710(2 %)
関税収入(再輸出)	—	—	—	—	141,900,590(2 %)
ロレンソ・マルケス鉄道収益	1,368,219,672(21%)	950,389,520(15%)	1,176,829,040(13%)	1,092,649,530(14%)	1,230,895,360(14%)
合計比率	(69%)	(68%)	(62%)	(61%)	(63%)

項目＼年	1918～19	1919～20	1925～26	1926～27
移民収益	562,548,675(6 %)	686,018,290(6 %)	19,743,300,320(11%)	20,945,757,870(10%)
不法移民罰金	—	—	—	—
小屋税	2,064,646,650(23%)	2,716,924,400(25%)	55,084,239,460(30%)	61,462,287,420(29%)
関税収益(輸入)	1,531,888,500(17%)	1,475,941,090(14%)	35,985,441,420(20%)	41,232,092,510(20%)
関税収益(輸出)	173,520,990(2%)	379,163,330(3%)	10,046,826,000(5%)	11,553,124,120(6 %)
関税収益(再輸出)	119,716,400(1%)	214,961,530(2%)	585,212,300(0%)	326,846,070(0%)
ロレンソ・マルケス鉄道収益	1,199,520,680(14%)	—	—	—
合計比率	(63%)	(50%)	(66%)	(65%)

(　)内は歳入全体に占める比率を示す。

出典：Província de Moçambique, *Orçamento da Receita e Tabelas da Despesa Ordinaria e Extraordinaria da Província de Moçambique*, 1902～03, 1903～04, 1904～05, 1905～06, 1917～18, 1918～19, 1927～28 より作成。なお，現時点では1921年から1925年にかけての統計資料の保管場所がAHMにおいて特定されていないため，同期間の数値は記さない。

付表4 イニャンバネ州人口(1914〜15年)

単位：人

	地区	イニャンバネ	ヴィランクロス	マスィンガ	モコドエネ	モルンベネ	オモイネ	マシーシェ	パンダ	クンバナ	イニャリメ	ザヴァラ	合計
ポルトガル人	男	119	6	8	12	20	26	19	12	43	35	4	304
	女	39	—	1	5	4	3	6	1	4	5	1	69
	子*	50	6	3	2		1	6	1	47			116
非ポルトガル白人	男	22	1	1	******	******	******	10	******	9	******	1	44
	女	7	—	1				12		2		—	22
	子*	8	1	—				6		11			26
ポルトガル領インド人	男	112	—	14	45	105	43	25	1	46	28	26	445
	女	4	—	—	18	—	3	5	—	6	2	—	38
	子*	32	0	1	32		6	2	—	52			125
アフリカ人混血**	男	449	1	8	28	50	46	15	11	24	39	11	682
	女	830	—	—	16	15	54	20	—	7	36	—	978
	子*	1,212	1	21	19		101	14	1	31			1,400
ヨーロッパ系入植者	男	141	7	9	12	20	26	29	12	52	35	5	348
	女	46	0	2	5	4	3	18	1	6	5	1	91
入植者合計	男	253	7	23	57	125	69	54	13	98	63	31	793
	女	50	0	2	23	4	6	23	1	12	7	1	129
原住民***	男****	—	7,345	5,244	5,200	3,237	5,822	2,641	5,043	4,798	12,800	18,000	70,130
	女	—	9,850	9,212	7,607	5,462	10,572	5,689	6,403	12,752	19,713	40,000	127,260
	男子*****	—	5,188	7,858	3,649	2,501	4,318	1,817	3,604	3,794	6,073	27,000	65,802
	女子*****	—	5,273	5,946	4,647	2,179	4,250	2,017	3,397	4,088	5,764	27,000	64,561
	合計	—	27,656	28,260	21,103	13,379	24,962	12,164	18,447	25,432	44,350	112,000	327,753

＊　非「原住民」の子については年齢および性別の記載はない。
＊＊　「アフリカ人混血」の原語表記は“Africana Mixta”である。
＊＊＊　「原住民」の原語表記は“indígena”である。
＊＊＊＊　成人男性人口にトランスファールに滞在する移民労働者は含まれていない。
＊＊＊＊＊　「原住民」の子については性別の記載があり，年齢は15歳以下と明記されている。
＊＊＊＊＊＊　ポルトガル人との国籍の区別はない。
出典：Distrito de Inhambane(1916), pp. 188～189, 190.